RICCARDO UND ANNA SIMONETTI

Mama, ich bin schwul

GOLDMANN
Lesen erleben

RICCARDO UND ANNA SIMONETTI

Mama, ich bin schwul

Was mein Coming-out für uns bedeutete
Ein Buch über das Anderssein

Text Anna Simonetti
in Zusammenarbeit mit Lena Schindler

GOLDMANN

Penguin Random House Verlagsgruppe FSC® N001967

1. Auflage
Originalausgabe Oktober 2021
Copyright © 2021: Wilhelm Goldmann Verlag, München,
in der Penguin Random House Verlagsgruppe GmbH,
Neumarkter Str. 28, 81673 München
Umschlag: Uno Werbeagentur, München
Umschlagfoto: Max Menning
Fotos Umschlaginnenseiten: © privat
Redaktion: Lena Schindler
Satz: Satzwerk Huber, Germering
Druck und Bindung: GGP Media GmbH, Pößneck
Printed in Germany
KW • IH/SZ
ISBN 978-3-442-17930-5

Besuchen Sie den Goldmann Verlag im Netz:

»*Wir widmen dieses Buch allen Eltern,
die ihre Kinder mehr lieben als die Meinung anderer.*«
Riccardo und seine Mama Anna

Inhalt

VORWORT

»**Mama, ich bin schwul!**« – gleich mal vorweg: Diesen Satz hat meine Mutter nie wirklich von mir persönlich zu hören bekommen, obwohl sie bei weitem meine wichtigste Bezugsperson ist. Wieso? Das ist kompliziert. Wobei, vielleicht ist es auch gar nicht so kompliziert, vielleicht dachte ich das nur?

Wir leben in einer Gesellschaft, die eigentlich genug Freiheit und Raum zur individuellen Entfaltung bieten würde. Die Gesetze sind weitestgehend so gestaltet, dass man zumindest in Deutschland keine Konsequenzen dafür erwarten muss, man selbst zu sein. Aber irgendwie will es dann doch nicht so richtig ohne Schubladendenken klappen – obwohl wir es mittlerweile besser wissen sollten. Ist es da nicht völlig natürlich, dass man sich selbst oft davor fürchtet, in der Kategorie »anders« zu landen? Kriegt man das nicht sogar so beigebracht? Vielleicht sogar von den eigenen Eltern?

Meine sexuelle Orientierung war in meinem Leben etwas, das zu Konflikten geführt hat und wodurch ich immer wieder in Schubladen gesteckt wurde, in denen ich mich gar nicht wohl fühlte. Deshalb möchte ich in diesem

Buch darüber schreiben. Vor allem über die Zeit, die ich gebraucht habe, um *es* zu akzeptieren. Um *mich* zu akzeptieren. Und darüber, was meine Mutter damit zu tun hat. Das heißt allerdings nicht, dass sich nur Menschen von diesem Buch angesprochen fühlen sollen, die genau dasselbe durchgemacht haben wie ich. Dieses Buch soll hoffentlich alle abholen und bestärken, deren Individualität sie in eine ähnliche Situation gebracht hat. Bei mir ist es mein Schwulsein, bei jemand anders vielleicht die Hautfarbe, die politische Meinung, die Religion, der Modegeschmack, das Gewicht, das Aussehen, die Gender-Identität oder etwas vollkommen anderes.

Egal, ob man es von zuhause so beigebracht bekommt oder erst irgendwann erlernt: Zu sich selbst zu stehen ist *mutig*! Und wenn man sich mit Statistiken über Mobbing auseinandersetzt, dann bleibt es das erst einmal leider auch. Um das zu verstehen, muss man kein schwuler Mann sein, wie ich es bin. Es kann schon reichen, die einzige Person im Raum zu sein, die eine andere Haltung vertritt. Deshalb ist es vielleicht auch nicht verwunderlich, dass man auf dem Weg zu echter Zufriedenheit manchmal auch unangenehme Momente hinter sich bringen muss, um zu verstehen, warum ein Leben, losgelöst von der Meinung anderer, wirklich erstrebenswert ist. Auf diesem Weg zur Zufriedenheit wird man sich selbst oft in Frage stellen, sich sogar schämen, so zu sein, wie man ist. Wir denken, wir müssen einem bestimmten Ideal entsprechen, um geliebt zu werden. Wir werden uns ändern wollen – bis wir irgendwann merken, dass das nicht möglich ist. Und wir müssen lernen, uns anzunehmen, bis wir das, wofür wir uns ursprünglich einmal verstecken wollten, lieben lernen und stolz darauf sind. Dieses Buch soll nicht nur eine Geschichte über Selbst-Akzeptanz erzählen, es soll auch zeigen, wie man andere Menschen akzeptieren kann – aus Liebe.

Dieses Buch soll von der Beziehung zwischen meiner Mutter und mir erzählen. Von unserer gemeinsamen Reise bis hierher und wie wir uns gegenseitig wahrgenommen haben. Doch vorher würde ich gerne etwas über meine Beweggründe für diesen privaten Einblick sagen. Dafür ist doch so ein Vorwort auch da, oder? Um ein Bild zu schaffen, das die Leserinnen und Leser darauf einstimmen soll, wer man ist und wie man sich fühlt.

Mein Name ist Riccardo Simonetti. Ich bin zu dem Zeitpunkt, als ich diese Zeilen tippe, 27 Jahre alt und komme ursprünglich aus Bad Reichenhall. Momentan lebe ich in Berlin. Meine Eltern kommen aus Italien, und ich bin in einem Frauen-Haushalt aufgewachsen, zusammen mit meiner Mama und meiner Schwester. Ich verstehe mich selbst als Entertainer und stehe auf der Bühne und vor der Kamera, seitdem ich vier Jahre alt bin. Ich bin ein schwuler Mann, der auf dem Land aufgewachsen ist, und ich würde behaupten, viele können sich vorstellen, dass das nicht unbedingt einfach war. Daher ist es nicht gerade natürlich für mich, Entscheidungen zu treffen, die eventuell nicht von Beifall begleitet werden. Applaus ist ein Weggefährte, den ich – wie viele andere schwule Männer auch – seit meiner frühesten Kindheit immer an meiner Seite haben wollte, vielleicht gerade weil so wenig Unterstützung von außen signalisiert wurde. Applaus gibt Bestätigung, Applaus gibt das Gefühl, richtig zu sein und etwas gut zu machen. Wer jedoch immer da war, unabhängig vom Beifall anderer, und immer geblieben ist, das ist meine Mama. Wie wichtig ihre Unterstützung für mich war, durfte ich erst viel später herausfinden.

Über mein Leben schreibe ich, seitdem ich 16 Jahre alt bin, und so habe ich bereits zwei Bücher veröffentlicht. Das erste, *Mein Recht zu funkeln*, ist ein Buch, in dem ich, vor Selbstbewusstsein strotzend, über meine persönlichen Konflikte mit der Gesellschaft schreibe und Erfahrungen mit Mobbing öffentlich bespreche. Mein Kinderbuch *Raffi und sein pinkes Tutu* soll Kindern und ihren Eltern beibringen, Toleranz zu leben und Anderssein nicht mehr als Schwäche wahrzunehmen.

Das alles klingt vermutlich sehr abgeklärt und ließ andere und vor allem mich selbst lange in dem Glauben, dass Selbstbewusstsein ein Zustand ist, den man erreicht und der dann unantastbar wird. Aber das stimmt nicht. Selbstbewusstsein kann sich binnen Sekunden verändern, und leider bleibt das auch so, selbst wenn man viele öffentliche Erfolge feiern darf. Durch das Feedback auf meine ersten beiden Bücher durfte ich sehr viel lernen. Über die Menschen, die unsere heutige Gesellschaft formen. Über diejenigen, die – wie ich – unter dieser Gesellschaft leiden und sich oft so fühlen, als gehörten sie nicht dazu. Und vor allem über mich selbst. Ich habe auch gelernt, dass Mädchen anders bewertet werden als Jungs und dass Intoleranz viele Gesichter hat.

Gerade bei meinem Kinderbuch konnte ich erleben, wie häufig Menschen es fast schon als bedrohlich empfunden haben, einem Kind beizubringen, dass gleichgeschlechtliche Liebe möglich ist – aus Angst, ihre Kinder könnten auch homosexuell werden. Vorsicht Spoiler: So läuft das mit der sexuellen Orientierung nicht! Denn ich bin beispielsweise in einer Welt aufgewachsen, in der es keinerlei schwule Identifikationsfiguren gab, und bin dennoch schwul geworden. Also funktioniert es auch umgekehrt nicht. Ich habe aber auch sehr viel über Dankbarkeit erfahren und noch einmal mehr zu schätzen gelernt, wie wertvoll mir das Verhältnis zu der wichtigsten Person in meinem Leben ist: meiner Mutter. Ein Verhältnis, das von außen oft beneidet wird, weil es so innig und vertrauensvoll wirkt. Das ist es auch tatsächlich, aber das kommt nicht von ungefähr.

Dieses Buch soll das Zustandekommen dieser besonderen Beziehung erklären, ganz einfach weil ich der Meinung bin, dass meine liebevolle Mama ein wunderbares Vorbild sein kann. Nicht weil sie in jeder Situation bedingungslos geliebt und perfekt reagiert hat, sondern weil sie dazugelernt hat – und das ist es, was letzten Endes einen wichtigen Unterschied macht. Das gilt nicht nur für Eltern homosexueller Kinder, sondern für alle, die sich ein besseres Miteinander wünschen. Der Gedanke hinter diesem Buch ist es, unsere Geschichte zu benutzen, um zu zeigen, dass Liebe immer kraftvoller ist als gesellschaftliche Normen. Und zwar nicht nur für Menschen, die in genau derselben Situation sind, wie wir es waren, sondern für alle, die sich manchmal eine*n Vermittler*in zwischen sich und ihren

Eltern wünschen. Oder vielleicht sogar zwischen sich und der Gesellschaft? Es soll eine Brücke zwischen Eltern und ihren Kindern schlagen. Zwischen einer älteren und einer jüngeren Generation. Ich wünsche mir, dass sich »Kinder« beim Lesen dieses Buches von dem Bild lösen können, dass ihre Eltern perfekte Fabelwesen sind, und verstehen, dass diese auch nur die Kinder ihrer eigenen Eltern sind – und somit die Summe ihrer individuellen Erziehung und Erfahrungen.

Auf der anderen Seite hoffe ich sehr, dass die Eltern, die dieses Buch lesen, ein bisschen mehr verstehen können, was in ihren Kindern vorgeht, wenn sie sich anders fühlen und so weit weg von der Erwartung, die ihre Eltern oder auch die Gesellschaft vielleicht an sie haben. Und wer jetzt beim Lesen denkt, das alles würde ihn oder sie nicht betreffen, weil er oder sie nicht anders, sondern völlig normal ist, dem*der kann ich eines mit Sicherheit sagen: Wir alle kommen irgendwann im Leben an den Punkt, an dem wir aus dem Idealbild der Gesellschaft verschwinden. Spätestens, wenn wir älter werden und uns bewusst wird, wie oberflächlich die Welt mit Menschen umgeht, die eben nicht mehr diesem Ideal entsprechen. Dann sind wir dankbar, wenn wir mehr haben, auf das wir aufbauen können, als auf ein Selbstwertgefühl, das einzig und allein darauf basiert, wie andere uns bewerten. Jede*r profitiert von einer Umgebung, die das Individuum schätzt und diesem Raum zur Entfaltung gibt.

Ich selbst bin die Sorte schwuler Mann, dessen Sexualität schon für ihn gesprochen hat, bevor er es selbst in Worte fassen konnte. Und auch wenn mich das manchmal in Situationen geworfen hat, für die ich noch nicht bereit war – und davon werde ich in diesem Buch einige beschreiben –, so hat es mir geholfen, inzwischen kompromisslos ich selbst zu sein. Und dieser Prozess hat bis heute noch nicht aufgehört.

Für viele homosexuelle Männer spielt ihr Schwulsein keine grundlegende Rolle in ihrem Leben mehr, denn der schwule Mann ist ja in der Mitte der Gesellschaft angekommen, so heißt es. Doch gilt das wirklich für alle schwulen Männer oder nur für eine bestimmte Sorte? Eine, zu der ich nie gehört habe? Vermutlich müsste die These in Wahrheit lauten: Der schwule Mann ist in der Mitte der Gesellschaft angekommen, wenn er dem heteronormativen Idealbild eines Mannes entspricht, einem Idealbild also, das die Heterosexualität als soziale Norm setzt. Alle anderen Männerbilder stellen die Toleranz der Gesellschaft leider immer noch genauso auf die Probe wie früher schon. Homophobie ist nach wie vor eine Volkskrankheit, die versteckter auftritt als vor einigen Jahren noch, was sie dadurch weniger offensichtlich, aber mindestens genauso folgenreich sein lässt. Menschen haben heute oft begriffen, dass es nicht ausschließlich Verständnis regnet, wenn sie öffentlich ihren Unmut gegenüber Menschen der LGBTQIA*-Community aussprechen, dennoch spielt Homophobie in den Leben vieler queerer Menschen eine Rolle. Sie ist immer noch da trotz Ehe für alle, trotz des ein oder anderen schwulen Politikers, trotz der ein oder anderen queeren Identifikationsfigur in den Medien. Und Homophobie verletzt. Tag für Tag. Wie schwerwiegend diese Verletzungen sind, wird uns oft erst später oder manchmal auch gar nicht bewusst. Stattdessen lernen wir, damit klarzukommen und ein Leben um unsere Verwundungen herumzubauen, das uns in Komfortzonen steckt und uns den Glauben vermittelt, alle würden so denken wie wir in unserer sicheren Blase. Aber wie sicher ist man wirklich? Oder besser: Wie frei ist man wirklich, wenn es nicht jede*r von uns ist?

Alle, die sich irgendwie anders fühlen, werden wissen, wovon ich spreche. Gerade weil diese täglichen Diskriminierungen allgegenwärtig sind, ist es so wichtig, früh vermittelt zu bekommen, dass man keine Angst davor haben sollte, sein wahres Ich auszuleben. Ob das – wie in meinem Fall – heißt, schwul zu sein und ein anderes Männerbild zu verkörpern, oder eben eine andere Facette von Anderssein bedeutet, spielt keine Rolle. Eines ist gewiss: Egal, wie groß die Anstrengung auch sein mag, es wird keinem Elternteil gelingen, sein Kind komplett vor diesen Erfahrungen zu schützen. Zu wissen, dass seine Eltern einem beistehen und man sein Leid mit ihnen teilen kann, ist am Ende jedoch wertvoller und heilsamer als der Schaden, den diese Situationen anrichten.

Ich weiß nicht, ob es meiner Mutter und mir gelingen wird, durch das Erzählen unserer Geschichte die Gesellschaft so zu verändern, dass Homophobie signifikant weniger wird. Das ist vermutlich ein sehr ambitionierter Wunsch. Aber ich hoffe sehr, dass viele Menschen durch dieses Buch auf diese – mal kleineren, mal größeren – Verletzungen aufmerksam gemacht werden, und ich bin sehr froh, dass meine Mama sich entschlossen hat, diesen Weg mit mir zusammen zu gehen.

»Ich habe zwei Kinder, die ich bedingungslos liebe, beide gleich stark: Alessia und Riccardo. In diesem Buch soll es um die Beziehung zu meinem Sohn gehen, da sie mich auf besondere Weise herausgefordert hat ...«

Anna Simonetti

PAPA DON'T PREACH

Wir brüllten uns die Seele aus dem Leib, doch sie reagierte nicht. Meine große Schwester Italia und ich standen am geöffneten Fenster des flachen, weiß verputzten 50er-Jahre-Bungalows, in dem wir mit unseren Eltern zur Miete wohnten. Ich war 13 Jahre alt, meine Schwester 14. Stickige Sommerluft drang zu uns hinein, die Stimmen der Kinder, die draußen Verstecken spielten. Wir riefen nach Esmeralda, der Jüngsten von uns, immer lauter, immer dringlicher. Von unserem Beobachtungsposten aus konnten wir sie gut sehen. Sie schien gar nicht zu realisieren, in welcher Gefahr sie schwebte. Und in welche Schwierigkeiten sie uns alle bringen würde. Seelenruhig stand sie da an der Hausecke und tat, was uns doch strengstens verboten war: Sie redete mit einem Jungen! Sie lachten miteinander, hielten sich an den Händen. Etwas, das in den Augen unseres Vaters einer Todsünde gleichkam, einem Verrat an allem, was er uns predigte, vor allem aber: an ihm persönlich. Mir schlug das Herz bis zum Hals. Bald würde er von seiner Schicht nach Hause kommen. Was würde passieren, wenn er seine Tochter dabei erwischte, wie sie ihn hinterging? Sein Zorn würde nicht nur sie treffen, sondern auch uns. Schließlich hätten wir Großen doch ein Auge auf sie haben müssen. Aber Esmeralda hatte als junges Mädchen schon etwas, um das ich sie in meinem tiefsten Inneren so sehr beneidete wie um nichts anderes auf der Welt: den Mut, Risiken in Kauf zu nehmen, wenn sie sich in ihren Augen lohnten. Eine Lebendigkeit, die größer war als die Furcht vor Konsequenzen. Sie war die kleine Rebellin in unserer Familie. Damals, mit zwölf, hatte sie ihren ersten Freund. »Esmi«, wie wir sie bis heute nennen, hat sich immer so viel mehr getraut als ich. Obwohl ich ein Jahr älter bin als sie, war ich total unterwürfig. Ich hatte keinen Mut und auch nicht das Selbstbewusstsein, gegen meine dominanten Eltern anzukommen.

Italia und ich haben in diesen Situationen gezittert und gebetet, dass sie bloß rechtzeitig heimkommt, wir haben uns ihretwegen völlig fertiggemacht – während sie die Momente des ersten Verliebtseins auskostete bis zur letzten Sekunde. Als unser Vater wie immer in seinem weinroten 850er Fiat Coupé die Auffahrt zwischen den einstöckigen Reihenhäusern heraufgedonnert kam, versuchten wir, sie durch hektisches Winken darauf aufmerksam zu machen, wie kurz davor sie war, von ihm erwischt zu werden. Dabei musste sie ihn doch sowieso gehört haben! Aber erst als er schon den Wagen geparkt und auf dem Weg zur Haustür war, setzte sie sich in Bewegung. Wir haben Blut und Wasser geschwitzt, aber am Ende hat sie es rechtzeitig geschafft. Dieses Mal. Auch die Male davor. Und danach. Aber daran, dass ich ständig das Gefühl hatte, auf der Hut sein zu müssen, um nicht bestraft zu werden, änderte das nichts. Diese Mischung aus Schuldgefühlen und Furcht hatte sich eingebrannt, sie war ein Teil von mir geworden, den ich doch so gern abgeschüttelt hätte.

Mein Vater Pietro kam im Jahr 1968 als Gastarbeiter nach Bischofswiesen. Mit dem Wirtschaftswunder wurden in Deutschland seit den 50ern immer mehr Arbeitskräfte gebraucht. Als dann mit dem Mauerbau der Zustrom von ostdeutschen Arbeiter*innen endete, warb man verstärkt um Arbeitskräfte aus dem Ausland. Seine Brüder waren dem Ruf längst gefolgt und nach Deutschland gegangen. Sie arbeiteten für eine Baufirma und überredeten ihn schließlich, ebenfalls diesen Schritt zu wagen. Wie so viele andere zu der Zeit hofften auch meine Eltern, in der boomenden Wirtschaft des Nachbarlandes genug Geld zusammenzusparen, um irgendwann wieder in ihre Heimat zurückzukehren und sich dort ein schönes Haus kaufen zu können. Ein Jahr später hat mein Vater uns nachgeholt. Der Ort am südlichsten Zipfel Bayerns, nicht weit von der Grenze zu Österreich, zwischen schneebedeckten Gipfeln und Kuhwiesen, wurde unser neues Zuhause. Als wir in eine jener Holzbaracken zogen, die ursprünglich nach dem Krieg für die vertriebenen Sudetendeutschen errichtet wurden und die noch mit primitiven Holzöfen beheizt wurden, war ich sechs Jahre alt. Für die ersten zwei Jahre in Deutschland sollte sie unser Heim sein.

An meine ersten Lebensjahre in Italien erinnere ich mich kaum. Aus Erzählungen weiß ich aber, dass nie genug Geld da war, wir in armen Verhältnissen lebten. Meine Mutter Francesca arbeitete als Saisonarbeiterin auf dem Acker, sie pflanzte Tomaten an und half bei der Ernte. Mein Vater hatte einen kleinen Herrenfriseur-Salon, doch der brachte nicht viel ein. Später fuhren wir von Deutschland aus oft in den Ferien zurück in unser Heimatstädtchen Battipaglia in Kampanien, siebzig Kilometer von Neapel entfernt. Dort war es genauso, wie es dem Weltbild meines Vaters entsprach und wie er es sich auch in dem neuen Land für unsere Familie wünschte. Die Rollen waren klar verteilt. Frauen und Mädchen blieben daheim, machten den Haushalt und zogen die Kinder groß, die Männer konnten richtige Machos sein, ohne dass sich jemand aufregte oder ihr Verhalten in Frage stellte. Sie durften tun und lassen, was sie wollten – und haben das auch als ihr Recht betrachtet. So war es damals, und genauso war auch mein Vater. Ich glaube, in der neuen Heimat hielt er umso verzweifelter an diesen Bildern fest, die ihm Orientierung gaben und das Gefühl, richtig zu sein, dort, wo alles anders war.

In den ersten Jahren in Bischofswiesen arbeitete er auf dem Bau, meine Mutter in einer Strumpffabrik. Meine Eltern waren streng katholisch. Sie gingen zwar nicht dauernd zur Messe, aber wir Kinder sangen im Kirchenchor. Gott war immer irgendwie anwesend in unserer Familie, wir wurden so erzogen, wie es die Bibel vorgibt – auch wenn mein Vater sie für sich persönlich auslegte, wie es ihm gefiel. Er war ein echter Casanova und hatte immer wieder Affären, was ich aber erst viel später herausfand. Er war nicht besonders groß, aber attraktiv und konnte sehr charmant sein, wenn er wollte. Da er nur sich selbst erlaubte, abends auszugehen, war er auch der Einzige von uns mit modischer Kleidung im Schrank. Auf einem Foto aus dieser Zeit, mit Schlaghose, Samtblazer und Zigarette im Mundwinkel, sieht er aus wie ein italienischer James Dean.

Als meine Eltern in dieses fremde, offenere Land kamen, war es ihnen umso wichtiger, uns nach ihren konservativen Idealen zu erziehen, nach den Regeln, die in Süditalien galten. Vielleicht waren sie sogar noch strenger, als sie es zuhause gewesen wären. Das freiere Leben, das hier gelebt wurde, sahen sie als Gefahr für uns, vor der sie uns zu bewahren versuchten. Und manchmal denke ich heute, wahrscheinlich fürchtete mein Vater vor allem die Männer, die ihm ähnlich waren, denn er war hinter jeder Frau her. Mit Jungs spielen durften wir jedenfalls nie. Draußen sah ich sie in unserer Wohnsiedlung herumlaufen und wäre so wahnsinnig gern dabei gewesen. Ich war ein großer Fan von Fußball und Winnetou und hätte nichts lieber getan, als beim Toreschießen und den »Cowboy-und-Indianer«-Spielen mitzumachen. Aber wir durften uns nur mit Mädchen abgeben, und das auch nur in unmittelbarer Nähe des Hauses, damit uns unsere Eltern immer sehen und kontrollieren konnten. Bis ich auszog, erlaubten sie mir auch kein einziges Mal, woanders zu übernachten als daheim, nicht mal bei einer Freundin.

So streng jeder Schritt kontrolliert wurde, den wir außerhalb unserer Wohnung taten, so wenige Regeln gab es innerhalb unserer eigenen vier Wände. Wir konnten die Bude auf den Kopf stellen, Hauptsache, wir waren zuhause und in Sicherheit. Wenn wir in der Küche herumexperimentierten und am Ende alles im Abfalleimer landete, wurden wir nie dafür geschimpft. Wir hätten am Tisch sogar als Kinder schon Wein trinken dürfen, wenn wir gewollt hätten, nur mochten wir den natürlich gar nicht. Als Teenager konnten wir so lange aufbleiben, wie wir wollten. Daheim hatten wir lange nicht so strenge Regeln wie unsere Freund*innen, die auch zu festen Zeiten ins Bett gingen. Aber schwierig wurde es eben immer dann, wenn es um Kontakte zu Jungs ging, das konnte er nicht ertragen. Wovor hatte er so panische Angst? Das begriffen wir als Kinder und Jugendliche natürlich nicht. Wir wussten nur, dass es etwas Verbotenes war, das uns schaden oder in Gefahr bringen konnte. Aber wirklich hinterfragt haben wir es nicht. Was mein Vater sagte, war Gesetz. Dass es etwas mit Sexualität zu tun haben könnte, auf die Idee wären wir nie gekommen. Dieses Thema fand bei uns in der Familie nicht statt, nie. Da mir immer signalisiert wurde, der Umgang mit dem männlichen Geschlecht sei verwerflich, wurde ich sehr verkrampft in der Gegenwart von Jungs. Bei den seltenen Gelegenheiten, bei denen ich mit ihnen in Kontakt kam, hatte ich keine Ahnung, wie ich mich ihnen gegenüber verhalten sollte. Ganz verhindern konnten meine Eltern diese Begegnungen allerdings nicht. Sie arbeiteten viel, und wir waren am Nachmittag oft auf uns gestellt. Nachdem die Strumpffabrik geschlossen wurde, machte ein Reha-Zentrum in der Nähe auf, wo dann beide in der Küche arbeiteten. Sie hatten verschiedene Schichten, manchmal kamen sie mittags heim, mussten aber dann am frühen Abend nochmal zwei Stunden arbeiten. Wir waren viel alleine. Natürlich gingen wir dann raus, wir brauchten ja nur vor die Haustür zu treten, und die Nachbarjungs kamen zum Spielen. Aber es fühlte sich nie richtig an, denn es schwang immer das Gefühl mit, dass es Strafen nach sich ziehen könnte. Und wenn wir das Auto von meinem Vater kommen hörten, dann sind wir gerannt.

Trotzdem habe ich meine Eltern geliebt. Obwohl er so streng war, hatte ich zu meinem Vater als Kind sogar ein innigeres Verhältnis als zu meiner Mutter. Vielleicht rührte auch daher meine permanente Sorge, irgendetwas falsch zu machen. Ich wollte doch keine Enttäuschung für ihn sein. Wenn er mit mir schimpfte oder mir Ohrfeigen gab, dann suchte ich die Schuld immer bei mir. Auch wenn ich mich nicht daran erinnern kann, dass es je ausgesprochen wurde, haben wir auf eine Weise dennoch gespürt, dass uns unsere Eltern auch geliebt haben. Wir hatten das Gefühl, sie passen immer gut auf uns auf, eher sogar zu gut, sie waren fast über-fürsorglich. Dass mit uns gekuschelt wurde, so wie ich es später mit meinen Kindern gemacht habe und bis heute tue, das gab es aber zumindest in der Zeit, an die ich mich erin-nern kann, nicht. Auch anvertraut hätten wir uns ihnen nicht. Auf den Gedanken, mit dem, was mich beschäftigte, zu mei-nen Eltern zu gehen, wäre ich nie gekommen.

Wenn ich später einmal selbst Kinder habe, dann werde ich das auf jeden Fall anders machen! Das habe ich mir immer geschworen. Sie sollen ehrlich sein können und ohne Angst und Geheimnisse aufwachsen, mir alles erzählen dürfen. Ich selbst hatte nie das Gefühl, wirklich wahrgenommen zu wer-den, so wie ich war, mich frei entfalten zu können. Das wollte ich meinen eigenen Kindern um jeden Preis ermöglichen. Ich nahm mir vor, alles zu tun, damit sie sich ihre Wünsche und Träume erfüllen können: Ich würde sie immer unterstützen, sie bedingungslos annehmen, egal, was in der Wundertüte steckt, die man bekommt. Ich hatte mir das so leicht vorge-stellt, so vollkommen selbstverständlich. Doch wie sehr ich dabei gegen meine eigene Prägung und die Erfahrungen, die ich als Kind gemacht habe, würde ankämpfen müssen, habe ich zu diesem Zeitpunkt noch nicht ahnen können.

ENDLICH EIN FREIES LEBEN?

Als ich dem zukünftigen Vater meiner Kinder zum ersten Mal begegnete, dachte ich: Dieser Mann ist genau das Gegenteil von meinem Vater! Er war größer und kräftiger, aber es war nicht nur seine Statur: Italo war angenehm zurückhaltend, kein Macho-Gehabe, ein netter Kerl, der mich vom ersten Moment an anhimmelte. Damals machte ich meine Ausbildung zur Einzelhandelskauffrau in einem Schuhgeschäft in Bad Reichenhall, der nächsten größeren Stadt in unserer Umgebung. Italos Familie, die Simonettis, waren schon 1956 nach Deutschland gekommen und führen seitdem eine Eisdiele im Zentrum, in der ich oft meine Mittagspause verbrachte. Ich fing an, dort immer mal in den Ferien auszuhelfen, und nachdem ich meine Ausbildung abgeschlossen hatte, fragten sie mich, ob ich nicht ganz dort anfangen wollte. Ich sagte Ja. Der Umgang mit den Italiener*innen gefiel mir, ich fühlte mich wohl – und ich war verliebt. Italo, einer ihrer beiden Söhne, war mit 18 dann mein erster offizieller Freund. Dadurch, dass er Italiener war, hatte er bei meinem Vater halbwegs gute Karten, stellte sich bei ihm vor und fragte, ob er mit mir zusammen sein dürfte. Das gefiel Pietro, schließlich betrachtete mich mein Vater als seinen Besitz, über den er verfügen konnte, wie es ihm passte. Dass ich oft bis spät gearbeitet habe und erst um Mitternacht heimkam, gefiel meinen Eltern allerdings gar nicht, sie konnten kein Auge zumachen, bis ich wieder sicher zurück war. »So geht es nicht weiter«, haben sie irgendwann gesagt: »Entweder du heiratest, oder du hörst in der Eisdiele auf!« Eine Wahl hatte ich nicht. Ohne meine Zustimmung zur Heirat hätte ich mein Leben nicht leben können.

Italo habe ich wirklich gerngehabt, sonst wäre ich den Schritt nicht gegangen, aber mir wäre es lieber gewesen, wir hätten zusammenziehen können, ohne zu heiraten. Im Januar, als die Eisdiele geschlossen war, haben wir in Süditalien gefeiert, in einem schönen Lokal in Agropoli mit Blick aufs Meer. Es war eine tolle Hochzeit. Nur meine freie Entscheidung war es eben nicht. Den Traum, Kinder zu haben, hatte ich immer, aber ich wollte einfach nicht verheiratet sein, mich nicht einzwängen und mir vorschreiben lassen, wie ich zu leben habe.

Trotzdem dachte ich, dass ich den Sprung geschafft hätte, als ich von zuhause auszog. In Wahrheit tauschte ich aber nur eine Abhängigkeit gegen eine andere. Dass ich wieder nicht selbstbestimmt würde leben können, das habe ich anfangs gar nicht gesehen. Doch ich kam in die nächste Familie, wurde auch dort bevormundet, und es war nichts als arbeiten angesagt. Wir waren das erste Eiscafé, das es in der Stadt gab, es war meistens voll – und zwischen dem Servieren von Cappuccino, Erdbeer-Bechern und Eisschokolade war kein Raum für eigene Bedürfnisse. Es ging eigentlich nur ums Funktionieren. Mein Schwiegervater war ähnlich bestimmend wie mein Vater. Da die Familie noch ein Haus in Italien besaß, hatte sie über der Eisdiele nur eine zweckmäßige Wohnung, die hauptsächlich aus einem Haufen Schlafzimmern bestand, auch das Personal wohnte dort. Es gab kaum Privatsphäre, wie ein Zuhause hat es sich dort nie angefühlt. Ich habe mir so sehr etwas Eigenes für mich und Italo gewünscht, doch als ich sogar mal ein kleines Apartment für uns gefunden hatte, machte mir mein Schwiegervater gleich einen Strich durch die Rechnung: »Hier ist genug Platz für uns alle. Das sind ja nur Kosten für nichts. Wofür brauchst du deine eigene Wohnung?« Da wurde mir zum ersten Mal wirklich bewusst, dass mein neues Leben auch an Konditionen gebunden war. Diese Erkenntnis war sehr bitter. Es war kaum anders als daheim. Mit festen Regeln. Das hat mir oft den Hals zugeschnürt. Ich wollte immer eigenständig sein, aber ich durfte es nie. Als Kind nicht, als Jugendliche nicht, als Ehefrau nicht. Dass ich nie tun und lassen konnte, was ich wollte, hat mich in meinem Leben lange verfolgt. Und als Italo und ich irgendwann doch ausziehen durften, schafften wir es gerade mal in die Wohnung eine Etage tiefer. Freiheit sah anders aus. Doch selbst als wir unser eigenes Reich hatten, änderte es nichts an dem Gefühl, eingesperrt zu sein. Wenn ich mich mal mit einer Freundin zum Kaffee treffen wollte, musste ich es Tage vorher anmelden, über alles Rechenschaft ablegen. Ich habe alles teilen müssen, Arbeits- und Privatleben, meine Tage, meine Abende, es spielte sich immer alles mit allen ab. Auch mein Mann war gefangen in diesem engen Gefüge. Daraus auszubrechen ist ihm nie gelungen, bis heute nicht.

Nach Kindern habe ich mich immer sehr gesehnt. Als ich mit 21 Jahren meine Tochter bekam, war das Glück überwältigend. Alessia war so ein süßes kleines Mädchen, und ich eine wahnsinnig stolze Mama! Aber ich war auch sehr jung und ein bisschen überfordert. Oft hat sie so geweint, dass ich mitweinen musste. Und ich wusste gar nicht, wie ich das alles stemmen sollte. Denn es war klar, dass ich in der Eisdiele auch mit einem Neugeborenen nicht würde aussetzen können. Doch Alessia erwies sich als unkompliziert, sie war mit sich und der Welt zufrieden. Als sie etwas älter war, konnte man sie einfach zum Spielen aufs Gras setzen, und sie hat sich stundenlang mit ihren Plüsch- und Plastiktieren beschäftigt, die sie so liebte. Diese Szene beschreibt für mich bis heute ihr Wesen. Sie war ein unglaublich genügsames Kind. Zu der Zeit habe ich es gar nicht als das Geschenk begriffen, das es war, denn ich dachte: Kleine Kinder sind eben so. Heute weiß ich, wie falsch ich damit lag.

Nach vier Jahren war ich erneut schwanger. Bis zum vierten Monat war alles in Ordnung. Doch bei einer der Kontrolluntersuchungen wurde der Arzt auf einmal ganz ernst – und sagte: »Da stimmt etwas nicht.« Der Ultraschall ergab, dass der Fötus in den Gebärmutterhals gerutscht war und dort weiterwuchs. So etwas hatte er noch nie gesehen. Er erklärte mir, dass es zu lebensbedrohlichen Komplikationen kommen könnte und die Schwangerschaft operativ entfernt werden müsse. Mit dem Krankenwagen wurde ich direkt nach Salzburg in die Uni-Klinik gebracht, wo ich noch am Wochenende notoperiert wurde. Ob es ein Junge oder ein Mädchen gewesen wäre, erfuhr ich nicht. Und fragte auch nie danach. Vielleicht wollte ich den Gedanken, dass ich ein Kind verloren hatte, gar nicht so nah an mich heranlassen. Mir war klar,

dass es keine Überlebenschance hatte, es keine Möglichkeit gab, es auszutragen. Für mich war der Verlust weniger
schmerzhaft, wenn ich nüchtern-medizinisch darauf blickte
und mir bewusst machte, wie gefährlich es für mich hätte
werden können. Die Operation verlief gut, und ich verließ die
Klinik mit der Hoffnung, dass eines Tages doch nochmal ein
Kind in meinem Bauch wachsen würde. Wie berechtigt diese
Hoffnung war, konnte mir allerdings niemand sagen, denn
vergleichbare Fälle kannte man damals nicht.

VON ELTERNTRÄUMEN UND WUNSCHKINDERN

Vielleicht weil ich so sehr darauf wartete und aufmerksam
in meinen Körper hineinhorchte, wusste ich, dass ich wieder
schwanger war, ohne dass es eindeutige Anzeichen gegeben
hätte. Zwei Jahre waren seit meiner Fehlgeburt vergangen. Da
ich als Risikoschwangere galt, ging ich sehr regelmäßig zu
den Vorsorgeuntersuchungen. Schon in der zwölften Woche
wusste ich daher, dass es ein Junge wird. Ich habe es niemandem erzählt und mein Glück für mich behalten – die komplette Schwangerschaft lang! In all den Monaten habe ich
es nicht einmal meinem Mann verraten. Auch nicht meinen
Schwestern, mit denen ich sonst alles teilte. Diese immense
Freude wollte ich ganz alleine genießen, endlich mal etwas
nur für mich behalten. Ein Mädchen hatte ich ja schon, und
jetzt noch ein Junge! Ich war so glücklich, dass ich das enge
Korsett meines Lebens, in dem ich jeden Morgen erwachte,

in diesen Wochen kaum noch spürte. Mein Traum sollte in Erfüllung gehen: ein kleiner Fußballer, Rennfahrer, Motorradfahrer, etwas ganz Besonderes! So stellte ich ihn mir vor. Ich trug ihn im Herzen und unter dem Herzen, so ganz für mich alleine und nach meinen Vorstellungen. Noch bevor er geboren wurde, war da ein starkes Band zwischen uns. Und ich war schon verliebt, als er noch in meinem Bauch war. Diese intensive Liebe für meinen Jungen beflügelte mich während der gesamten Schwangerschaft, und ich war mir sicher, dass er sie spüren musste.

Riccardo kam per Kaiserschnitt zur Welt. Von dem Moment an, als sie ihn mir in den Arm gaben, war ich so voller Glück, dass ich nur noch lächeln konnte. Die ganze Zeit hatte ich ihn bei mir im Zimmer, musste ihn immerzu ansehen, wie er so dalag in seinem türkisfarbenen Frottee-Strampler. Ich weiß noch, wie gern er sich mit dem Kopf in meiner Armbeuge verkrochen hat, da fühlte er sich am wohlsten. Rick, wie ich ihn oft nenne, war immer zufrieden, es war vom ersten Moment an so wunderbar entspannt mit uns beiden. Mein kleiner Prinz! Er war so süß und so hübsch, dass ich ihn am liebsten aufgegessen hätte. Vor lauter Liebe habe ich ihn oft gebissen, nur ganz leicht, dass es nicht weh tat. Und er hat mich auch von Anfang an gleich so geliebt, das war sofort da. Wenn er schlief, dann habe ich ihn geküsst und an mich gedrückt, dass er davon wach wurde. Bis heute sage ich ihm mindestens einmal am Tag, wie lieb ich ihn habe.

Auch zwischen Alessia und mir waren sofort ein starkes Band und eine innige, tiefe Liebe da. Dass aber die Bedürfnisse meiner Kinder von Anfang an so unterschiedlich waren, darüber habe ich mich oft gewundert. Und damit änderte sich auch die Art und Weise, wie ich mit den beiden umging. Selbst als Baby hat Alessia nie so viel Nähe eingefordert wie Riccardo, sie lag zufrieden im Kinderwagen. Sie war nicht so fixiert auf mich, lange nicht so anhänglich. Es ist schwer zu beschreiben, aber es war, als wäre sie sich meiner Liebe vom ersten Augenblick an bewusst gewesen. Weil sie keine großen Verlustängste zu spüren schien, fiel es ihr nie schwer, mich auch mal loszulassen. Es wirkte, als würde sie ein tiefes Vertrauen in sich tragen, dass ich immer für sie da sein würde. Auch als Riccardo zur Welt kam, zeigte sie keine Eifersucht, obwohl sie ja sieben Jahre lang ein Einzelkind gewesen war, das ich nach allen Regeln der Kunst verwöhnt hatte. Auch sie war ja ein absolutes Wunschkind. Als ihr kleiner Bruder da war, schien das keine große Sache für sie zu sein, es war eher so, als richtete sie sich in der Rolle einer zweiten Mama ein, tadelte ihn, wenn er später am Tisch nicht gerade saß. Sie hat mich nie so in Anspruch genommen wie er, und ich habe mich dadurch manchmal ein wenig zurückgenommen, wollte sie vielleicht auch nicht erdrücken mit meiner Liebe. Darum freue ich mich heute umso mehr, wenn sie mir sagt, dass sie mich vermisst, oder mal fest in den Arm genommen werden möchte.

Warum ich mir so sehr einen Jungen wünschte? Vielleicht weil er für mich das Leben verkörperte, das ich selbst so gern geführt hätte – und nie führen durfte. Mein Vater hatte mir vorgelebt, dass für Männer ganz andere Regeln galten als für Frauen, dass sie so viel freier waren, einfach sie selbst sein konnten. Es war immer mein Traum, einen Sohn zu haben. Schon bevor er überhaupt geboren war, sah ich ihn vor mir: den Jungen mit dunklen Locken, der Fußball spielt. So habe ich ihn mir ausgemalt und all meine verlorenen Träume in ihn hineinprojiziert.

Kurz nach der Geburt stand ich wieder in der Eisdiele. Etwas wie Wochenbett gab es bei uns nicht. Wenn jemand ein Eis wollte, dann bedientest du, egal, ob du gerade ein Kind zur Welt gebracht hattest oder nicht. Im Familienbetrieb hatten alle ihre festen Aufgaben, eine*n von uns zu ersetzen hätte doppelt Personal gekostet, weil wir immer den ganzen Tag da waren. Die Schichten waren lang, manchmal arbeiteten wir 15 oder 16 Stunden am Stück.

Doch Riccardo wollte immer nur bei mir sein, schon als Baby – und ich bei ihm. Ich habe ihn fast immer getragen, es war schwierig, ihn mal abzugeben. Er tat sich schwer, und ich tat mich schwer. Wenn ich an der Kaffeemaschine stand und Cappuccino und Espresso zubereitete, hatte ich ihn oft in der Trage. Für ihn war die Welt in Ordnung, solange er in meiner Nähe war. War er wach, dann saß er meist im Kinderwagen hinter der Theke und sah mir zu. Ich habe ihn auch auf oft auf dem Arm gehabt und nebenbei bedient. Heute frage ich mich, wie ich das überhaupt hinbekommen habe. Aber irgendwie ging es, weil es eben gehen musste. Als er mit dem Laufen anfing, wurde es schwieriger. Meine Mutter hat versucht, mir zu helfen, mir die Kinder abzunehmen. Alessia hatte sie oft tagelang bei sich. Bei Riccardo ging das nicht. Sie hat oft nach einer halben Stunde angerufen und gesagt: »Bitte, hol ihn, ich kann nicht mehr, ich habe jetzt schon Kopfweh.« Ihm ein Spielzeug hinzustellen und nebenbei zu kochen oder die Küche zu wischen? Undenkbar. Er war sehr anspruchsvoll, die Aufmerksamkeit musste voll bei ihm sein, immer, hundert Prozent. Und schon als Kleinkind forderte er richtige Gespräche ein, das war unglaublich. Auch mit fünf hielt er es noch immer nicht länger als eine Stunde ohne mich aus. Damit ich meine Arbeit und meinen Haushalt machen konnte, habe ich versucht, ihn zum Spielen nach draußen zu bugsieren, aber es änderte nichts. Dass ihn die Dinge, die ich vorschlug, nicht interessierten, darauf kam ich gar nicht. Sondern suchte die Schuld bei mir und der Art, wie ich mit ihm umging. Ich dachte, wenn ich ihn mit meiner Liebe und Fürsorge so überhäufe, wird er bestimmt später als Muttersöhnchen gehänselt werden. Auf der einen Seite genoss ich es, wenn er lieber bei mir in der Küche saß und malte, als mit seinen Cousins Fußball zu spielen, aber es war auch sehr anstrengend. Er forderte mich jeden Tag aufs Neue.

Worüber ich deshalb besonders froh und dankbar war: dass es immer auch erwachsene Bezugspersonen in Riccardos Leben gegeben hat, die ihn genau dafür geschätzt haben, auch in Zeiten, in denen ich Schwierigkeiten hatte, ihm sein Anderssein zu lassen. Oft hilft die Distanz, besser damit umzugehen und das, was ein Kind außergewöhnlich macht, klarer zu sehen und wertzuschätzen. Eltern können und müssen nicht alles allein tragen!

Als Riccardo noch im Kindergarten-Alter war und ich zum Arbeiten in die Eisdiele musste, saß er oft stundenlang auf einer der mit Stoff bezogenen Holzbänke, die um die Palmen in der Raummitte kleine Sitznischen bildeten, und malte. Da er sehr offen war, setzte er sich auch einfach zu jemandem dazu, der oder die ihm zuhörte. Denn viel zu erzählen hatte er immer. Am meisten freute er sich, wenn Brigitte zur Tür hereinkam: Ihr Mann war Bankdirektor, und die beiden kamen oft zum Kaffeetrinken her. Brigitte hatte viel Zeit, denn sie ging nicht arbeiten. Sie lebt leider seit ein paar Jahren nicht mehr, diese kluge und belesene Frau, die ihn so wahnsinnig gern mochte. Sie sind oft spazieren gegangen, haben Blumen gepflückt und sich unterhalten. Ich erinnere mich noch, wie stolz er war, als sie ihm aus lauter Gänseblümchen einen Blumenkranz gebunden hat. Es war faszinierend, mit welcher Ruhe und mit welchem ehrlichen Interesse sie sich auf diesen kleinen Menschen einlassen konnte – und wie viel es den beiden gab. Auch wenn meine pensionierte Lehrerin aus der Berufsschule in die Eisdiele kam, hat er sich oft dazugesetzt. Die Gespräche mit diesen erwachsenen Frauen haben ihn tatsächlich mehr interessiert als die Kinder in seinem Alter. Und ihm hat es so viel gegeben, dass Menschen ihn wegen seiner besonderen Art nicht ausgrenzten, sondern – genau im Gegenteil – so viel Zeit mit ihm verbringen wollten wie irgendwie möglich.

Bei Alessia war alles so einfach gewesen. Sie hatte stets angenommen, was ich sagte, das komplette Gegenteil von ihrem Bruder. Ein »Nein« war für Alessia auch ein »Nein«. Bei Riccardo folgte darauf mindestens ein »Warum?«, wahrscheinlicher noch ein »Doch!«. Ich weiß noch, wie er als Kleinkind die Hydrosteinchen aus der Wohnzimmerpflanze nahm und sie auf dem Boden verteilte. Bei Alessia hatte es gereicht, einmal deutlich zu sagen, dass das nicht geht. Riccardo verstand mein Verbot eher als Aufforderung weiterzumachen. Genauso als er ein paar Jahre danach immer wieder versuchte, den Schraubenzieher in die Steckdose zu bohren. Es spielte keine Rolle, wie oft man es ihm verbot, er konnte nicht davon ablassen. Es war, als müsste er wirklich begreifen, warum es nicht ging. Schon immer. Du musstest dir die Zeit nehmen, es ihm zu erklären, erst wenn er es verstanden hatte, dann hat er es auch so gemacht, wie du wolltest. Aber wenn nicht? Keine Chance!

Am Ende gab es immer nur die Möglichkeit, die Pflanze in Sicherheit zu bringen und ihm den Schraubenzieher wegzunehmen. So absurd das klingen mag, aber wenn es darum ging, sich durchzusetzen und das letzte Wort zu haben, war Riccardo mir schon als Dreijähriger überlegen. Ich wusste mir einfach oft nicht zu helfen. Damals habe ich mir auch den ersten und einzigen Erziehungsratgeber meines Lebens gekauft, mit dem Titel *Wenn Erziehung an den Nerven zehrt*. Tenor dieses Buches, in dem ich nun an vielen Abenden las, bevor mir vor Erschöpfung die Augen zufielen, war, nicht das Kind ändern zu wollen, sondern das eigene Verhalten. Ein Ratschlag, der sich mehr als jeder andere als richtig erweisen sollte – jedenfalls wenn es um Riccardo ging.

Ich hatte mir so sehr dieses besondere Kind gewünscht, und da war es nun. So außergewöhnlich, dass ich oft überfordert war. Und so ganz anders, als ich es mir vorgestellt hatte. Mit seinen rotbraunen, kurzen Haaren und etwas moppelig entsprach er eben nicht dem Bild des Sportlers mit lockigen

Haaren, das ich mir ausgemalt hatte. Auch was sein Wesen betraf, war er vollkommen anders als das Kind aus meinen Träumen. Aber trotzdem konnte ich mich nicht freimachen von den Vorstellungen, wie ein kleiner italienischer Junge sein müsste, von den Erwartungen daran, was ihm Freude machen sollte, so als wäre das allein durchs Geschlecht vorgegeben, genau wie die vermeintliche Vorliebe für Blau und Rosa.

Seit er in den Kindergarten ging, wünschte er sich nichts sehnlicher als eine Barbie. Ich habe mir nichts groß dabei gedacht, aber welche Bedeutung es für ihn hatte, das habe ich nicht gesehen. Und tat es ab: »Was willst du denn mit einer Barbie?«, fragte ich ihn – und erklärte ihm, dass es doch ein Spielzeug für ein Mädchen sei. Auf die Frage »Warum?« wusste ich keine treffende Antwort. Und heute denke ich: Es gibt auch keine. Wie sollte sie auch lauten? Weil es eben so ist? Weil es die Gesellschaft so vorgibt? Weil andere es seltsam finden könnten, wenn du damit spielst? Nichts davon ergibt einen Sinn, am allerwenigsten für ein Kind. Natürlich akzeptierte er meine Entscheidung auch nicht. Schon als kleiner Junge war er sehr selbstständig, ging dann eben alleine von der Eisdiele die wenigen Schritte durch die Fußgängerzone in den Spielwarenladen und schaute sich dort stundenlang die Dinge an, die er sich wünschte, aber nicht von mir bekam. Es hat gedauert, bis ich schließlich nachgab. Am Ende tat ich es, weil ich vor allem froh war, dass er endlich mal ein bisschen beschäftigt war, nicht dauernd an meinem Rockzipfel hing. Und ich zu müde und zu kraftlos war, immer wieder mit ihm darüber zu diskutieren.

Dass er schwul sein könnte, nur weil er mit Puppen spielte, daran dachte ich nicht. Aber ich machte mir Gedanken, was die anderen darüber sagen würden, die Familie, die Eltern aus dem Kindergarten. Selbstbewusst dazu zu stehen, dass er eben nicht dem Abziehbild des Jungen entsprach, der auf Bäume klettert und sich zu Weihnachten einen Schaufelbagger wünscht, das konnte ich zu dem Zeitpunkt noch nicht. Auch aus der Angst heraus, dass Riccardo von anderen gehänselt werden würde, erlaubte ich ihm nur, zuhause mit seiner Barbie zu spielen. Aber sicher schützte ich auch mich selbst vor Kommentaren von außen. Wenn ich heute darüber nachdenke, dann kommt es mir so vor, als hätte ich – ganz ohne es zu wollen – meinem Kind eine ähnliche Botschaft mitgegeben, wie es mein Vater tat, als er uns verbot, mit Jungs zu spielen. Denn etwas, das man im Verborgenen tun musste, das konnte nicht richtig sein. Und wenn man es doch tat, dann immer mit einem schlechten Gewissen, mit Schuld- und Schamgefühlen.

Auch wenn er nun seine Barbie hatte und ich meine geliebte *Formel 1* nach wie vor alleine gucken musste, konnte ich die Vorstellung, die ich mir ein Leben lang von meinem Traum-Sohn gemacht hatte, an diesem Punkt noch nicht aufgeben. Ich hielt weiter daran fest, versuchte auch in den kommenden Jahren immer wieder, ihn in eine Richtung zu lenken und zu formen, die in meinen Augen die richtige war. Oder zumindest eine, mit der man leichter durchs Leben kam, weil man mit ihr nicht aneckte, nicht aus dem Rahmen fiel. Wenn ich ehrlich zu mir war, dann lebte in mir noch immer der kleine

Fußballer weiter. Darüber habe ich meinen Sohn manchmal übersehen, diese selbstbestimmt denkende kleine Person, die er war.

Anzuerkennen, dass Kinder von Geburt an eigenständige Individuen sind, ist für Eltern oft schwer. Wenn wir nur unsere eigenen Vorstellungen auf sie projizieren, meinen, wir könnten mit ihnen die Träume verwirklichen, die wir selbst nie haben ausleben können, dann erkennen wir gar nicht, wer sie wirklich sind. Lange habe ich das nicht wahrhaben wollen. Obwohl es mir doch immer das Wichtigste war, dass meine Kinder sich frei entfalten, eigene Entscheidungen treffen und so sein dürfen, wie sie sind. Ohne Geheimnisse. Ohne Bedingungen. Aber um das auch zulassen zu können, musste ich viel lernen. Über meinen Jungen. Über unsere Gesellschaft. Und über mich selbst.

RICCARDO SIMONETTI

ALS DIE SCHAM IN
MEIN LEBEN KAM

Als Kinder sind wir schutzlos und so sehr von der Zuneigung anderer Menschen abhängig, wie sonst nie mehr im Leben. Deshalb ist es wahrscheinlich auch völlig natürlich, seine Eltern zu lieben. Warum auch nicht? Sie sind es, die uns wärmen, ernähren, die uns hegen und pflegen, uns zum Lachen bringen und uns trösten, wenn wir weinen. Und das alles, ohne dass wir irgendetwas anderes dafür tun müssen, als zu existieren. Wir sind da und werden erst einmal bedingungslos geliebt. Wir können nicht einmal wirklich etwas daran ändern, denn dazu sind wir gar nicht imstande – auch nicht, wenn wir es darauf anlegen würden. Eltern lieben ihre Babys, selbst wenn sie nicht durchschlafen und scheinbar grundlos schreien. In der Regel ändert das nichts an dieser besonderen Art von Liebe, die man als Baby bekommt.

Ich glaube, so bedingungslos, wie die Liebe der meisten Eltern ist, denken Kinder oft, dass ihre Eltern die Größten sind. Bei mir und meiner Mama war das auch so, aber die Bindung zwischen meiner Mutter und mir war schon früh etwas sehr Besonderes. Schon bevor meine Erinnerungen überhaupt beginnen, weiß ich aus Erzählungen, dass meine Mama mich über alles geliebt hat. All die Liebe, die ein Mensch für einen anderen Menschen empfinden kann, ließ sie mich bereits während der Schwangerschaft spüren, zumindest erzählt sie mir das heute noch voller Stolz. Meine Mutter hat sich immer einen Sohn gewünscht, schon als Kind hat sie von einem süßen Lockenkopf geträumt, der Fußball spielt und sie auf Trab hält. Das weiß ich deshalb so genau, weil dieses Bild von einem Jungen immer sehr präsent in meinem Leben war und mich an all das erinnerte, was ich nicht sein konnte, egal, wie sehr ich es versuchte.

Meine ersten Erinnerungen im Leben sind die an meine Geburtstagsparty. Ich glaube, ich war vier oder fünf Jahre alt. Wer weiß das schon so genau, denn in diesem Alter hat man ja noch nicht wirklich ein Gefühl für Zeit oder gar für Jahre. Aber man erinnert sich an weitaus mehr, wenn man ein Buch darüber schreibt, so viel sei schon mal gesagt. Ich habe noch genau meine Torte im Kopf – Vanillecreme in Form eines Flugzeugs – und meine Geschenke: Dinosaurier, Autos und Plastik-Schlangen. Alles Dinge, die mich zu der Zeit glücklich machten.

Ich erinnere mich auch sehr gut an meine Mama, die meine allergrößte Heldin war. Sie hatte lange, dunkle Locken und lächelte die meiste Zeit. Sie drückte mich sehr oft und küsste mich. Ich erinnere mich an den Leberfleck über ihrer Oberlippe und die Perlenkette, die sie oft trug, und daran, wie sie Lippenstift aufträgt. Eigentlich sieht sie heute noch genauso aus. Für mich, damals wie heute, die allerschönste Mama der Welt. Das sind meine ersten Erinnerungen an meine Mama, die ich über alles liebe. Egal, wie streng sie manchmal war oder wie viele Spielsachen sich in meinem Zimmer befanden, ich wollte eigentlich immer nur in ihrer Nähe sein. Zu dem Zeitpunkt waren meine Eltern noch nicht getrennt, was bedeutete, dass wir den Sommer in Deutschland verbrachten, wo mein Vater eine Eisdiele hatte, und den Winter in Norditalien. Meine Mama gab sich sehr viel Mühe, mir eine Beschäftigung zu organisieren. Mir kommt der Sandkasten in den Sinn, den sie vor unserem Haus in Italien aufstellen ließ und der mich in den Stunden ablenken sollte, während sie sich um den Haushalt kümmerte. Normalerweise arbeitete sie viel, aber wenn wir in Italien waren, hatte die Eisdiele geschlossen, und es wurde sich um das Haus gekümmert. Auch wenn ich den Sandkasten mochte und gerne dort war, hielt ich es nie besonders lange ohne sie aus. Sie musste sich nicht einmal unbedingt mit mir beschäftigen, es reichte mir schon, bei ihr zu sein und ihr bei dem zuzusehen, was sie so machte. Ich konnte stundenlang in der Küche sitzen und malen, wenn sie auch dort war. Für mich war es das Schönste auf der Welt, Zeit mit ihr zu verbringen. Schon immer. Meine größte Angst war es, meine Mama zu verlieren. Davor fürchtete ich mich quasi permanent. Das geht wahrscheinlich vielen Kindern so. Ich hatte so oft Angst, dass ihr etwas passieren könnte, weil ich nicht wusste, wie ich ohne meine Mama jemals wieder froh hätte sein können. Bis heute hat sich daran nicht so wirklich viel geändert.

Was für ein Kind war ich also? Ich war ein Junge, der gerne mit Dinosauriern spielte und dessen Lieblingstiere Schlangen waren. Ich mochte das Gefühl, wenn meine roten Haare frisch abrasiert wurden und sich anfühlten wie eine Bürste, und ich konnte stundenlang Zeit damit verbringen, zu zeichnen und mir meine ganz eigene Welt auszudenken. Ich spielte gerne mit Playmobil, und mein Lieblingsbuch war *Der Regenbogenfisch*. Meine Lieblingsfilme waren *Titanic* und *Die kleine Meerjungfrau*. Außerdem mochte ich alles, was mit Zauberern und Hexen zu tun hatte.

Wenn ich diese Geschichten erzähle, fragen mich Leute oft, wann es denn anfing, dass ich mich veränderte und so anders wurde, obwohl ich doch zunächst so ein »normaler« Junge war. Aber die Wahrheit ist, ich habe mich nie verändert und wurde nicht plötzlich zu etwas, das ich nicht schon immer war. Ich habe mich selbst einfach nur besser kennengelernt. Wenn Mädchen mit vier Jahren alle auf Prinzessinnen stehen und Jungs sich in dem Alter gerne mal hauen, dann liegt das nicht wirklich daran, dass alle Kinder irgendwie gleich sind. Sie haben einfach nur gelernt, welche Erwartungen die Gesellschaft an sie hat, und noch nicht, wie sie ihre individuellen Bedürfnisse erfüllen können, einfach weil sie die noch gar nicht kennen.

LIFE IN PLASTIC, IT'S FANTASTIC

Zum ersten Mal habe ich etwa zu der Zeit gemerkt, dass ich individuelle Bedürfnisse habe und mich von anderen unterscheide, zu der auch mein Erinnerungsvermögen beginnt. Ich war noch im Kindergarten, den ich eigentlich sehr gerne besuchte, auch wenn ich den Mittagsschlaf nicht mochte. Es gab viele Spielsachen, und ich hatte auch viele Freund*innen. Ich beschäftigte mich gern mit Autos, aber die hatte ich auch zuhause. Wenn ich dort war, wollte ich deshalb vor allem mit Barbie-Puppen spielen. Eigentlich wollte ich immer schon mit Barbies spielen, aber der Kindergarten war der einzige Ort, an dem ich wirklich Zugriff auf sie hatte. Intuitiv wurden es meine Lieblingsspielzeuge, und ich dachte auch nicht, dass das irgendwie ungewöhnlich wäre. Ich hatte einfach Spaß daran, mit ihnen zu spielen. Ich erinnere mich aber auch, wie schnell das bewertet wurde. Wenn ich mit Autos oder Bällen spielte, schien es niemandem aufzufallen, aber wenn ich nach einer Barbie griff, empfanden es die anderen Kinder oft als komisch. Sie lachten und meinten, das wäre nur etwas für Mädchen. Sie fragten mich, ob ich auch ein Mädchen wäre, was mich wahrscheinlich verletzen sollte. Das kümmerte mich aber nicht wirklich. Warum auch? Sollte es etwas Schlimmes sein, ein Mädchen zu sein?

Meistens kamen solche Aussagen von Jungs. Nicht dass Mädchen es nicht auch seltsam gefunden hätten, aber die waren meistens froh, weil sie jemanden hatten, der mit ihnen spielen wollte. Deshalb reagierten sie auch nicht wirklich böse. Die Jungs wurden von den Kindergärtner*innen getadelt, und sie sagten ihnen, sie sollten mich nicht auslachen. Daran hielten sie sich auch meistens, es hatte aber zur Folge, dass sie nicht mehr mit mir spielten. Was blieb, waren die Puppen und die Mädchen. Ist es nicht irgendwie lustig, dass wir kleine Kinder waren, man aber trotzdem schon Strukturen erkennen kann, die sich bis ins Erwachsenenalter gehalten haben?

Ab und zu haben die Hänseleien aber überhandgenommen und mich auch traurig gemacht. Vor allem dann, wenn es bedeutete, dass ein Freund von mir nicht mehr mit mir spielen wollte. Man könnte meinen, dass in solchen Momenten die Barbie wieder weggelegt wird, aber in meinem Fall war das anders. Ich sah irgendwie nicht ein, warum ich auf etwas verzichten sollte, das mir so viel Freude bereitete, nur weil es für Mädchen sein sollte. Warum durfte ich nicht damit spielen? Das wollte einfach nicht in meinen Kopf. Also hatte ich eines Tages einen besonders klugen Einfall. Ich forderte die anderen Kinder auf, ihr Lieblingsspielzeug zu holen und es als »Einsatz« zu bringen. Und dann veranstaltete ich Wettrennen oder andere kleine Wettkampfdisziplinen. Der*die Verlierer*in musste sich zur Strafe mit dem unbeliebtesten aller Spielzeuge beschäftigen. In diesem Fall: mit der Barbie-Puppe. Auch wenn ich meistens deutlich schneller als die anderen hätte sein können, verlor ich absichtlich jede Runde, um das zu bekommen, was für alle anderen selbstverständlich war: mein Lieblingsspielzeug. Mit dem einzigen Unterschied, dass ich dafür die Rolle des Verlierers in Kauf nehmen musste. Ein Preis, den ich bereits mit vier Jahren zahlen musste, um ich selbst sein zu dürfen. Ich perfektionierte meine Performance, baute Stolperer ein, fiel auf die Knie, schlug sie mir auch mal blutig und unterdrückte den Schmerz, damit das Spiel nicht unterbrochen werden musste. Ich tat so, als würde ich die anderen Kinder beim Versteckspiel einfach nicht sehen. Ich verlor Runde für Runde, und nie schien auch nur ein*e Einzige*r etwas zu merken. Warum auch? Sie suhlten sich in dem Gefühl, Gewinner*innen zu sein, und kamen nicht auf die Idee, sich zu fragen, wie es sein konnte, dass ich immer der Verlierer war. Ich konnte es ihnen auch nicht verübeln, denn ich tat ja alles, was ich konnte, um sie in genau diesem Glauben zu lassen. Solange alle um dich herum kriegen, was sie wollen, und sie sich dir überlegen fühlen, wird keine*r hinterfragen, was du möchtest, oder es bewerten. Das war der Moment, in dem mir klar wurde, dass ich zwei Optionen hatte: Entweder ich passe mich an und verzichte dadurch auf etwas, das mir wichtig ist, oder ich finde einen Weg, wie ich das bekomme, was ich möchte. Ich versuchte, so oft ich konnte, mich für Letzteres zu entscheiden. Gar nicht zu bekommen, was ich so gern hatte, war keine Option.

Ich erzähle diese Geschichte nicht, weil ich damit zeigen möchte, dass ich anders war, weil ich ein Junge war, der mit Puppen gespielt hat. Das gab es bestimmt auch in meinem Umfeld öfter mal. Anders machte mich der Glaube daran, alle anderen ändern zu können statt mich selber. Auch wenn diese Spielchen ihren Zweck erfüllten, merkte ich, dass ich mich in der Gegenwart von Kindern wohler fühlte, bei denen ich keine Verliererrolle einnehmen musste, um gemocht zu werden. Deshalb war ich auch fast nur mit Mädchen befreundet. Ich verstand mich mit ihnen nicht unbedingt besser als mit Jungs, aber ich stellte fest, dass sie es genossen, Zeit mit mir zu verbringen, weil wir dieselben Spielsachen mochten. So suchte ich meistens die Gesellschaft von Mädchen und empfand es eher als unangenehm, wann immer wir nach Geschlechtern getrennt wurden. Das war im Kindergarten so, aber auch danach. Ich verbrachte so viel Zeit mit ihnen, dass ich mich irgendwann fragte, ob ich vielleicht glücklicher wäre, wenn ich ein Mädchen sein könnte. Alles schien so unbeschwert, und ich ertappte mich dabei, wie ich zu Gott dafür betete, am nächsten Morgen als Mädchen aufzuwachen. Das tat ich fast jeden Abend vor dem Schlafengehen. Natürlich habe ich das nie jemandem erzählt. Ein Junge, der mit Puppen spielen wollte, war schon ein regelrechter Skandal, den ich mit Hilfe von ein paar billigen Tricks noch verheimlichen konnte, aber ein Junge, der lieber ein Mädchen sein wollte? Das konnte nicht mal ich den Leuten schmackhaft machen, dachte ich.

Heute weiß ich, dass ich nicht unbedingt ein Mädchen sein wollte, weil ich mich wie eines gefühlt habe. Ich glaubte nur, mein Leben wäre einfacher, wenn ich eines wäre, weil ich dann nichts mehr vortäuschen müsste. Keine Spielchen, keine Verliererrollen, einfach nur die Erlaubnis, das tun zu dürfen, was mich glücklich macht. Das bedeutete für mich damals, ein Mädchen zu sein, und genau das wollte ich.

Den Kindern im Kindergarten konnte ich durch meine Spielchen so einiges vormachen, bei Erwachsenen sah das jedoch anders aus. So langsam schien es sich herumzusprechen, dass es da einen komischen Jungen gab. Das muss man sich mal vorstellen: erwachsene Menschen, die über ein Kind herziehen, als wäre es ein ebenbürtiger Gegenspieler oder ein Thema, das es verdient hätte, einen Tagesordnungspunkt in Sachen Klatsch und Tratsch einzunehmen! Ich bemerkte, wie die Eltern anderer Kinder über mich sprachen, mich manchmal sogar auslachten oder wie Väter ihren Söhnen heimlich zuflüsterten, dass sie bitte nicht so werden sollten wie ich. Natürlich gab es auch sehr viele liebe Menschen in meinem Umfeld. Meine Erzieher*innen im Kindergarten oder die Nannys, die auf mich aufpassten, während meine Eltern arbeiteten, waren alle unglaublich verständnisvoll. Dennoch konnte ich als Kind schon nicht ignorieren, wie Menschen mich betrachteten, und ich wusste auch, dass andere Kinder nicht auf dieselbe Art von Erwachsenen wahrgenommen wurden wie ich. Und wenn ich das spüren konnte, musste es für den Rest der Menschen um mich herum mindestens genauso spürbar gewesen sein.

Ich erzähle in Interviews oft, dass ich mich schon mein ganzes Leben lang berühmt gefühlt habe, und Erinnerungen wie diese tragen zu diesem Gefühl bei. Wenn du bereits als Kindergartenkind das Gesprächsthema bei anderen Leuten bist, wäre es natürlich, davon eingeschüchtert zu sein und sich zurückzuziehen. Ich beschloss stattdessen, mich wie ein Star zu fühlen. Das war eine Version meiner Realität, die das Ganze irgendwie erträglicher machte.

Wenn ich mit meiner Mama in einem Spielzeugladen war, fragte ich sie jedes Mal, ob ich auch eine Barbie haben könnte. Am Anfang bekam ich darauf oft noch eine verständnisvolle Erklärung: »Nein Schatz, die sind doch nur für Mädchen.« Aber irgendwann wurde es immer deutlicher und fast schon aggressiv. Meine Mutter war regelrecht genervt davon, wenn ich nach einem Spielzeug fragte, das in irgendeiner Form ein »Mädchenspielzeug« darstellte. Wahrscheinlich ist es auch an ihr nicht spurlos vorbeigegangen, was sich andere Erwachsene über mich erzählten. Die Reaktion, die ich in ihrem Gesicht lesen konnte, war zu vergleichen mit jener, die ich bekam, wenn ich etwas anstellte, was sich nicht gehörte. Damals lernte ich, dass ich verstecken muss, was ich mochte, um zu verhindern, dass meine Mutter verärgert war. In diesem Moment veränderte sich meine größte Angst. Ich fürchtete mich nun nicht mehr nur davor, dass meiner Mama etwas passieren könnte, sondern dass sie mich irgendwann nicht mehr liebhaben könnte.

Als Erwachsener lese ich diese Worte und sehe schon, wie viele schmunzeln und sich denken: »Ach Gott, als würde eine Mutter ihr Kind wegen einer Puppe nicht mehr lieben!«, aber zu der Zeit war das eine existenzielle Angst für mich. Und anders als bei anderen Ängsten kannte ich niemanden, der*die Ähnliches erzählte. Da hatte ich zum ersten Mal das Gefühl, der einzige Mensch auf der Welt zu sein, der ein solches Problem hat. Und ich begriff, dass diese bedingungslose Liebe, die man als Kind von seinen Eltern spürt, plötzlich doch an Bedingungen geknüpft war.

Die Liebe ist nicht ohne Bedingungen, ich werde nur noch geliebt, wenn ich der Sohn bin, den sie sich wünscht!

Ich bin mir sicher, viele Kinder fühlen sich so, wenn sie etwas angestellt haben und getadelt werden. So lernt man ja vielleicht auch, was richtig und falsch ist. Und auch wenn ich kein Pädagoge bin, glaube ich, dass das wichtig ist. Aber in meinem Fall war es ja nicht so, dass ich etwas ausgefressen hatte. Ich war einfach so, und wenn ich weiterhin geliebt werden wollte, musste ich alles daransetzen, das zu verstecken, was mir so viel bedeutete.

Ich nutzte also jede Gelegenheit, um mit meinen geliebten Barbie-Puppen zu spielen. Bei Freundinnen zuhause. Im Kindergarten. Das ging so weit, dass ich anfing, sie zu malen. Ich zeichnete ganze Geschichten und füllte Bücher und Malblöcke mit Zeichnungen von diesen Frauen, wenn ich keine in die Finger bekam. Ich malte ihnen verschiedene Outfits und Frisuren – alles, was ich sonst mit einer Barbie-Puppe gemacht hätte.

Wenn mir das nicht reichte, suchte ich mir etwas, das einer Puppe ähnelte. Denn wenn ich mich zum Beispiel zu Fasching oder Halloween als Hexe verkleiden wollte, kümmerte es niemanden. Schließlich war das nichts typisch Mädchenhaftes, sondern lustig. Eine Verkleidung. Aber tatsächlich trug ich jeden Tag ein Kostüm, von dem alle glaubten, dass es das richtige für mich wäre. Alles, was einer Puppe glich, wurde religiös verehrt. Meine Schwester hatte einen Bleistift, der am Ende statt eines Radiergummis eine kleine Puppe hatte. Ich bettelte und flehte sie an, ihn mir zu schenken. Fast genauso, wie ich sie bat, *Barbie Girl* von Aqua noch einmal zu spielen. Ich hatte Plüschtiere, denen ich Barbie-Klamotten anzog. Das schien für niemanden ein Problem zu sein. Ich hatte eine »Barbie-Klamotten-Dealerin« meines Vertrauens – Fabienne, meine beste Freundin, seit ich denken kann. Sie gab mir ihre abgelegte Puppen-Garderobe im Tausch gegen irgendetwas – wahrscheinlich Süßigkeiten oder so. Ich hätte ihr alles gegeben! Wie ein Süchtiger wollte ich natürlich mehr, und die Kleider alleine reichten nicht mehr. Ich sparte mein Taschengeld und erstand weitere Accessoires im Spielzeugladen, mit derselben Scham, die sonst vielleicht Teenager-Jungs verspüren, wenn sie sich an der Tankstelle Porno-Magazine kaufen. Ich ließ alles als Präsent verpacken und behauptete, es wären Geschenke für meine Cousinen. Ich war ein Künstler darin geworden, alles so auszulegen, um dem Urteil anderer Menschen zuvorzukommen. Ich wollte Autos, Häuser und alles, was man für Puppen so haben konnte. Geburtstage und Weihnachten wurden genutzt, um mir das volle Equipment anzueignen, und am Ende hatte ich alles, vom Barbie-Auto bis zum -Haus. Nur die Puppe durfte es nicht sein, aber solange ich als Spielfigur Plüschmäuse & Co. benutzte, schien sich niemand darüber zu wundern, und es herrschte so etwas wie Frieden.

Als Kind dachte ich, ich wäre ein Meister im Verstecken und dass niemand merken würde, was ich eigentlich wollte. Aber mir fiel auch auf, dass alle meine Wünsche erfüllt wurden. Es fehlte mir nie an Spielsachen – fast so, als hätte man gehofft, die Barbie würde von meinem Wunschzettel verschwinden, wenn ich nur abgelenkt genug wäre mit anderen Dingen. Aber natürlich war das nicht so. Meine Mama bemerkte es, und ich bemerkte es. Wir beide wussten, dass ich eigentlich etwas anderes wollte. Ich glaube, jede*r für sich hoffte, dass es irgendwann weggehen würde. Dass ich eines Tages aufstehen, einfach keinen Bock mehr auf diesen ganzen Mädchenkram haben und der Junge sein würde, der ich eigentlich sein sollte. Aber selbst wenn ich es versuchte, selbst wenn ich Fußball spielte und probierte, dieser Junge zu sein, gelang es mir nicht. Ich war schlecht darin. Es machte mir keinen Spaß, und ich fühlte mich nicht wohl dabei. Ich beobachtete meinen Cousin, wie er sich auf dem Fußballplatz verhielt, er war so selbstbewusst und mit Freude dabei. Er bastelte in jeder freien Sekunde Spielkarten für die Schiedsrichter*innen, malte die eine gelb an, die andere rot. Er klebte Abziehbildchen seiner Lieblingsspieler in ein Album und füllte Tabellen mit dem Spielstand seiner Lieblingsmannschaft aus. Er war genau wie ich, wenn es um Barbie-Puppen ging, nur mit dem Unterschied, dass er tun durfte, was auch immer er wollte. Er musste nichts von dem verstecken, was ihn glücklich machte, das genaue Gegenteil von mir. Ich konnte das alles nur heimlich machen. Ich mochte die anderen Jungs nicht unbedingt, und natürlich fanden die einen Torwart, der vor allen Bällen wegrennt, auch nicht besonders toll. Ist es da nicht vollkommen nachvollziehbar, dass ich auch das wollte, was für diese Jungs der Fußballplatz war? Ich wollte auch einfach den Leuten zeigen können, was mir Spaß machte.

Das erste Mal, dass mich jemand mit »Schwuli«, »Schwuchtel« oder einem ähnlich homophoben Wort betitelte, war sogar noch vor meiner Schulzeit. Es war ein Kind, das älter war als ich. Ich wusste damals noch nicht einmal, was es bedeutete, nur dass es nicht nett gemeint war. Ich fragte mich immer wieder, ob ich nicht doch einfach ein Mädchen hätte werden sollen. Wollte ich ein Mädchen sein und wie eines aussehen? Nein. Das wollte ich nicht. Aber ich wagte nicht mal von einer Welt zu träumen, in der es erlaubt war, dass Jungs mit derselben Leidenschaft, mit der mein Cousin über Fußball sprach, mit Puppen spielen durften. Darum, so nahm ich an, wäre es realistischer, sich vorzustellen, ein Mädchen zu sein.

Irgendwann sprachen meine Mama und ich darüber, und sie fragte mich direkt, ob ich lieber ein Mädchen wäre. Ich erinnere mich daran, dass all die Worte, die ich ihr gerne gesagt hätte, bereits damals da gewesen sind, aber ich traute mich nicht, sie auszusprechen. Nicht aus Angst, aber weil ich wusste: Es würde das Ende für den Jungen bedeuten, von dem sie immer geträumt hatte. Und das wollte ich ihr nicht antun. Also sagte ich: »Nein, aber ich würde gerne mit Puppen spielen«, und so kam ich letzten Endes zu meiner ersten Puppe. Ich musste sie für mich behalten, durfte nur zuhause mit ihr spielen und sollte am besten niemandem davon erzählen. Natürlich hatte das einen komischen Beigeschmack, weil das Ganze dadurch zu etwas wurde, das mit Scham behaftet war, während es eigentlich hätte unschuldig sein sollen. Aber auf der anderen Seite war ich auch so unendlich glücklich über meine Errungenschaft, dass in mir eine neue Hoffnung geweckt wurde. Worauf, das wusste ich selbst nicht so genau. Lange dachte ich, dass ich darauf hoffte, es würde irgendwann keine Rolle mehr spielen, ob Jungs mit Puppen spielen oder nicht. Aber das war es gar nicht. Ich wünschte mir, dass meine Mama mich irgendwann genau so lieben könnte, wie ich war. Ohne Scham und ohne etwas verstecken zu müssen.

Die Puppe war eine Arielle-Barbie. Was natürlich wieder einmal ein Kompromiss war, denn schließlich handelte es sich bei einer Meerjungfrau nicht um eine klassische Barbie. Sie war ja zur Hälfte ein Fisch. Im Prinzip hatte ich also nur eine halbe Puppe bekommen, aber damit konnte ich leben und war über die Maßen glücklich.

DAS GLÜCK HAT BEDINGUNGEN

Da war ich nun. Ich war immer noch derselbe Junge, der im Kindergarten Spielchen erfand, um das zu bekommen, was er wollte, aber ich musste nun keine mehr spielen. Es fühlte sich an wie der Sieg in einer Schlacht. Ich hatte den Krieg noch nicht gewonnen, und wie sich später herausstellen sollte, war dies noch lange nicht der Fall, aber ich war im Besitz des Objekts meiner Begierde und hatte meine eigenen Bedürfnisse über die gesellschaftlichen Normen gestellt. Wenn dir das in so jungen Jahren gelingt, dann macht das einiges mit dir. Du lernst, dass du bewertet wirst und Liebe Bedingungen haben kann. Es macht dich auf der einen Seite unglaublich selbstbewusst. Du hast das Gefühl, etwas Unmögliches geschafft zu haben, aber auf der anderen Seite erfüllt es dich auch mit Scham, weil du dich überhaupt erst so anstrengen musstest. Das ist nicht normal. Natürlich begreift man selbst in dem Alter, dass nicht jedes Kind so etwas durchmachen muss, um einfach nur spielen zu dürfen.

Viele Jahre später habe ich *The Velvet Rage* gelesen. In diesem Buch geht es um kindliche Scham, und ich dachte darüber nach, wann dieses Gefühl in mein Leben gekommen ist. Ich glaube, das war genau dieser Moment. So banal sich diese Geschichte über Puppen und Fußball auch anhören mag, so prägend war sie für mein Verständnis von Richtig und Falsch. Von Mann und Frau und von unbeschwert und schamerfüllt. Ich hatte zwar das bekommen, was ich wollte, dadurch aber auch meinem Versteckspiel ein Ende gemacht. Das heißt, meine Mutter – das Zentrum meiner Welt, meine ganze Welt – wusste nun, was ich mochte. Das war sozusagen mein allererstes Coming-out. Das war angsteinflößend, weil es von nun an kein Zurück mehr gab, so als wäre ich ein Auto mit einem großen Kratzer. Ich hatte also so etwas wie einen Makel, und den galt es zu kompensieren.

Ich beschloss, dass ich meiner Mama zeigen würde, dass ich zwar nicht der Junge sein konnte, den sie ursprünglich mal wollte, aber dass ich dafür so vieles besser machen konnte als dieser Fantasiejunge. Ich würde der Beste werden in allem, was ich tat. Ich würde mein Zimmer immer ordentlich halten und mich artig benehmen. Meine Mama sagte mal zu mir, nachdem ich eine Vase unabsichtlich zerbrochen hatte, dass es überhaupt nicht schlimm sei, aber ich ihr doch so etwas sagen und nicht versuchen sollte, es zu verstecken. Ehrlichkeit. Sofort wusste ich, dass das meine

Stärke werden könnte, um meiner Mama zu beweisen, dass es doch gar nicht so schlimm sei, einen Makel zu haben. Ich wurde so über-ehrlich, dass ich sie an jedem noch so merkwürdigen Gedanken teilhaben ließ. Das muss so anstrengend gewesen sein! Ein kleiner Junge, der alles, was ihm im Kopf rumging, beichten möchte. Anstrengend für mich, aber auch für meine Mutter. Ich meine, ich habe praktisch nie mehr geschwiegen von diesem Tag an und hatte wegen allem ein schlechtes Gewissen. Ich wusste, dass meine Mutter mich liebte, sonst hätte sie mir die Puppe ja nicht gekauft, aber ich wollte auch, dass sie mich mochte. Also tat ich alles, um ihr zu beweisen, dass ich das verdient hatte und trotz allem noch ihr lieber Sohn sein konnte. Ergibt das Sinn?

Jeder Schabernack, den ich trieb, mündete sofort in einem schlechten Gewissen und wurde offenbart. Dieses Muster findet sich bei vielen Menschen, die in ihrer Kindheit das Gefühl vermittelt bekommen haben, nicht richtig zu sein, so wie sie sind. Das muss nicht heißen, dass jede*r von ihnen automatisch alles beichten möchte, aber eine gewisse Tendenz zur Über-Performance lässt sich oft erkennen. Mir über dieses Verhalten klar zu werden hat mich fast mein ganzes Leben gekostet. Sich anders zu fühlen heißt in diesem Alter oft, sich fehlerhaft zu fühlen. Lernt man in dieser Phase nicht, sich anders zu bewerten, so behält man diesen Gedanken meist auch im Erwachsenenalter bei. Egal, ob bewusst oder unbewusst.

Wie viel in mir vorging, war mir als Kind noch gar nicht klar. Auch die Alarmzeichen ließen sich gekonnt erklären. Ich hatte so ziemlich jede Zwangsneurose, die man haben konnte. Ich kratzte meine Kopfhaut auf und hatte wiederkehrende Albträume. Zählte alles und jeden meiner Schritte bis ins Unendliche. Ich hatte einen Waschzwang entwickelt und wusch mir die Hände so häufig, dass sie irgendwann einfach bluteten und so viele offene Stellen hatten, dass ich nur noch mit Handschuhen und Vaseline zu Bett gehen durfte. Aber es gab immer etwas anderes, das der Auslöser dafür hätte sein können. Die Trennung meiner Eltern, der Umzug von meiner Mutter, meiner Schwester und mir in eine neue Wohnung, meine Einschulung. Das alles wurde vorgeschoben, auch von mir selbst, um die Scham zu überdecken, die eigentlich all diese Dinge in mir verursachte. Doch sie suchte sich einen Weg. Trotz allem war ich kein unglückliches Kind, im Gegenteil. Aber ich begriff früh, dass dieses Glück seine Bedingungen hatte.

ANNA SIMONETTI

EIN MANN FEHLT IM HAUS

Wir saßen auf einer Decke und hörten gedämpftes Platschen, wenn jemand mit einem Sprung ins Becken des Naturbades Aschauerweiher eintauchte, wohin wir gern zum Schwimmen fuhren. Meine Kinder waren in ihre Badetücher gewickelt und aßen neben mir Pommes. Alessia war 16, Riccardo acht. Ich erinnere mich an das Gefühl, etwas Wichtiges vergessen zu haben, jeden Moment aufspringen, hektisch all unsere Sachen zusammenraffen und mit noch nassen Haaren nach Hause hetzen zu müssen. Denn getrieben war ich in den letzten Jahren eigentlich immer, die Zeit saß mir dauernd im Nacken, der Gedanke daran, mir Vorwürfe anhören zu müssen, wenn ich nicht rechtzeitig zurück in der Arbeit war. Als mir in diesem Augenblick bewusst wurde, dass ich gar nicht auf die Uhr schauen musste, es keine Rolle spielte, wann wir heimgingen, war das für mich der erste große Moment der Freiheit. Allein einen Sonntag mit meinen Kindern im Schwimmbad zu verbringen, ohne eine Uhrzeit, zu der ich zurück sein musste, dort einfach sitzen zu bleiben, so lange, wie ich wollte, das war für mich das höchste der Gefühle. Für die anderen Familien um uns herum, die Kinder mit ihren bunten Schwimmtieren und ihren klebrigen

Eis-Mündern, die Eltern, die eifrig mit Sonnencreme hantierten, Ketchup-Flecken von Stranddecken rubbelten und nasse Badesachen auswrangen, für sie mag es ein ganz normaler Tag gewesen sein. Für mich war es einer der intensivsten und schönsten Augenblicke meines Lebens.

Als Riccardo mit der ersten Klasse fertig war, hatte ich die Simonettis verlassen. Genauso muss ich es sagen. Es war eine Ehe mit der gesamten Familie und am Ende auch eine Trennung von allen. In den Jahren zuvor hatte ich oft zu Italo gesagt: »Lass uns etwas Eigenes machen!« Aber er wollte nicht gehen, das kam für ihn nicht in Frage. Ich aber hatte den starken Wunsch, mehr Zeit mit meinen Kindern zu verbringen, denn dafür war neben der Eisdiele nur selten Raum. Und durch Riccardo merkte ich, dass ich in meinem Bestreben, es jedem recht zu machen, an meine Grenzen kam. Die Rechnung ging einfach nicht mehr auf, ich konnte nicht allem und allen genügen: der Arbeit, Italos Familie, meiner Tochter, die mitten in der Pubertät steckte – und meinem Sohn, der eben nicht einfach so mitlief, sondern mich auf eine ganz andere Weise brauchte, als seine große Schwester es in seinem Alter getan hatte.

Alessia ging ab der ersten Klasse in Italien zur Schule, auch wenn ich in Deutschland war. Meine Schwägerin und ich hatten uns beide für dieses Modell entschieden. Die Sommerferien in Italien sind drei Monate lang, während dieser Zeit waren wir sowieso immer alle gemeinsam in Bad Reichenhall. Und während der Schulblöcke von je drei bis vier Monaten war immer eine von uns mit den schulpflichtigen Kindern in Forno di Zoldo, dem Heimatort der Familie Simonetti in

Norditalien. So konnte eine von uns voll für die Kinder da sein, die andere fürs Geschäft. Damals hat es tatsächlich die Mehrzahl der Leute aus dem italienischen Dorf genauso gemacht, denn 80 Prozent der Einwohner*innen hatten eine Eisdiele in Deutschland, das war eine Zeitlang offenbar das Geschäftsmodell schlechthin. Alessia hat das sehr gut angenommen, sie war schon früh selbstständig, es fiel ihr nicht so schwer, mich nicht dauernd um sich zu haben. Und sie liebte es, mit ihren Cousins und Cousinen zusammen zu sein. Dadurch, dass ich sie gut aufgehoben wusste, konnte ich die Zeit, in der wir uns nicht sahen, einigermaßen aushalten. Hart war es trotzdem, ich habe sie oft sehr vermisst. Da Riccardo so auf mich fixiert war, wollte ich aber nicht, dass er auch in Italien in die Schule geht. Von mir entfernt zu sein konnte ich ihm nicht zumuten, weil ich wusste, er würde sehr darunter leiden. Aber auch ich selbst wollte nicht mehr so lange von meinen Kindern getrennt sein. Meine Tochter habe ich dann wieder ganz zu mir zurück nach Deutschland geholt, wo sie ihren Schulabschluss und eine Lehre zur Kinderpflegerin gemacht hat – und wir drei endlich wieder zusammen sein konnten.

»BITTE NICHT SCHEIDEN LASSEN!«

So glücklich ich über meine Entscheidung war, wegzugehen und allein mit den Kindern in eine eigene Wohnung zu ziehen, so viele Gedanken machte ich mir auch, wie sich das Leben in einem Frauen-Haushalt auf meinen Sohn auswirken könnte. Alessia und ich, meine Mutter, meine Schwestern und Freundinnen, die regelmäßig zu Besuch kamen – bei uns am Tisch saßen fast immer nur Frauen. Wären Baustellen und Polizei-Einsätze Riccardos größte Passion gewesen, hätte ich mir sicher keinen Kopf darüber gemacht, ob ihn diese Frauen-Präsenz in irgendeiner Weise prägen oder beeinflussen könnte. Doch Riccardo wurde eben schon in der Grundschule von seinen Mitschüler*innen gehänselt, weil er nur mit Mädchen zu tun hatte. Auf dem Schulhof bezeichneten ihn die anderen als schwul. Obwohl er gar nicht wusste, was es bedeutete, verstand er, dass es als Schimpfwort gemeint war, und ihm war klar: Es hatte etwas damit zu tun, dass er lieber mit den Mädchen spielte.

»Der wird mal Stylist!« Das habe ich oft als Erklärung, vielleicht auch als Entschuldigung vorgeschoben, wenn er daheim von seiner Schwester verkleidet wurde oder seinen Barbies neue Outfits anzog. Ich verteidigte ihn aber nicht nur damit, ich war auch wirklich überzeugt davon, dass er später diesen Berufsweg einschlagen würde. Mit seiner Puppen-Begeisterung umzugehen, wurde für uns beide leichter, als wir in unserer eigenen Wohnung waren, denn ich musste mich nicht dauernd vor dem Rest der Familie dafür rechtfertigen. Und Riccardo konnte dem nachgehen, was ihm am meisten Freude machte – unbefangener, ohne es ständig verheimlichen zu müssen. Aber wann immer ich ihn dabei beobachtete, wie er seinen Puppen die Haare frisierte, die Nägel lackierte, ihnen verrückte Sachen anzog, dachte ich: Es liegt daran, dass er nur mit weiblichen Sachen konfrontiert ist. Ich wünschte mir, dass auch Dinge in seinem Leben stattfinden würden, die typischerweise als männlich gelten. Doch sein Interesse endete schon bei Ken, dem einzigen Mann in seinem Barbie-Club, den er einfach links liegen ließ – was ich mir heute damit erkläre, dass er weder stylingtaugliches Haarmaterial noch eine aufregende Garderobe zu bieten hatte. Aber damals dachte ich, dass auch diese Ablehnung damit zu tun haben könnte, dass er in einem Frauen-Kosmos groß wurde.

Im Nachhinein denke ich: All diese Zuordnungen stecken viel tiefer in uns, als wir vielleicht glauben. Auch wenn wir uns selbst für aufgeschlossen und tolerant halten, sind wir nicht frei davon: Mädchen sind so, Jungs sind so! Wenn man ein Mädchen und einen Jungen hat, dann will man das vielleicht sogar noch mehr, dass das Mädchen die weiblichen Sachen macht und der Junge die männlichen. Dass sie die süßen, pinkfarbenen Kleidchen trägt und er die »Batman«-Cappys und die frechen Hosenträger. Komischerweise hat es mich bei Alessia aber nie so gestört, wenn sie etwas Jungenhaftes gemacht hat, das habe ich auch nie so zugeordnet. Als kleines Kind war sie schüchtern und brav, hatte schöne, lange Locken. Als sie mir im Teenageralter mitteilte, sie wolle sich die Haare abschneiden, habe ich wortwörtlich zu ihr gesagt: »Aber, bitte, nicht ganz kurz und rot, gell?« Tatsächlich kam sie dann mit raspelkurzen, knallroten Haaren heim – wie ein Pumuckl. Ganz genau so, wie ich es mir gerade nicht gewünscht hatte. Mein Vater war früher immer darauf bedacht, dass ich lange Haare trage, ich durfte sie nie abschneiden. Darum sagte ich mir: Lass sie halt machen, es sind ihre Träume! Auch war ich nicht immer begeistert von Alessias Piercings und immer neuen Tattoos – mal war es ein Bild ihrer Katze, mal einer ihrer Hunde, mal bunte Muffins, dann eine Eiswaffel auf ihrer Haut. Aber ich konnte seltsamerweise besser damit umgehen als mit den Momenten, in denen bei Riccardo die feminine Seite hervorkam. So geht es vielen Eltern, fürchte ich: Bei einem Mädchen sagen sie: »Die ist aber tough und cool!«, bei einem Jungen wird das sehr viel negativer betrachtet. Und ich selbst konnte mich da anfangs nicht ausnehmen.

Vermutlich hat Riccardo sich schon damals selbst als anders wahrgenommen und unter den Kommentaren der anderen gelitten. Und damit meine ich nicht, dass er anders war, weil er sich einmal als schwul outen würde. Denn weder war ihm das zu diesem Zeitpunkt bewusst, noch erklärt seine sexuelle Orientierung seine gesamte Persönlichkeit. Doch wenn anders heißt, dass er etwas an sich hatte, das schon immer die Blicke auf sich zog, dann war das nicht zu übersehen. Für ihn muss das schon im Grundschulalter spürbar gewesen sein. Das wird mir heute klar, wenn ich daran denke, wie er auf meine Trennung von seinem Vater reagierte. Während Alessia sehr traurig über den Abschied von der Eisdiele und von ihrem Papa war und in den ersten Wochen jeden Tag mit den Worten »Ich gehe jetzt nach Hause!« von der Schule kam, ihren Ranzen in die Ecke feuerte und zur Eisdiele lief, beschäftigte Riccardo etwas ganz anderes: nicht die Sorge, seinen Vater nicht mehr täglich zu sehen, nicht der Gedanke, von den Cousins und Cousinen getrennt zu sein. Nein, am allermeisten fürchtete er sich vor einer Scheidung

seiner Eltern, einem weiteren Stigma in der Reihe von Auffäl-
ligkeiten, die in den Augen anderer irgendwie nicht der Norm
entsprachen. »Bitte nicht scheiden lassen, ich möchte nicht
auch noch ein Scheidungskind sein!«, sagte er immer wieder zu mir. Er erzählte mir, dass es in seiner Klasse Kinder
geschiedener Eltern gab, die deswegen ausgelacht wurden.
Und er wollte nicht auch noch dafür ausgegrenzt werden.
Schließlich musste er sich doch schon dauernd verteidigen,
weil ihn die Dinge, mit denen die Mädchen spielten, einfach
mehr interessierten.

Heute, 21 Jahre nach der Trennung von meinem Mann, bin
ich noch immer nicht offiziell geschieden. Am Anfang habe
ich es wegen meiner Kinder so beibehalten, dann irgendwann
aus den Augen verloren, aber da Italo und ich uns freund-
schaftlich verbunden sind, habe ich vielleicht auch nicht die
Notwendigkeit gesehen. Auch Riccardo hätte seinen Vater
jederzeit sehen können, aber eben selten exklusiv. Italo war
mindestens genauso in der Eisdiele eingebunden wie ich
damals – mit dem Unterschied: Er lebte dafür. Meist war er
dort in der Küche beschäftigt, bereitete Pizza, Pasta und Salate
zu, die neben Eisbechern und Kaffeespezialitäten ebenfalls
auf der Karte stehen. Er hatte selten Zeit für seinen Sohn, hat
sich nie in der Intensität um Riccardo gekümmert, wie der es
einforderte. Italos Welt war immer nur das Geschäft. Und so
ist es bis heute. Die beiden haben einen lockeren Kontakt, sie
mögen sich, aber konnten nie eine wirklich tiefe Beziehung
zueinander aufbauen. Leider. Da Riccardo ein anspruchsvol-
les Kind war, hätte es dafür wohl mehr Ansprache bedurft,

mehr aufrichtiges Interesse. Aber sein Vater hat sich eben nie so intensiv mit den Dingen auseinandergesetzt, die seinen Sohn beschäftigten. Italo war nie ablehnend zu ihm oder hat verurteilt, wie er sich gab, meist hat er nur gesagt: »Ach, der Riccardo ...« Selbst als sich sein Sohn später in einem Interview in der Zeitschrift *BUNTE* offiziell outete, hat er es einfach hingenommen. Aber wahrscheinlich hatte er es sowieso schon lange vorher geahnt und war deswegen nicht überrascht. Jedenfalls hat er nie ein Wort darüber verloren.

NUR MEINE KINDER UND ICH

Sosehr ich mir eine männliche Bezugsperson für meinen Sohn wünschte, so wenig konnte ich mir einen neuen Partner an meiner Seite vorstellen. Nach jemandem, der Riccardos Vater ersetzen sollte, habe ich nie gesucht. Warum auch? Er hatte doch einen, und der lebte gerade mal 800 Meter von uns entfernt. Außerdem war ich viel zu glücklich, dass ich meinen Drang nach Unabhängigkeit als erwachsene Frau endlich ausleben konnte. Nach unserem Auszug waren mir einzig meine Kinder wichtig, ich habe mich wirklich nur um ihr Wohlbefinden gekümmert. Jede freie Minute wollte ich mit ihnen verbringen, um jeden Preis verhindern, dass sie unter unserer Trennung leiden müssen. Wie Riccardo mit einem neuen Partner an meiner Seite zurechtgekommen wäre, vermag ich gar nicht zu sagen, aber mein Gefühl verriet mir, dass er es nur schwer hätte verkraften können, dass da noch jemand in meinem Leben ist. Ich wusste ja, wie sehr er die Bestätigung durch mich brauchte. Einmal habe ich ihn vorsichtig gefragt: »Könntest du dir das denn vorstellen, dass es wieder einen Mann in meinem Leben gibt?« Er antwortete darauf, dass er sich das eigentlich überhaupt nicht vorstellen könnte. Und fragte mich, ob ich diesen Mann dann lieber haben würde als ihn. Wäre ich der großen Liebe begegnet, es hätte sicher einen Weg gegeben, es Riccardo zu erklären. Aber vielleicht war es mir auch nicht wichtig genug, um dafür zu riskieren, mein Kind traurig zu sehen.

Da ich meine Kinder nicht allein lassen konnte, ging ich abends nie weg und habe auch bisher niemanden kennengelernt, der in meinem Leben eine Rolle hätte spielen können. Aber selbst wenn ich es getan hätte, auf einen Mann zugegangen wäre ich nie. Bis heute fühle ich mich in solchen Momenten wie das kleine Mädchen, das nicht mit Jungs reden darf. Das ist mir von früher geblieben. Wenn, dann muss die Initiative vom Mann ausgehen, von mir würde da nie etwas kommen. Und jetzt interessiert es mich auch gar nicht mehr. Ich bin zufrieden alleine. Meine Freundinnen fragen mich immer mal, ob ich mir nicht mal wieder einen Partner wünsche. Aber ich hätte Angst, dass ich mich dann wieder festlegen müsste, wann ich heimkomme, davor, mich um jemanden zu kümmern, der mittags schon darauf wartet, dass ich mein Zucchini-Risotto für ihn zubereite. Dazu habe ich eigentlich keine Lust. Ich mag mein Leben einfach viel zu gern, so wie es ist.

Trotz des Befreiungsschlags musste ich mir bald eingestehen, dass sich eine meiner größten Hoffnungen nicht erfüllen sollte: mehr Zeit mit meinen Kindern zu haben. Auch wenn ich wahnsinnig glücklich war, dieser beengenden Situation entkommen zu sein, war es schwierig, auf einmal alles ohne Hilfe bewältigen zu müssen. Wir hatten vorher immer genug Geld gehabt, und ich hatte den Anspruch, den beiden auch weiterhin alles ermöglichen zu können. Es sollte ihnen an nichts fehlen! Aber das Pensum, das ich dafür leisten musste, war manchmal kaum zu schaffen.

Damals arbeitete ich unter der Woche in einer kleinen Boutique, an meinem freien Tag in einem Elektrogeschäft, und am Wochenende half ich in einem kroatischen Restaurant aus, wenn dort größere Veranstaltungen stattfanden. Das war manchmal eine Überforderung. Alessia war zwar schon ein bisschen älter, die konnte auf sich selbst aufpassen, wenn ich in der Arbeit war, aber Riccardo war dafür noch zu klein. Außerdem wollte er nach wie vor immer in meiner Reichweite und nicht allein zuhause sein. Bei all meinen Jobs hatte ich das große Glück, sehr verständnisvolle Vorgesetzte zu haben, sodass ich ihn überall mit hinnehmen konnte. Ob er nun im Elektrogeschäft aus den leeren Kühlschrank-Kartons Höhlen baute oder im Lokal mit der Tochter der Inhaber*innen Musik hörte, es war nie ein Problem, dass er dabei war. Auch die Boutique lag in der Nähe, nach der Schule kam er immer an dem Geschäft vorbei, konnte mich besuchen, und ich wusste, dass es ihm gut geht. Meine Chefin war auch wirklich toll, sie hatte nichts dagegen, dass er dort seine Schularbeiten machte, dafür bin ich ihr ewig dankbar. Er hat sich auch oft in die Ecke des Geschäfts gesetzt und stundenlang Frauen gemalt, entweder die Meerjungfrau Arielle, später dann Rose aus *Titanic* oder die Figuren aus der Fernsehserie *Charmed* – alles, was mit Hexen zu tun hatte, übte eine wahnsinnige Faszination auf ihn aus. Manchmal denke ich, dass er sich selbst am liebsten in eine andere Welt gezaubert hätte. Als er älter wurde, entdeckte er in der Boutique auch die *InStyle* für sich, die dort immer für die Kund*innen auslag. In diese Zeitschrift konnte er sich endlos vertiefen, studierte jedes Foto, jedes Outfit, träumte sich an einen Ort, an dem es glitzerte und glänzte, der Alltag und die Mitschüler*innen, die sich über ihn lustig machten, ganz weit weg waren.

Damit, wie es sich anfühlt, täglichen Hänseleien ausgesetzt zu sein, habe auch ich als Kind meine Erfahrungen machen müssen – auch wenn es nie die Dimensionen angenommen hat wie bei Riccardo. In der Siedlung, in der wir lebten, gab es kaum Ausländer*innen, wir waren die einzigen »Exoten«. Einige Eltern verboten ihren Kindern sogar, mit uns zu spielen. Ende der 6oer-Jahre hatte Italien hier noch nicht den Ruf eines Ortes, an dem man gern Urlaub macht, dessen Kultur und Speisen man schätzt. Im Gegenteil. Die Beleidigung »Scheiß Itaker« habe ich schon in der Grundschule gehört. Meine Mutter, meine Schwestern und ich kamen im August nach Bischofswiesen, und im September musste ich in die Schule, ohne ein Wort Deutsch zu können. Ich weiß noch, dass ich geweint habe, weil die anderen Kinder mir gegen meinen Willen die Stiefel auszogen, denn ich verstand einfach nicht, dass wir in der Schule nur mit Hausschuhen herumlaufen durften. Anfangs hatte ich eine nette Lehrerin, die immer mit ihrem Italienisch-Deutsch-Wörterbuch unterm Arm herumlief, um uns ein paar Begriffe zu übersetzen. Aber in der fünften Klasse bekamen wir einen anderen Lehrer, der war ganz schlimm, ein richtiger Nazi. Der hat uns jeden Tag deutlich spüren lassen, dass wir in seinen Augen weniger wert waren als die anderen. Wenn es um Vogelkunde ging, dann hat er sofort den Blick auf mich gerichtet und gesagt: »Und ihr verdammten Italiener, ihr bringt die ganzen Vögel um und fresst sie auf!« Dadurch, dass wir in der Schule gehänselt wurden und Außenseiterinnen waren, hatte ich wenig Selbstbewusstsein. Und eigentlich ist es noch immer so. Das ist bei Riccardo zum Glück ganz anders. Er war von klein auf sehr selbstbewusst. Mir hat das immer gefallen und imponiert, dass er sich das nicht kaputt machen ließ – trotz der Kommentare all jener, die ihn nicht so akzeptieren konnten, wie er war.

RICCARDO SIMONETTI

MORGEN FANGE ICH DAMIT AN, EIN ANDERER ZU SEIN

Jede*r kennt das Gefühl, das eine*n überkommt, wenn man etwas an sich ändern möchte. Weniger essen, mit dem Rauchen aufhören oder mehr Sport treiben. *Ich fange morgen damit an. Ich fange nächste Woche damit an. Zum neuen Jahr dann.* Man schiebt es immer auf, weil man es sich in seiner Komfortzone so gemütlich gemacht hat. Ändern möchte man daran eigentlich nur etwas, weil man weiß, dass diese Angewohnheiten nicht gut für einen sind, obwohl sie einem*einer vielleicht im Moment Freude bringen mögen. An dieses Gefühl erinnere ich mich, wenn ich an meine ersten Schuljahre denke. Natürlich wollte ich nicht mit dem Rauchen aufhören, das wäre sogar für meine Verhältnisse ein bisschen dramatisch, aber mit dem Ich-selbst-Sein vielleicht. Egal, wie ich es drehte und wendete, ich eckte an. Daran war irgendwie nichts zu ändern. Barbie-Puppen waren nun zwar ein fester Teil meines Lebens, aber das fühlte sich nur an wie der Sieg in einer Schlacht, die Teil eines viel größeren Krieges war. Und von dem ich mir nicht vorstellen konnte, ihn zu gewinnen. So nahm ich es als Grundschüler wahr. Das Ironische dabei ist jedoch, dass ich eigentlich so ein fröhliches, wirklich glückliches Kind war.

Dadurch, dass mein Vater eine bekannte Eisdiele in Bad Reichenhall führte, kannte ich die meisten meiner Klassenkamerad*innen schon vor der Schule und konnte viele von ihnen auch nach dem Unterricht treffen, wenn sie mit ihren Familien zum Eisessen kamen. Ich war mir schon in dem Alter bewusst, wie privilegiert es war, Freund*innen zu haben, aber so vollkommen unbeschwert konnte ich nicht sein, denn da war ja noch die Sache mit dem Anderssein. Was mich anders gemacht hat, waren nicht nur die Barbies. Es war auch mein Freund*innenkreis. Ich hatte ja, wie bereits erwähnt, hauptsächlich Freundinnen, und ohne mich groß anstrengen zu müssen, war ich immer von Mädchen umgeben. Das fühlte sich schön an und ließ meine Familie davon träumen, dass ich mal ein richtiger Casanova werden würde. Ein Frauenversteher, dem das weibliche Geschlecht zu Füßen liegen würde. Das war ein Bild, von dem ich hoffte, dass ich ihm irgendwann entsprechen könnte. Einfach eines Morgens wach werden und genau diese Person sein. Allerdings war ich innerlich sehr weit davon entfernt, mich wie dieser Mensch zu fühlen.

Wenn ich heute in meinem alten Kinderzimmer zu Besuch bin, das fast noch genauso aussieht wie früher, fällt mir eine Sache immer besonders auf: ein Bild, das ich mit elf oder zwölf gezeichnet hatte. Das Motiv zeigt zwei Menschen, die auf einer Bühne stehen, davor zwei Regie-

Stühle, wie man sie von Film-Sets kennt. Darauf zu lesen, die Namen Alyssa Milano und Riccardo Simonetti. Auf dem Stuhl von Alyssa Milano ist eine Frau von hinten zu sehen, die meine damalige Lieblingsschauspielerin darstellen sollte. Ich war so besessen von der Fernsehserie *Charmed*, dass ich mein Umfeld genötigt hatte, mich eine Zeitlang »Phoebe« zu nennen – der Name der Hexe, die Alyssa in dieser Serie spielt. Mein Stuhl ist leer, da ich der Mann auf der Bühne sein sollte, der neben einer Frau steht, die aussieht wie Kate Winslet in *Titanic*. Entstanden ist dieses Bild im Rahmen eines Malwettbewerbs, bei dem uns die Aufgabe gestellt wurde, uns als Erwachsene zu malen – mit dem Leben, das wir gerne hätten. Ich gewann damit den dritten Platz, was wahrscheinlich auch der einzige Grund ist, warum dieses Bild bis heute an meiner Kinderzimmer-Wand hängt.

Auch wenn es sich dabei um eine Buntstift-Zeichnung handelt, kann man unglaublich viele Details an den weiblichen Charakteren erkennen. Man sieht sogar jede Tätowierung auf Alyssa Milanos Rücken, die ich aus der Serie kannte, und ich entschied mich, ihr blonde Strähnchen zu verpassen und Hüfthosen, die ein bisschen von ihrem Po hervorblitzen ließen. Kate Winslet zeichnete ich blond, da ich wusste, dass sie sich nur für *Titanic* die Haare rot gefärbt hatte und sie eigentlich in diesem Ton trug. Was ich damit sagen möchte: Die Frauen auf meinem Bild waren alle unglaublich persönlich und mühevoll gestaltet, was wahrscheinlich auch daran lag, dass ich für gewöhnlich ausschließlich

Frauen malte. Doch die Person, um die es eigentlich bei der Aufgabe gehen sollte – MICH –, sah wie irgendein generischer Mann aus der Werbung aus. Ich weiß nicht, von wem ich mich da habe inspirieren lassen, aber ich selbst habe heute genauso wenig mit dem Mann auf dem Bild gemeinsam wie zu der Zeit, als ich es malte. Ich zeichnete mich groß, stark, mit weit aufgeknöpftem Hemd, das mein wildes Brusthaar freilegte. Ich habe kurze Haare und einen Vollbart, zwischen meinen Zähnen klemmt eine Rose, die wohl verdeutlichen soll, dass ich dabei bin, meine Schauspielkollegin Kate Winslet auf der Bühne zu verführen. Das alles habe ich mir im wahrsten Sinne des Wortes so ausgemalt, weil ich der Annahme war, dass so mein Leben auszusehen hätte, damit alle meine Probleme aufhören würden. Ich wusste, wer ich sein müsste, um zu gewinnen, wie bei dem Malwettbewerb. Ich wusste nur nicht, wie ich es anstellen sollte, diese Person zu werden. Ob ich bei dem Wettbewerb auch so gut abgeschnitten hätte, wenn ich mich in einem Kleid oder einen anderen Mann küssend gemalt hätte? Das ist eine Frage, die ich mir heute stelle.

Obwohl ich mit meiner Persönlichkeit aneckte, war es mein Naturell, extrovertiert zu sein, was dazu führte, dass ich von anderen Jungs oft um Rat gebeten wurde, wenn sie ein Mädchen für sich gewinnen wollten. Sie taten sich unglaublich schwer, mit Mädchen zu sprechen, und mir fiel es so leicht, dass ich dachte, ich wäre wohl einfach frühreif. Einordnen, weshalb ich mich nie auf die Art und Weise für meine Freundinnen interessiert habe, wie die anderen Jungs es taten, konnte ich nicht. Alle anderen aber schon. Die ersten Jahre meiner Schulzeit, als Jungs und Mädchen sich noch eklig fanden, machten sich die meisten Jungs darüber lustig, dass ich wahrscheinlich Mädchen küssen würde. In kürzester Zeit aber begriffen sie, dass das eigentlich etwas war, das sie gerne tun würden. So änderte sich das, und es wurde darüber gewitzelt, dass ich wahrscheinlich lieber Jungs küssen würde und im Vergleich zu ihnen gar kein richtiger Junge sei. Das Einzige, was gleich blieb, war das kollektive Sich-über-mich-lustig-Machen. Interessant finde ich die Tatsache, dass sich andere Jungs schon über mich stellten und sich mir in ihrer maskulinen Rolle überlegen fühlten, obwohl sie ja noch weit davon entfernt waren, die Art von Junge zu sein, die Mädchen wirklich spannend gefunden hätten. Getadelt wurden sie nie dafür, ganz im Gegensatz zu mir, der ich mich ständig vor Autoritäten rechtfertigen musste, wenn ich mich gegen die Hänseleien zu wehren versuchte. Ich begriff, dass die Gesellschaft Jungs so gut wie alles durchgehen ließ, solange es typisch für sie war. Raufen, sich gegenseitig hauen, Schimpfworte sagen – das alles wurde immer irgendwie verharmlost. *Ja mei, Jungs sind halt so.* Hätten Mädchen sich genauso verhalten, wären die Konsequenzen dafür unerträglich gewesen. Wie ich das beobachtete? Jungs stritten sich ständig, waren aufmüpfig und störten den Unterricht. Mädchen taten das nicht. Nicht unbedingt, weil sie es nicht auch wollten, sondern weil sie direkt bestraft wurden. Das fiel nicht nur mir auf, sondern eigentlich allen. Und irgendwann wurde daraus: Jungs hauen sich und Mädchen nicht. Aber die Frage nach dem Warum stellt kaum jemand.

Ich dachte darüber nach, ob mein Leben einfacher wäre, wenn ich mich auch so verhalten würde. Schließlich bin ich doch ein Junge. Die Antwort darauf lautete jedoch *Nein*, wie ich feststellen durfte, wenn ich mal zurückschlug. Das Einzige, was schlimmer ist als ein sich raufendes Mädchen, ist ein Junge, der sich für gewöhnlich wie ein Mädchen verhält und sich dann rauft.

PRÄDIKAT »AUSREICHEND«

Irgendwie musste ich also schleunigst herausfinden, wie ich der Mann auf dem Bild werden konnte, um meiner aktuellen Situation zu entfliehen. Ich begann, Pläne zu schmieden und Dinge aufzuschieben. So wie viele ihre guten Vorsätze aufs neue Jahr verlagern, fasste ich den Entschluss, meine feminine Art abzulegen, wenn ich die Grundschule beendete. Ich fing an, mir einzureden, dass es ja ohnehin schon zu spät wäre, im Hier und Jetzt damit anzufangen, denn schließlich wüssten die Leute ja schon, was für ein Mensch ich war. Außerdem wäre ich dann viel älter und reifer und könnte als Fünftklässler selber entscheiden, wie mich die Leute wahrnehmen würden. Dieses Aufschieben beobachte ich auch bei Erwachsenen. Man sucht Ausreden, um sich weiterhin so zu verhalten wie bisher, weil man nichts daran ändern möchte oder nicht weiß, wie. Wir glauben aber, etwas daran ändern zu müssen, weil wir eingeredet bekommen, dass wir als Menschen dann besser sind.

Natürlich klappte das nicht mal ansatzweise so gut, wie ich es mir ausmalte. Je älter ich wurde, desto mehr erkannten alle um mich herum und auch ich selber, wer ich war. Und dieser Jemand war ganz und gar nicht wie die anderen. Was ich an jungenhaftem Benehmen nicht aufweisen konnte, versuchte ich mit anderen löblichen Eigenschaften wettzumachen. So wie ich es mir bei meiner Mama vorgenommen hatte, die fehlende Jungenhaftigkeit mit Ehrlichkeit aufzuwiegen, so wollte ich meinen Lehrer*innen zeigen, dass ich dafür richtig gute Leistungen erbringen konnte. Ich wurde besessen von Zensuren und hoffte, mir selbst damit das Gefühl zu geben, richtig zu sein, indem ich mein Selbstbewusstsein von der Bewertung anderer abhängig machte. Wie fatal das war und wie schlecht das funktionierte, hätte mir allerdings schon nach meiner ersten Schulnote in der dritten Klasse auffallen sollen. Es war eine Vier in Heimat- und Sachkunde. Ironischerweise hatte ich meiner Mama vorher voller Stolz verkündet, dass es bestimmt eine richtig gute Note werden würde. Als ich nun schwarz auf weiß lesen konnte, dass ich gerade mal als »ausreichend« galt, war das für mich eine Bestätigung all meiner Ängste. Jetzt war ich schon anders, hatte aber nicht mal mehr die Möglichkeit zu beweisen, dass ich zumindest in diesem Bereich ein »gut« verdient hätte. Das war doch alles, was ich hatte, um meiner Mutter zu zeigen, dass sie stolz auf mich sein konnte. Hinzu kam die Tatsache, dass ich pummelig war und mein Kinderarzt meiner Mutter geraten hatte, ich sollte abnehmen. Ich glaube, ich war in der dritten Klasse, als ich anfing, Kalorien zu zählen. Was ohnehin schon schwer genug ist, aber schier unmöglich, wenn dein Papa eine Eisdiele hat. Von Erfolgen in diesem Bereich war also erstmal nicht die Rede.

Ich hatte das Gefühl, gar nichts mehr wert zu sein, und beschloss schlichtweg, mir das Leben zu nehmen. Und zwar noch bevor meine Mutter nach Hause kommen würde und ich ihr beichten müsste, dass die erste Zensur meines Lebens das Prädikat »ausreichend« zierte. Ich erinnere mich daran, wie mein Freund Daniel erzählte, dass man Gehirnzellen abtöten könne, wenn man den TV-Sender wechselte und der Kopf sich dabei zwischen dem Fernseher und der Fernbedienung befand. Zuhause angekommen setzte ich mich auf den Boden meines Kinderzimmers. Ich war neun Jahre alt und weinte bitterlich, als ich nach der Fernbedienung griff, um meinem Leben ein Ende zu setzen. Doch voller Entsetzen musste ich feststellen, dass Daniel wohl ein wenig übertrieben hatte, als er mir von den überaus gefährlichen Strahlen berichtete. Nicht einmal das konnte ich also. Zum Glück war niemand zuhause, denn meine ältere Schwester Alessia hätte mich wahrscheinlich derart damit aufgezogen, dass die Scham mir den Rest gegeben hätte.

Natürlich schmunzle ich, wenn ich heute an diese extreme Reaktion auf eine Schulnote denke, dennoch soll diese Geschichte verdeutlichen, was für einen Stellenwert das Bewertetwerden für mich eingenommen hatte. Ich war bereit, alles aufzugeben, mein schönes Leben, nur weil ich das Gefühl hatte, versagt zu haben. Und weil ich Angst hatte, meine Mutter dadurch zu enttäuschen. In Alan Downs' Buch *The Velvet Rage* ist davon die Rede, wie sehr schwule Männer nach Lob für ihre Leistungen streben, weil sie gelernt haben, ein Selbstbewusstsein um die Scham herumzubauen, die ihre sexuelle Orientierung in ihrer Jugend verursachte. Diese Art, mit Scham umzugehen, ist auch für jede andere Person beispielhaft, die früh lernen musste, dass er oder sie anders ist.

Bekommt man früh vermittelt, dass man, so wie man ist, fehlerhaft ist, beginnt man zu kompensieren. Man versucht wegzubekommen, was eine*n anders macht. Schafft man das nicht, fängt man an auszugleichen, was negativ bewertet wird. Man beginnt zu überspielen oder sucht sich eine andere Art, sein Selbstbewusstsein hochzuhalten. Manchen gelingt es, indem sie sich über andere lustig machen, andere wiederum fühlen sich besser, wenn sie trotz ihres Fehlers, der natürlich gar keiner ist, gute Leistungen erbringen. Schulisch, beruflich, äußerlich. Man strebt an, besser zu sein als alle anderen, sodass hoffentlich niemandem auffällt, dass man sich immer noch ein bisschen dafür schämt, so zu sein, wie man ist. Natürlich trifft das nicht auf jedes Individuum zu, aber es ist schon erschreckend zu sehen, wie lange eine*n die Erlebnisse begleiten, die man in dieser Lebensphase macht. Umso wichtiger ist es deshalb für Kinder, die in irgendeiner Form anecken, zu wissen, dass ihre Eltern nicht glauben, sie seien fehlerhaft. Eltern sind der Ursprung unseres Selbstwertgefühls. Glauben sie an uns, ist die Wahrscheinlichkeit größer, dass wir es auch tun. Zweifeln sie an, dass wir richtig sind, wie wir sind, entsteht dadurch häufig ein Mangel an Selbstwert, der uns bis ins Erwachsenenalter begleitet und nur schwer wieder abzuschütteln ist.

MEINE MAMA STOLZ MACHEN

Nach der vierten Klasse entscheidet sich, auf welche Schule
es geht, und wie man als Kind vermittelt bekommt, ist das
eine Entscheidung darüber, ob du ein gutes oder schlechtes
Leben führen wirst. Natürlich weiß man als Erwachsener,
dass es überhaupt nicht so ist, aber der Druck, den man als
Kind dabei verspürt, ist enorm. Mir war das egal. Alles, was
ich wollte, war, meine Mama stolz zu machen.

Eine meiner Lehrerinnen empfahl meiner Mama, dass die
Hauptschule der einzig richtige Bildungsort für mich sei,
da meine Zensuren durchschnittlich waren. Meine Mutter überzeugte mich jedoch, dass ich zumindest eine Auf-
nahmeprüfung für die Realschule machen sollte – und ich
wurde aufgenommen. Nach einem Jahr, das überraschend
gut lief, ermutigte sie mich, dass ich den Eignungstest für
das Gymnasium probieren sollte. Ich bestand, meine Mama
war unglaublich stolz, und in mir war ein neuer Komplex
geboren, mit dem ich versuchte, meine innere Scham zu
kompensieren: Erfolg zu haben. Angefixt von dem vielen Lob und dem Stolz, den ich von meiner Mama zu spüren bekam, als ich aufs Gymnasium ging, wollte ich dieses
Gefühl unbedingt aufrechterhalten. Ich verwechselte Stolz
mit Liebe und dachte, meine Mutter würde mich mit Sicherheit mehr lieben, wenn ich ein richtig erfolgreicher Schüler
wäre. Das war der Ausweg, der Schlüssel, mit dem ich endlich die Person werden konnte, die ich auf dem Bild gemalt
hatte. Für einen Elternteil bedeutet ein Kind, das gut in der

Schule ist, wahrscheinlich eine enorme Erleichterung. Dessen war sich auch meine Mutter bewusst. Während andere Eltern im Gespräch mit ihr über die Zensuren ihrer Kinder klagten, hatte ich dafür gesorgt, dass meine Mama diese Sorge nicht teilen musste. Das war sicher eine willkommene Abwechslung zu den sonstigen Kommentaren, die sie sich über mich anhören musste.

Um die guten Noten beizubehalten, bot meine Mama mir an, mir pro Eins in der Schule fünf Euro zu bezahlen. Das mag sich vielleicht ein bisschen übertrieben anhören, aber es war wirklich ein richtig guter Ansporn, über mich hinauszuwachsen. Innerhalb kürzester Zeit hatte ich mehrere hundert Euro zusammen, was für einen Elfjährigen definitiv ein kleines Vermögen ist. Es gab mir das Gefühl, finanziell unabhängig zu sein, was natürlich lächerlich ist, denn ich bekam das Geld von meiner Mama. Aber ich hatte es selbstständig verdient und musste dementsprechend nicht mehr ständig fragen, wenn ich mir etwas kaufen wollte. Natürlich investierte ich den Großteil meiner Einnahmen erstmal in Barbie-Accessoires, was dazu führte, dass meine geliebte Arielle-Puppe bald einen Kleiderschrank wie den von Kim Kardashian oder – damals zeitgemäßer – Paris Hilton ihr Eigen nennen konnte.

Aber nicht nur gute Noten standen auf meiner To-do-Liste. Nach jahrelangem Verspottetwerden war es Zeit für ein neues Image. Ich hatte endlich einen Weg gefunden, meine Mama stolz zu machen, und fühlte mich nun selbstbewusster. Also wollte ich auch so wahrgenommen werden und beschloss, dass nun die Zeit gekommen sei, mich zu der Person zu erklären, die ich einst gemalt hatte. Ich hielt meine Diät, hatte einen Irokesen-Haarschnitt und zum ersten Mal auch männliche Freunde. Der Übertritt an eine Schule, in der man so gut wie niemanden kennt, mag für viele Kinder angsteinflößend sein, für mich war es die Chance, mich neu zu erfinden. Und was soll ich sagen? Es funktionierte. Ich wurde zum Klassensprecher gewählt, und mit jedem Tag, der verging, konnte ich nach Hause kommen und meiner Mama von einem anderen Erfolgserlebnis erzählen, was eine willkommene Abwechslung war zu den Jahren zuvor. Für uns beide. Es war einfach toll. Dabei spielten meine guten Noten und mein neuerdings schlankerer Körper wahrscheinlich weniger eine Rolle als mein Selbstbewusstsein.

ANNA SIMONETTI

WIR KÖNNEN DOCH ÜBER ALLES REDEN!

Als ich mit den Kindern allein war, habe ich versucht, alles so gut zu machen, wie ich nur konnte, aber oft kam es mir so vor, als wäre es irgendwie zu wenig – egal, wie sehr ich mich auch anstrengte. Vielleicht ist dieser Anspruch, den wir Eltern haben, immer alles richtig machen zu wollen, auch vermessen. Ich merkte jedenfalls ziemlich schnell: Arbeit und Kinder unter einen Hut zu bringen, das ist nicht so einfach, wenn man keine*n Partner*in hat. Als Riccardo das »Ausreichend« in Heimat- und Sachkunde nach Hause brachte, war das für mich einer jener Momente, in denen bei mir die Sorge hochkam, neben all der Arbeit meinen Kindern nicht gerecht werden zu können. Ich war nicht böse auf ihn, doch ich zweifelte an mir selbst. War ich mit meiner Aufmerksamkeit zu sehr woanders? Ich denke schon, dass er mir meine Enttäuschung anmerkte, dabei galt sie im Grunde gar nicht ihm, sondern mir selbst. Weil ich Angst hatte, dass das Lebensmodell, für das ich mich entschieden hatte, vielleicht doch seinen Preis haben würde, ich nicht überall hundert Prozent geben konnte. Die schlechte Zensur war natürlich kein Weltuntergang, aber sie stand eben noch für etwas anderes – für jede*n von uns. Für ihn versinnbildlichte sie das Gefühl, unzulänglich zu sein, für mich die Sorge, meiner Rolle nicht gerecht zu werden.

Bestraft hätte ich ihn nie, aber ich sagte ihm, dass er sich mehr Mühe geben müsse und es wichtig sei, gute Noten heimzubringen. Ich selbst habe es immer bereut, dass ich nur die Hauptschule und keine weiterführende Schule besuchen konnte, weil ich von daheim aus nicht gefördert wurde. Deshalb war ich so hinterher, dass meine Kinder sich in der Schule anstrengen. Nachdem er mir von der Zensur erzählt hatte, wollte ich auch erstmal nicht, dass er so viel Fernsehen schaut, wenn ich in der Arbeit war. Denn er sah sich dann dauernd seine Hexensachen an, und ich hatte Angst, dass seine wiederkehrenden Albträume daher kamen. Es gab in dieser Zeit viele Nächte, in denen er zu mir ins Bett gekrochen kam, weil er sich vor etwas fürchtete, von dem ich nicht wusste, was es war. Was genau er dann träumte, daran erinnerte er sich meist nicht. Oder er mochte es mir nicht erzählen. Aber ich war mir sicher, all das Hexenzeug hätte etwas damit zu tun.

Dass meine Reaktion so großen Einfluss auf ihn haben könnte, das war mir in dem Moment nicht bewusst. Doch inzwischen weiß ich: Jede Kleinigkeit hat so vieles in ihm ausgelöst. Er verinnerlichte jedes Wort. Jeder einzelne Satz, jede Bemerkung wirkte in ihm nach. Wenn ich heute mit ihm darüber spreche, wie sehr er sich seither unter Druck gesetzt hat, gute Leistungen zu erbringen, um Anerkennung zu bekommen und sich meiner Liebe zu vergewissern, dann schmerzt es mich. Als er mir das erste Mal davon erzählte,

dass die guten Noten sein Mittel waren, mit seinen Verlust-
ängsten klarzukommen, da war er längst ein Teenager. Mich
zu verlieren muss seine größte Sorge gewesen sein. Er hatte
Angst, dass er die fehlende Akzeptanz, die er dauernd zu spüren bekam, auch daheim erleben würde. Durch mich. Wenn
Konflikte zwischen uns hochkamen, dann fürchtete er, dass
meine bedingungslose Liebe zu ihm verloren gehen könnte.
So erkläre ich es mir heute. Natürlich war ich froh, dass er
nach den Tiefschlägen in der Grundschule so gut zurecht-
kam, sogar aufs Gymnasium ging, immer gute Noten mit
nach Hause brachte, aber wenn ich daran denke, dass sein
größter Antrieb dahinter war, mich auf seiner Seite zu wissen, tut es mir weh.

Es wäre mir das Allerwichtigste gewesen, ihm zu vermitteln, dass meine Liebe unerschütterlich ist, durch nichts auf
der Welt ins Wanken geraten könnte. Aber Riccardo hatte
schon immer sehr feine Antennen. Und ich vermute, dass er
mich durch sein Verhalten auch schonen wollte. Weil er sah,
dass ich oft kraftlos und erschöpft war. Er wollte mir keinen
weiteren Kummer zumuten, mich nicht verzweifelt sehen.
Bis heute beginnt er seinen Satz oft mit den Worten »Bitte
nicht traurig sein!«, wenn er mir etwas erzählen möchte, bei
dem er unsicher ist, wie ich es aufnehme. Das ist schon seltsam mit uns: Wir schauen beide, dass wir dem*der anderen ja keinen Kummer bereiten. Wenn du weißt, es macht
die andere Person unglücklich, dann möchtest du sie davor
bewahren. Bis heute ist das so: Weil jede*r von uns gesehen
hat, dass der*die andere viel mitgemacht hat, versuchen wir
uns gegenseitig so wenig zu verletzen, wie es nur geht. Wir

wägen immer genau ab, was wir einander zumuten können. Doch dass Riccardo das schon als kleiner Junge getan hat, das habe ich lange nicht gewusst. Ich wünschte, er hätte sich mir anvertraut und nicht alles mit sich ausgemacht. Denn dann hätte ich ihn besser beschützen können.

Ich war es gewohnt, dass er sehr anspruchsvoll war, es einforderte, dass ich mich intensiv mit ihm auseinandersetzte – obwohl ich eigentlich kein Mensch bin, der viel redet oder gern lange Diskussionen führt. Aber ich habe es nicht so empfunden, als hätte es große Untiefen in unserer Beziehung gegeben. Auf meiner Seite hat sich nie etwas an dem Gefühl für ihn geändert. Er war immer mein Kind, und ich habe ihn abgöttisch geliebt. Aber für ihn kamen eben Zweifel, wenn er etwas tat, das bei mir nicht so gut ankam: Wenn er mir nicht hundertprozentig gefällt, werde ich ihn dann nicht mehr so lieben wie vorher? Das ist für mich sehr schwer zu erklären, woher diese immensen Verlustängste kamen. Denn ich sah unsere Beziehung nie in Gefahr, nur weil ich mal mit ihm schimpfte. Für mich waren es normale Auseinandersetzungen zwischen Mutter und Kind.

ALLES IST GUT – ODER?

Seit Riccardo einmal meine Enttäuschung gespürt hatte, ließ er mich nur noch an den positiven Momenten seiner Schulzeit teilhaben. Für mich war er immer der Schüler, der gut angenommen wurde, immer Klassensprecher, später sogar Schulsprecher. Dadurch war für mich klar, dass ihn doch alle mögen müssen. Der gemobbte Schüler wird doch nicht zum Klassensprecher gewählt – dachte ich. Ich war mir sicher, dass er in der Schule super ankommt.

Als er ins Teenageralter kam, eine gewisse Größe hatte und die Haare immer länger wurden, da habe ich schon bemerkt, wie er angestarrt wurde. Wenn ich mit ihm durch die Innenstadt ging, dachte ich mir oft: So viel anders ist er auch nicht als ihr, was schaut ihr alle so? Kleine Bemerkungen habe ich schon mal mitbekommen, aber nicht, dass er in meinem Beisein gedemütigt wurde. Vielleicht hatten die, die ihn sonst angriffen, doch so etwas wie Respekt, wenn ich dabei war, denn durch die Eisdiele kannte mich jede*r im Ort. Daran, dass immer blöd geschaut wird, werde ich mich wohl nie gewöhnen können. Es ist schwer zu erklären, aber er füllt immer gleich so den Raum, wenn er irgendwo reinkommt, alle drehen sich nach ihm um – selbst in Berlin.

Wie schwer er es wirklich hatte, davon hatte ich lange keine Ahnung. Ich war schon immer ein Mensch, der auf Gerechtigkeit gepocht hat. Zu erfahren, dass mein Kind so behandelt wurde, das fühlt sich furchtbar an, wie Stiche ins Herz. Doch wenn ich mir Fotos aus seiner Schulzeit ansehe, dann wundert es mich gar nicht so sehr, dass ich nicht mitbekommen habe, wie sehr er gelitten hat. Sie erzählen eine vollkommen andere Geschichte. Eine, an die ich glaubte und glauben wollte. Sie zeigen ihn meist fröhlich und ausgelassen in einem Kreis von coolen Mädels, es sieht immer so aus, als hätten sie eine Menge Spaß. Und den hatten sie auch, trotz der Anfeindungen, denen Riccardo ausgesetzt war – vor allem dann, wenn er allein war.

Er hatte meist einen Haufen Freundinnen um sich herum. Er konnte gut reden und war sehr einfühlsam, er kam beim weiblichen Geschlecht super an. Die Freundschaften, die er hatte, waren auch keine oberflächlichen, sondern wirklich tiefe, beständige, ehrliche Beziehungen. Bis heute ist er mit den Mädels aus seiner Clique eng befreundet: Trauzeuge bei der einen, Brautjungfer bei der anderen. Wenn er hier sein traditionelles Geburtstagsfrühstück abhält, dann sitzen sie alle ganz vertraut bei mir in der Küche um den Holztisch herum, das ist jedes Mal wunderschön. »Die Fabienne kenne ich noch aus dem Bauch raus«, pflegt er immer zu sagen, wenn es um seine beste Freundin geht, denn ihre Mama und ich waren gleichzeitig schwanger. Mit ihr ist er bis heute auf besondere Weise verbunden. Auch wenn sie sich lange nicht gesehen haben, ist es trotzdem immer gleich wie früher zwischen den beiden. Wenn sie mitten im Gespräch sind und eine*r muss mal zur Toilette, dann geht der*die andere einfach mit, sitzt so lange auf der Badewanne, und sie quatschen weiter, das ist genauso vertraut wie in der Schulzeit. Ich bin so dankbar, dass diese toughen Mädchen ihm immer den Rücken gestärkt haben, das hat ihm viel Halt gegeben in den Zeiten, in denen ich manchmal nicht so präsent sein konnte, wie ich es gern gewesen wäre. Und in denen er von anderen so fertiggemacht wurde – für etwas, mit dem er niemanden verletzte, niemandem schadete, aber das dennoch als Provokation empfunden wurde.

Da er doch immer seine Mädels-Gang um sich hatte, wunderte es mich, dass er so verhalten reagierte, wenn es um die Klassenreisen ging. Am liebsten wollte er überhaupt nicht mitfahren. Ich habe dann gesagt: »Das tut dir doch gut, wenn du nicht dauernd hier bei mir sitzt und mal etwas anderes siehst, fahr doch mit!« Aber nicht immer konnte ich ihn überreden. Ich habe geglaubt, dass ihm die Trennung von mir so schwerfallen würden, aber dass etwas anderes dahinterstecken könnte, das ahnte ich nicht. Es gibt ein Foto von ihm im Landschulheim, da sitzt er zusammengekauert in seinem Karo-Schlafanzug auf einem der Stockbetten, hält seinen Plüschteddy fest an sich gedrückt und versteckt sich hinter einem großen Kissen. Dieses Bild versinnbildlicht für mich, wie verlassen er sich da gefühlt haben muss, zwischen all den Jungs, die nichts mit ihm zu tun haben wollten. Das muss sehr schlimm gewesen sein für ihn, das Wegfahren von daheim.

BLINDE FLECKEN

Früher hatte ich selten die Zeit, Dinge zu reflektieren. Die Woche war so voll, die Erledigungen schienen endlos, der Tag hatte immer zu wenig Stunden. Erst heute habe ich die Ruhe, mir über vieles Gedanken zu machen, was für mich nicht von großer Bedeutung zu sein schien. Es ist nicht schön, sich das einzugestehen, aber ich habe vieles schlicht nicht ernst genommen, Dinge übersehen, die mich aufmerksam hätten werden lassen können. Dass es so schlimm für Riccardo war, konnte ich mir nicht vorstellen. Sonst hätte ich mich auch manchmal selbst anders verhalten. Wenn seine Schwester ihn mit ihren Freundinnen wegen der Barbies aufzog, habe auch ich gesagt, dass Jungs so etwas eigentlich nicht tun, sich das nicht gehört – anstatt ihm den Rücken zu stärken und meiner Tochter zu erklären, dass es keinen Grund gibt, jemanden deswegen auszulachen. Aber dass es so ein großes Schamgefühl in ihm auslösen würde, war mir nicht bewusst. Vermutlich haben wir das mit unserem unbedachten Verhalten noch verstärkt. Denn wenn ich ehrlich bin, habe ich mich nach außen hin schon geschämt, dass er mit Puppen spielt – vor allem dann, wenn ich mich vor anderen Müttern dafür rechtfertigen musste.

Auch wenn seine femininen Züge rauskamen, haben wir manchmal am Esstisch Witze über ihn gemacht oder es als »weibliches Getue« belächelt. Und wenn Alessia beim Einkaufen ein tolles Kleid entdeckte, dann hat sie gesagt: »Vielleicht gefällt das dem Rick!« Für mich waren das ganz normale Geschwisterneckereien. Alessia hat ihren Bruder heiß und innig geliebt, hätte sie geahnt, wie sehr ihn solche Kommentare trafen, sie hätte sich damit zurückgenommen. Aber er ging eben auch in seiner schlagfertigen, witzigen Art damit um, sodass wir die feinen Zeichen übersehen haben. Wir dachten, bei uns wird alles ganz offen und locker gehandhabt, dass wir über alles reden können. Wir wussten ja, dass er gar keine Kleider anziehen wollte. Auch wenn er es geliebt hat, sich von Alessia verkleiden zu lassen, mit Kopftüchern, riesigen Sonnenbrillen und haufenweise Schmuck. Es kam uns nicht in den Sinn, dass es ihn verletzen könnte.

Riccardo wollte immer diese Bestätigung haben, dass ich ihn liebe. Zwanzig Mal am Tag musste ich ihm sagen, wie lieb ich ihn habe, vielleicht sogar öfter. Damals habe ich das nicht verstanden, dachte, er mag mich einfach so. Aber dass er daheim wertgeschätzt wird und jemand da ist, der*die ihn ohne Wenn und Aber liebt, das war ihm das Wichtigste auf der Welt. Das geht wohl jeder Person so, die draußen Probleme hat. Sie möchte angenommen und unterstützt werden, nicht auch noch in der Familie auf Ablehnung stoßen. Zuhause muss ein sicherer, geschützter Ort sein, an dem man sich nicht verstellen muss. Wenn das wegfällt, während im sozialen Umfeld so viel Gegenwind kommt, ist das für ein Kind kaum zu schaffen. Wenn ich mir das bildlich vor Augen führe, berührt mich das sehr. Von vielen seiner Freund*innen aus Berlin habe ich inzwischen mitbekommen, dass sie nach ihrem Coming-out nicht mehr willkommen waren in der Familie. Das hat mich sehr erschreckt. Auch wenn es zwischen Riccardo und mir immer wieder Probleme gab und auch ich dazulernen musste, ihn so anzunehmen, wie er ist, war für mich unsere Beziehung nie in Gefahr. Ich wünschte, mir wäre es gelungen, ihn in keinem Moment daran zweifeln zu lassen.

Heute tut es mir leid, dass ich mich durch meinen beruflichen Stress nicht intensiver um ihn bemüht habe, ich war abends einfach oft ausgelaugt. Ich fühle mich sehr in der Schuld, dass ich ihm nicht mehr geholfen habe. Doch es war mir eben nicht klar, dass er Hilfe gebraucht hätte. Tatsächlich war es für mich schwierig einzuordnen, was in ihm vorging. Im Nachhinein kommt es mir so vor, als hätte ich ihn oft unterschätzt. Natürlich fiel mir auf, wie reif er sich ausdrückte. Aber schon mit einem Grundschüler tiefgründige, ernste Gespräche zu führen, das kam mir so seltsam vor. Doch ich hätte es tun sollen. Dadurch, dass er sich so viel mit sich selbst beschäftigte, war er auch im Kopf schon sehr weit. Manches habe ich als Kinderkram abgetan, anstatt intensiver nachzuhaken. Aber ich war einfach noch nicht an dem Punkt, ihn so zu sehen und zu verstehen, wie er wirklich war.

Als Eltern geht man oft nicht genug auf seine Kinder ein, nimmt nicht immer ernst, was sie zu sagen haben – oder hört ihnen gar nicht wirklich zu. Gerade Riccardo hätte 120 Prozent von mir gebraucht, die habe ich ihm oft nicht geben können. Er wollte die Dinge intensiv mit mir besprechen, alles ausdiskutieren, dafür hatte ich manchmal einfach keine Nerven. Neben kochen, Wäsche machen und aufräumen war ich oft nicht so aufnahmefähig, wie er es sich gewünscht hätte. In der Boutique war es noch vergleichsweise entspannt, aber später war ich als Filialleiterin für zwei Schuhgeschäfte verantwortlich. Da hatte ich jeweils zehn, zwölf Mitarbeiter*innen, für die ich Pläne schreiben musste, dann noch die Kund*innen, die sehr anspruchsvoll waren. Wehe, wenn du ein falsches Wort sagtest, da wurde gleich Beschwerde eingereicht! Den einen musstest du hinten reinkriechen, den anderen die Richtung zeigen, es war extrem stressig. Andere stecken das vielleicht anders weg, die können das besser trennen. Doch wenn ich irgendwo arbeite, dann ist es so, als ob ich es für mich tun würde, als wäre es mein Betrieb.

Ich versuchte, es allen recht zu machen, habe innerlich alles mitgenommen. Ob ich Ärger mit einem Kunden, einer Kundin oder Probleme mit einer Angestellten oder einem Angestellten hatte, weil ich ihr oder ihm am Samstag nicht freigeben konnte, das hat mich noch zuhause beschäftigt, da hatte ich keinen Kopf für andere Dinge. Meine Kinder haben häufig miterlebt, dass ich abends geweint habe, weil ich so fertig von der Arbeit war. Riccardo wollte mich dann nicht belasten, dachte wohl: Jetzt komme ich auch noch mit meinen Problemen, und dann geht es ihr noch schlechter! Der Gedanke, dass ich nicht so für ihn da sein konnte, wie er mich gebraucht hätte, der treibt mir sofort die Tränen hoch, auch heute noch.

DU KANNST NICHT ÄNDERN, WER DU BIST

Nach einem anfänglichen High nach dem Übertritt aufs Gymnasium und dem Gefühl, die schwierigen Jahre würden nun endlich hinter mir liegen, belehrten mich meine Mitschüler*innen eines Besseren. Sie zeigten mir, dass ich zwar ändern konnte, wie mich andere wahrnehmen, aber nicht, wer ich bin. Egal, wie gut meine Noten waren oder wie viel ich abnahm, blieb es natürlich nicht unentdeckt, dass ich im Kern ganz anders war als die anderen Jungs an meiner Schule. Während die meisten in meinem Jahrgang nicht zu hinterfragen schienen, wer ich vorgab zu sein, waren die Älteren da schon etwas aufmerksamer. Ich erinnere mich noch sehr gut an den Tag, als sich das Blatt wendete. Jemand aus meiner Klasse hatte einen großen Bruder, der bei uns auf dem Stockwerk vorbeischaute, um seinem kleinen Geschwisterkind etwas zu bringen. Es war nur ein ganz kurzer Besuch, aber trotzdem lange genug, um den Jungen zu bemerken, der anders war.

»Du bist ja voll das Mädchen!«

Diesen Satz sagte er, zeigte mit dem Finger auf mich und fing an zu lachen. Sofort versteinerte sich alles in mir. Jede Narbe der Vergangenheit in meinem Selbstbewusstsein, die ich mit Pflastern aus guten Noten und gepurzelten Pfunden geflickt glaubte, brach in diesem Moment wieder auf. Wie zum Teufel war ich ihm aufgefallen? Ich hatte doch gar nichts gemacht! Waren es die Klamotten, die ich trug? Natürlich bleibt so eine Bemerkung eines älteren Schülers nicht wirkungslos, und sofort begannen alle über mich zu lachen. Die Pause war vorbei, und das bezog sich nicht nur auf den Stundenplan.

Wie folgenreich so eine kleine Bemerkung für Kinder sein kann, zeigten die nächsten Wochen, in denen ich nun zu einer Art Sensationsobjekt für den großen Bruder meines Klassenkameraden und seiner Freunde wurde. Beinahe täglich kam er mit einem seiner Kumpels in der Pause auf unser Stockwerk. Zusammen machten sie sich auf die Suche nach dem Jungen, der eigentlich ein Mädchen war, um sich über ihn lustig zu machen. Anfangs blieb es dabei, aber nachdem es öfter passiert war, machten auch Schüler*innen aus meinem Jahrgang Witze über mich. Im Laufe der Zeit gab es kaum jemanden, der*die keine Späße auf meine Kosten machte oder sich nicht überlegte, wie man mir einen Streich spielen konnte. Daran änderte sich nicht einmal etwas, als ich für fünf Minuten eine feste Freundin namens Lucy hatte.

Das Einzige, was mich in diesem Moment rettete, war die Tatsache, dass ich mittlerweile ein Leben hatte, das ich mochte. Die guten Noten und meine Freundinnen gaben mir das Selbstbewusstsein, das ich brauchte. Wie ich es in meinem Leben gelernt hatte, konnte ich diese Situation nur meistern, indem ich die dadurch resultierende Scham kompensierte: Ich konnte etwas bieten, das die Menschen davon abbringen würde, mich als fehlerhaft zu sehen. Dabei war es weniger die Meinung anderer Menschen, vor der ich Angst hatte, sondern die Furcht, dass es ihnen gelingen würde, mein eigenes Bild über mich selbst zu ändern. Ich wollte nicht mehr sein wie der Neunjährige, der versuchte, sich mit der Fernbedienung umzubringen. Um mir das jetzt wieder nehmen zu lassen, hatte ich zu viel an mir gearbeitet. Also lernte ich, das Lachen über mich in ein Lachen mit mir zu wandeln. Mit anderen Worten: Ich wurde witzig. Ich dachte, dass selbst Witze zu machen und den anderen zuvorzukommen, mir das Gefühl von Kontrolle geben würde. Ich durfte plötzlich selbst entscheiden, wann gelacht wurde, und auch ein Teil davon sein. Außerdem musste ich mich dadurch auch nicht länger zurückhalten. Ich konnte der Welt nun zeigen, wer ich war, weil es zu meinem Ding und auch akzeptiert wurde. Ich fing an, Theater zu spielen, und setzte diese Seite von mir auf der Bühne richtig in Szene – und die Leute mochten es. Nicht weil sie die Sache an sich – also einen femininen Jungen – akzeptierten, sondern weil sie davon profitierten. Schließlich hatten sie ja auch etwas davon: Entertainment.

Das ist eine Dynamik, die ich bis heute in unserer Gesellschaft wahrnehme, wenn ich über toxische Maskulinität oder Homophobie spreche. Die Menschen glauben, so etwas gäbe es nicht mehr, weil sie oft gar nicht begreifen, dass das

Ansehen marginalisierter, also an den Rand der Gesellschaft gedrängter Gruppen meist darüber definiert wird, wie profitabel ihr Beitrag für den Rest der Gesellschaft ist. Muss man sich aber eine Grundakzeptanz für die eigene Person erst erarbeiten, indem man beweist, dass man ihrer würdig ist, dann ist das genau das Gegenteil von Gleichberechtigung.

Durch den Humor, den ich entwickelte, verschwanden aber nicht alle Probleme. Es war, als wäre das Licht über meinem Kopf, das mein Leben lang schon Menschen dazu inspirierte, sich über mich lustig zu machen, heller und größer geworden. Ich entwickelte zwar permanent neue Methoden, um mit der daraus resultierenden Aufmerksamkeit umgehen zu können, aber es gelang mir nicht immer. Meine Pubertät war dementsprechend ein Wechselbad der Gefühle und damit ein ausgezeichneter Vorgeschmack darauf, wie Menschen mich auch später noch behandeln würden. Auf der einen Seite gab es sehr viel Unterstützung. Denn so wie den großen Bruder meines Klassenkameraden, der zum Spotten in der Pause kam, gab es auch Leute, die mich gut fanden und sich von mir angezogen fühlten. Ich hatte nun die Wahl: Ich konnte mich entweder als Opfer dieses Lichts fühlen, oder ich konnte mich berühmt fühlen. Ich entschied mich für Letzteres.

Meine Mutter bekam davon eigentlich kaum etwas mit, zumindest glaubte ich das. Ich hatte es mir zur Aufgabe gemacht, ein Bild von mir zu kreieren, auf das sie stolz sein konnte, mich ihr anzuvertrauen hätte mir das Gefühl gegeben zu versagen. Weg wäre die Vorstellung von dem Sohn, der gute Noten schrieb und Klassensprecher war. Lange redete ich mir ein, ich wollte einfach nicht, dass sie sich Sorgen um mich machen musste, aber heute weiß ich, dass das gelogen ist. Ich schämte mich und dachte, dass – wenn ich nicht mit ihr drüber sprechen würde – es auch nicht wahr wäre. Jedes Mal wenn wir zusammen durch die Stadt spazierten oder einkaufen gingen, betete ich zu Gott, dass wir niemanden aus meiner Schule treffen würden, weil ich fürchtete, dass sie mich vor meiner Mutter beleidigen würden, sie dadurch sehen könnte, wer ich wirklich war: jemand, über den sich andere Leute lustig machten, und somit jemand, auf den sie ganz sicher nicht stolz sein würde! Außerdem hatte ich Angst um die Privilegien, die ich mir erarbeitet hatte. Die Barbie-Puppen zum Beispiel. Wenn meine Mutter mitbekommen würde, wie andere mich wahrnahmen, würde sie mir diese wieder wegnehmen?

ICH SELBST ZU SEIN HAT EINEN PREIS

Das alles führte dazu, dass ich anfing, eine Art Doppelleben zu führen. Dank der jahrelangen Geheimniskrämerei mit den Barbies kannte ich mich bestens damit aus, einen Teil von mir zu verstecken. So übertrug ich dieses Verhaltensmuster auch auf alle anderen Bereiche meines Lebens. Ich fing an, die Klamotten zu tragen, die ich wirklich tragen wollte. Wenn ich das Haus morgens jedoch verließ, versteckte ich diese in meinem Rucksack – aus Angst, meine Mutter könnte mich verunsichern, wenn sie mir sagen würde, das sollte ich nicht anziehen. Es ging mir dabei gar nicht so sehr um ihre Erlaubnis, aber zu wissen, dass sie es eventuell nicht gut finden würde, war für mich Grund genug, einer möglichen Kritik aus dem Weg zu gehen. Zu groß war die Gefahr, dass das mein Schamgefühl offenlegen würde und sich meine größte Sorge bestätigen könnte: von meiner Mutter, dem Menschen, den ich am meisten liebe, nicht zurückgeliebt zu werden, weil ich anders war. So viel hatte ich an mir geändert, aber ich hatte immer noch Angst, die Zuneigung meiner Mutter zu verlieren. Die Liebe, von der ich mir einredete, dass ich sie verdienen würde, war an einen Zweck gekoppelt. An Erfolg oder eine Berechtigung. Ich glaubte nicht daran, bedingungslos geliebt zu werden. Um das nicht auch noch vor Augen geführt zu bekommen, zog ich mich erst auf dem Weg in die Schule um. Und dann auch ohne Kompromisse. Ich weiß nicht, ob es daran lag, dass ich auf mich alleine gestellt war, aber es fühlte sich an, als zöge ich in den Krieg und rüstete mich für die Schlacht. Mich gewöhnlicher zu kleiden, zu geben oder maskuliner zu sprechen waren alles Versuche, die kläglich scheiterten, weil ich einfach nicht gut darin war, jemand anderes zu sein. Mir wurde klar, dass die Leute sich immer über mich lustig machen würden, weil das Licht, das über meinem Kopf zu schweben schien, sich nicht ausschalten ließ. Und so begriff ich, dass ich mich nicht ändern konnte, sondern nur, wie andere mich wahrnahmen. Anfangs erschien mir das noch als etwas Negatives. Wie die meisten von uns bin ich in einer Gesellschaft aufgewachsen, die uns beibringt, dass alles, was anders ist, erst einmal schlecht ist. Dass das nicht so sein muss, verstand ich nach und nach, als ich feststellen durfte, wie viel Schönes mir mein Anderssein auch bescherte.

Je älter ich wurde, desto heftiger reagierten Menschen auf mich und mein Auftreten. Vor allem die Wahl meiner Klamotten wurde sehr stark bewertet, auch wenn ich etwas trug, das verhältnismäßig gewöhnlich war. Aber je extremer ich selbst auch im Ausdruck meiner Persönlichkeit wurde, desto süchtiger wurde ich danach, wirklich ich selbst zu sein. Es kam mir so vor, als wäre ich auf dem richtigen Weg, weil ich mich so wundervoll fühlte, wenn ich Kleidungsstücke tragen konnte, die so aussahen, wie ich im Inneren empfand. Dafür nahm ich all das Anecken in Kauf. Und davon gab es so einiges zu verkraften.

Es verging kein einziger Tag in meinem Leben, an dem ich nicht von fremden Menschen beschimpft wurde. Das Wort »Schwuchtel« war mein ständiger Begleiter. Ich hörte es so oft, dass mein Herz jedes Mal kurz stehen blieb, wenn jemand ein Wort benutzte, das auch mit Sch anfing. Fast jede*r schien es zu mir oder über mich zu sagen. Kinder, andere Jugendliche, Erwachsene. Es war so normal für die Leute geworden, sich über mich als »Schwuchtel« lustig zu machen, dass die Menschen beinahe schon gekränkt waren, wenn sich mal jemand anderes vor mich stellte und sich dagegen aussprach. Ein Umdenken fand nicht statt, im Gegenteil – sie fühlten sich dann, als hätte man sie ihres Grundrechts beraubt. Sich über die »Schwuchtel« Riccardo Simonetti lustig zu machen war quasi so wie das Recht auf freie Meinungsäußerung. Daher gewöhnte ich mir an, Kopfhörer zu tragen, die zwar selbst auf voller Lautstärke nicht verhinderten, dass ich hörte, was andere Menschen über mich sagten, aber so konnte ich ihnen zumindest vormachen, ich würde es nicht wahrnehmen. Auf Schulausflügen schlief ich manchmal tagelang in Jeans, weil andere Jungs drohten, mir das zu geben, was wir Schwule doch angeblich alle wollen würden. Ich wurde bespuckt, geschlagen und psychisch gedemütigt, aber vor allem wurde ich bestraft. Nicht unbedingt dafür, dass ich anders war, sondern vielmehr dafür, dass ich es blieb, obwohl es so vehement bekämpft wurde.

Als Außenseiter habe ich mich dennoch nie gefühlt, sondern immer als Superstar. Das war für mich der leichter zu ertragende Weg, damit umzugehen.

Als ich vierzehn Jahre alt war, flehte ich meine Mutter an, mir ihren 80er-Jahre-Parka zu überlassen, von dem sie eigentlich nicht wollte, dass ich ihn trug. Es war das erste Mal, dass ich ihn zur Schule anhatte, und ich nahm damit im Schulbus Platz. Kurz bevor wir ankamen, bemerkte ich den Geruch von etwas Verbranntem in meiner Nase. Jemand hatte die Kapuze der Jacke in Flammen gesetzt – und alles, was ich dachte, war: Oh nein, wie soll ich das meiner Mama erklären? Ich streifte sie ab, so schnell ich konnte, und stellte den Schuldigen zur Rede, versuchte, ihn einzuschüchtern. Ob es etwas gebracht hat, weiß ich bis heute nicht. In diesem Moment begriff ich, dass Menschen so wenig Respekt vor mir hatten – und das einzig und alleine, weil sie der

Annahme waren, ich sei schwul –, dass sie es sogar für ihr Recht hielten, mich anzuzünden. Ohne zu überlegen, was für Konsequenzen das mit sich bringen würde.

Ich hasse es, diese Geschichte zu erzählen, weil ich permanent gezwungen werde, sie in Interviews oder unpassenden Momenten Revue passieren zu lassen, obwohl es schamerfüllte Erinnerungen sind, die ich eigentlich gerne hinter mir lassen würde. Der einzige Grund, warum ich sie den Leuten ins Gedächtnis rufe, ist die Tatsache, dass es kein Einzelfall ist. So wie ich behandelt wurde und auch noch schlimmer, ergeht es immer noch ganz vielen Menschen, die in einer Gesellschaft leben, die ihnen das Gefühl gibt, falsch zu sein. Wie soll man aufwachsen und sich richtig fühlen, wenn man so etwas als Teenager zu verkraften hat? Das Schlimmste für mich war, nach links und nach rechts zu gucken und niemanden zu haben, mit dem*der ich das teilen konnte. Natürlich hätte ich es meinen Freundinnen erzählen können, aber ihnen war so etwas einfach noch nicht passiert, und das Gefühl, alleine damit zu sein, war die größte Herausforderung.

Ich wünschte mir, ich hätte die innere Stärke besessen, meiner Mama die Wahrheit zu erzählen, was ich nicht tat. Meine Mama war meine größte Heldin, und heute weiß ich, dass sie mich in der Situation bestimmt liebevoll aufgefangen hätte. Meine Scham stand mir jedoch im Weg, weshalb ich das irgendwie mit mir alleine ausmachen musste. Das hat zur Folge, dass ich noch heute davon träume.

EINE ZUKUNFT, DIE ES WERT IST, GELEBT ZU WERDEN

Wenn die Realität so aussieht, wie meine eben beschriebene, ist es doch völlig natürlich, dass man sich wünscht, ein anderes Leben zu führen, oder? Die Kopfhörer, die Klamotten, das alles half für den Moment, aber ich musste eine Zukunft für mich schaffen, die es wert war, gelebt zu werden. Ich träumte davon, ein Star zu sein. Nicht weil es unbedingt so ein tolles Leben sein müsste, sondern weil ich dachte, dass nur diese Menschen wirklich nachvollziehen konnten, was ich da jeden Tag durchmachte. Immer wenn ich auf der Bühne stand, fanden es alle toll, wie ich war und was für Kostüme ich trug – ganz anders als sonst in meinem Leben. Ich wollte einfach genau dieses Gefühl ständig spüren. Das tat ich zwar schon mein ganzes Leben, aber nun beschloss ich einfach, dass es so weit war, es auch auszuleben. Ich klebte Fotos von mir in Zeitschriften neben meine Idole, um mir vorstellen zu können, wie mein Leben aussehen könnte. Es war wie damals bei dem Malwettbewerb, nur mit dem Unterschied, dass die Person, die mich darstellte, auch wirklich so aussah wie ich. Ich verließ das Haus jeden Morgen mit der Hand schützend vor das Gesicht gehalten, weil ich mich vor den Paparazzi abschirmen wollte, die natürlich gemeine Achtklässler*innen waren und keine Fotograf*innen. All das hört sich so naiv an, aber es hat mir geholfen, mit einer Situation fertigzuwerden, von der ich ansonsten nicht gewusst hätte, wie ich sie hätte aushalten können.

Suizid war ein Thema, das mich nicht nur als Neunjähriger heimgesucht hat. Der Gedanke war immer da, und nach den Tagen, die mir das Gefühl gaben, ich wäre sogar so wenig wert, dass Menschen mich in Flammen sehen wollten, war er größer als an anderen. Ist das mein Leben? Wird so meine Zukunft von jetzt an aussehen? Werden Menschen mich immer so behandeln? Das wollte ich nicht. Die Möglichkeit, einen Traum zu entwickeln, der buchstäblich *larger than life* ist, war alles, was mich davon abhielt. Es fällt mir sehr schwer, in Worte zu fassen, wie ernst sich das für mich angefühlt hat, weil ich die Intensität dieser Emotionen nie wirklich zulassen wollte. Ich ertappte mich oft bei dem Gedanken an Selbstmord und schwor mir, es zu tun, wenn ich es nicht hinbekommen würde, ein besseres Leben für mich zu schaffen.

Ich hatte schon immer das Gefühl, Fans und Hater*innen zu haben, ohne auch nur irgendetwas gemacht zu haben. Das war wie ein permanenter roter Faden, der sich durch alles zog, was ich tat. Und so prägend all die negativen Erfahrungen dieser Zeit waren, so dankbar bin ich für meine Freundinnen, die nicht ein einziges Mal versuchten, mir meine Star-Fantasien auszureden. So viel ich dafür eintreten musste, zu sein, wer ich sein wollte, so wenig musste ich für diese Unterstützung kämpfen. Sie bestätigten mich darin, dass ich es verdient hätte, diesen Traum zu haben. Ob sie wirklich davon überzeugt waren, oder mich nur in dem Glauben ließen, weil sie mir nicht weh tun wollten, weiß ich nicht, aber egal wie, dafür bin ich bis heute sehr dankbar.

Ich frage mich oft, wie das wohl für meine Mama gewesen sein muss. Irgendwie ist es ja nicht ungewöhnlich, dass Kinder mit dem Traum um die Ecke kommen, berühmt werden zu wollen. Aber in meinem Fall war das ja schon etwas anderes. Ich habe nichts unversucht gelassen, um alles und jede*n davon zu überzeugen, dass mir die Sache ernst ist – ob es die Theaterbühne war, das Gründen meines Blogs oder meine eigene kleine Radiosendung. Und während ich alle nach und nach für meinen Traum gewinnen konnte, schien meine Mama eher skeptisch zu bleiben. Ob es daran lag, dass sie mich nur beschützen wollte vor der Gesellschaft, oder ob sie etwas anderes für mich im Sinn hatte, kann ich gar nicht genau sagen.

WIE GEHT ES DIR EIGENTLICH?

Es muss fünf oder sechs Jahre her sein, da fuhr ich abends von der Arbeit nach Hause. Es regnete in Strömen, und ich sah einen jungen Mann mit hochgezogenen Schultern am Straßenrand stehen, der per Anhalter unterwegs war. Er war schon pitschnass, und ich wollte ihn nicht einfach so in der Kälte warten lassen. Als ich neben ihm anhielt und er die Beifahrertür öffnete, wurde mir bewusst, dass ich ihn vom Sehen kannte, woher genau, hätte ich aber gar nicht zuordnen können. Als er eingestiegen war, sagte er dann gleich: »Du bist doch die Mama von Riccardo, oder? Ich war mit ihm auf dem Gymnasium!« Er erzählte mir, wie toll er es findet, dass Riccardo es so weit gebracht hat, sie hätten sich in der Schule immer so gut verstanden und eine tolle Zeit miteinander gehabt, ich sollte ihm ganz liebe Grüße sagen.

Nachdem ich ihn am Bahnhof abgesetzt hatte, freute ich mich noch über das nette Gespräch und nahm mir vor, Rick gleich anzurufen und ihm davon zu erzählen. Ich wunderte mich noch kurz, dass ich mich gar nicht daran erinnerte, ihn je bei uns zuhause gesehen zu haben, wenn sie doch so gut befreundet gewesen waren, schob den Gedanken aber schnell wieder beiseite. Als ich später mit meinem Sohn telefonierte, sagte er mir, dass mein freundlicher Mitfahrer einer der Jungs gewesen war, unter denen er in seiner gesamten Schullaufbahn am meisten gelitten hat und der ihn besonders schikaniert hatte. Aber offenbar hatte er das verdrängt – oder sich dafür entschieden, es zu vergessen, jetzt, da Riccardo so viel Erfolg hat. Dass auf einmal alle seine engsten Freund*innen sind, die ihn früher ausgelacht haben, das erlebt er oft. Die tun dann so, als wäre nie etwas gewesen. Weil er inzwischen prominent ist, wollen sie nicht mehr wahrhaben, was damals war. Es waren aber immer nur seine Freundinnen, die in jedem Moment zu ihm gehalten haben, sonst niemand.

In dem Holzregal in seinem Teenager-Zimmer steht noch immer ein Album, das sie einmal für ihn gemacht haben, als er Geburtstag hatte, mit lauter gemeinsamen Fotos, aber auch mit kleinen Botschaften und Briefen, die sie mit hineingeklebt haben. Diese tollen Mädels waren seine engsten Freundinnen. Als er einmal zu Besuch hier war, da haben wir gemeinsam die Zettel aus den Umschlägen genommen und alles in Ruhe durchgelesen. Jetzt, da ich weiß, wie sehr er zu kämpfen hatte, bedeutet es mir umso mehr, wie gern sie ihn mochten und wie sie ihm das auch immer gezeigt haben. Ein paar ihrer Botschaften an ihn haben mich besonders berührt, weil sie deutlich machen, wie sehr sie ihn verstanden und an ihn und seine Träume geglaubt haben:

»Don't be a Drag, just be a Queen. Eine Glamour-Queen! Bitte bleibe immer so fabelhaft, wie Du bist. Ich hoffe, Du behältst

Deine Energie, alles zu schaffen und zu managen, weil: Wenn Du es nicht schaffst, dann niemand.«

»Mögen all Deine Wünsche in Erfüllung gehen und Du alle Deine Ziele erreichen. Bleibe, wie Du bist, denn Du bist zu fabelhaft. Ich bin sehr dankbar, einen Freund wie Dich zu haben, und ich hoffe, das dauert noch viele Millionen Jahre an!«

»Hey Rick, Du bist einer der einzigartigsten Menschen, die ich kenne. Von vielen sagt man das ja oft nur so, aber bei Dir habe ich das Gefühl, dass Du wirklich der netteste Mensch bist, den ich kenne. Zudem der fabulöseste. Mit Dir hat man einfach immer Spaß, und ich bin mir sicher, dass Du Deinen Weg gehen wirst. Bleibe so, wie Du bist! Und ich meine es wirklich so: Lasse Dir von niemandem etwas einreden, was Du nicht bist. Du bist cool, wie Du bist.«

»Liebe Hasenpfote, schönstes Haarwesen, größter Schokomuffin-Vernichter! Dein Strahlen übertrifft selbst den Klang von Kater Carlos Schnurren. Ich habe Dich sehr lieb!«

Das ganze Album ist voll von diesen kleinen Liebeserklärungen an ihn. Dass er diese Gang um sich hatte, das war seine Rettung! Vor etwa drei Jahren, da war Rick an seinem Geburtstag wegen einer Preisverleihung in München. Da hat er alle seine Mädels zum Frühstück ins Hotel eingeladen, das war wunderschön und fühlte sich an wie früher bei mir zuhause am Küchentisch. Dass sie immer hinter ihm standen, das wird er ihnen im Leben nicht vergessen!

Am Gymnasium hatte er nur einen einzigen männlichen Freund, der ihm aber irgendwann aus dem Weg ging. Er hatte wohl Angst, ausgegrenzt zu werden, weil er mit dem schwulen Jungen rumhing. In dem Alter, da hängen sie so in der Luft, wissen oft selbst nicht damit umzugehen. Wie so vieles andere hat Riccardo mir auch diese Geschichte von der gekündigten Freundschaft vorenthalten. Nur wenn es sich gar nicht verheimlichen ließ, sprach er mit mir über das, was er an so vielen Tagen seines Teenager-Lebens erfahren musste. Aber oft auf eine Art, durch die er sich selbst als Schuldigen darstellte. Schuldig, weil er mir damit Kummer bereiten würde. Das war für ihn schwerer auszuhalten als das, was er selbst ertragen musste.

Selbst als ihm jemand im Schulbus den teuren Leder-Parka in Brand setzte, den er sich von mir geliehen hatte, entschuldigte er sich bei mir dafür, dass der nun versengt war, erfand eine Ausrede, wie er die Jacke angeblich mit einer Zigarette angekokelt hatte. Anstatt zu sagen: »Mein Gott, Mama, schau, was mir passiert ist!«, begann er das Gespräch mit den Worten: »Ich muss dir etwas beichten ...« Er hat mir das Gefühl gegeben, er hätte etwas angestellt, es nicht so erzählt, als sei es ein Angriff auf ihn gewesen. Er hatte wirklich ein schlechtes Gewissen – bloß wegen der Jacke, die doch völlig unwichtig war, gemessen an dem, was ihm hätte passieren können. Und daran, welche seelische Verletzung so ein Übergriff bedeutete. Dass er in den Augen anderer so wenig wert war, dass sie ihn anzünden wollten, wie er mir später erzählte, hat mich sehr betroffen gemacht. Was bedeuteten schon ein paar nostalgische Erinnerungen, die an einem alten Kleidungsstück hingen, im Vergleich zu der Erleichterung, dass er diese Attacke – zumindest äußerlich – unversehrt überstanden hatte?

»DENK DARAN, WAS DIE ANDEREN SAGEN!«

Auch wenn er mir so viele dieser Dinge verheimlichte, fing das Bild des allseits beliebten Vorbild-Schülers für mich nach und nach zu bröckeln an. Erging es ihm wirklich immer so gut, wie er vorgab? Dass er die Busfahrt gehasst hat, das war nie ein Geheimnis gewesen. Manchmal erzählte er mir, dass er die ganze Fahrt über stehen musste, weil kein Platz mehr frei war. Aber den wahren Grund kannte ich lange nicht, ich habe nicht geahnt, dass sie ihn jedes Mal fertigmachten. Ganz hoch bis zum Gymnasium auf dem Obersalzberg dauerte es fast eine Stunde, nachmittags die ganze Tour wieder zurück. Eine Stunde, 60 Minuten, das kann endlos sein, wenn man versucht, das höhnische Lachen der anderen auszublenden, die verletzenden Worte mit der Musik aus den Kopfhörern zu übertönen. Damals habe ich oft geschimpft, weil Riccardo andauernd seinen Sportbeutel im Bus liegen ließ und ich ihm dann neue Sachen kaufen musste, aber heute denke ich, er wollte einfach nur so schnell wie möglich raus aus diesem Fahrzeug und aus dieser Situation – ohne sich noch einmal umzudrehen.

Als ich später von dem Vorfall mit dem Parka erfuhr, habe ich ihn gebeten, immer vorn beim Busfahrer zu sitzen und auch mit ihm darüber zu sprechen, was passiert ist, aber der interessierte sich kein bisschen dafür, was hinter seinem Rücken los war. »Setzt euch hin und gebt's a Ruh!« Etwas anderes hatte er dazu nicht zu sagen. Ich selbst habe versucht, mit Riccardos Lehrer*innen über die Situation im Bus zu sprechen, aber es hieß nur: »Ja, das wissen wir schon, aber da können wir nichts machen.« Er hat sogar den Lehrer*innen gesagt, wer ihm die Jacke angezündet hat, doch es hatte keinerlei Konsequenzen, nicht mal ein Gespräch fand statt. Niemand hat mich während seiner ganzen Schulzeit darauf angesprochen, dass Riccardo Probleme hat. Sie haben gesagt, dass alles passt. Nur Gutes habe ich von ihm gehört. Er sei ein so netter, freundlicher Junge, hieß es immer.

Und so nahm auch ich ihn wahr. Es war ihm schwer anzumerken, welche Last er auf seinen Schultern trug. Obwohl ich unterschwellig irgendwann doch spürte, dass es ihm nicht immer so gut ging, wie er vorgab. Schließlich merkte ich auch an den Reaktionen aus meinem eigenen Umfeld, dass er kritisch beäugt wurde. Davor, dass er aneckte oder ausgegrenzt werden könnte, wollte ich ihn unbedingt bewahren. Wenn er sich morgens für die Schule anzog, dann ahnte ich, dass er auf dem Gymnasium, das er besuchte, damit nicht nur auffallen, sondern auch auf Ablehnung stoßen würde. Es ist sehr provinziell, nicht gerade ein Ort voller kreativer Feingeister. Ein Verständnis für Mode und Individualität suchte man dort, im bäuerlich geprägten Oberbayern, vollkommen vergebens. Dabei zog er natürlich weder Federboa noch bauchfreie Glitzertops in der Schule an, aber selbst eine eng geschnittene Jeans kombiniert mit einem Blazer, das war schon zu viel –

in einer Umgebung, in der alle im Einheitslook mit Poloshirts und weiten Jeans uniformiert waren. Er trug immer modische Sachen, die aber auch für Frauen gedacht waren und nicht nur für Männer. »Es ist besser für dich, wenn du das nicht anziehst«, habe ich ihm an vielen Morgen seine Outfit-Wahl auszureden versucht. Er wollte es dann ausdiskutieren, so lange, bis er fast den Bus verpasst hätte. Und ich versuchte, ihn davon zu überzeugen, dass er in seinem eigenen Interesse etwas weniger auffällig in die Schule gehen sollte. Gelungen ist es mir selten, meist hatte er den längeren Atem, und ich sagte irgendwann resigniert: »Dann mach es doch einfach so, wie du denkst!«

Eigentlich wollte ich ihn nur vor Anfeindungen schützen, ihn vor negativen Erfahrungen bewahren, doch Riccardo fühlte sich offenbar von mir im Stich gelassen, wenn ich ihn nicht darin unterstützte, seine Persönlichkeit auszuleben. »Wenn du ›Ja, aber‹ sagst, gehörst du immer noch zu denen da draußen, zu der anderen Seite, und nicht zu mir«, erklärte er mir. Denn wenn er mit einem auffälligen Stirnband loswollte, dann habe ich gesagt: »Es ist schön, schaut gut aus, aber es wirkt schon weiblich. Denk doch daran, wie das bei den anderen ankommt, die werden dich aufziehen!« Er antwortete dann: »Ich weiß, die werden mich auslachen, aber ich will das so anziehen.« Für ihn bedeutete mein Einwand, dass ich nicht bedingungslos zu ihm stehe. Er verstand, dass ich ihn schützen wollte, aber das war es eben gar nicht, was er sich von mir wünschte. Er wollte sein Leben so leben, wie er es für richtig hält, und kein Aber hören. Nicht auch noch von mir.

Vielleicht war ich manchmal auch zu streng, doch als ich allein mit den Kindern war, hatte ich mehr denn je das Gefühl, mich durchsetzen zu müssen, damit sie einen guten Weg machen. Gefallen habe ich mir in dieser Rolle allerdings nie. Ich hatte mir doch immer geschworen, meine Kinder so zu erziehen, dass sie keine Geheimnisse vor mir zu haben brauchen. Aber manchmal wusste ich mir einfach keinen anderen Rat, obwohl es mir auch meine eigene Hilflosigkeit vor Augen führte. Im Nachhinein denke ich, vor allem gegenüber Riccardo, der so sensibel war, konnte ich mit Strenge ohnehin nichts erreichen – außer Verlustängste zu schüren oder zu provozieren, dass er mir eben nicht mehr die Wahrheit sagte. Die ganzen Verbote, die ich ihm gegenüber ausgesprochen habe, so etwas wollte ich eigentlich nie. Denn dieses Gefühl, ausgeschlossen zu sein von den anderen, das kannte ich ja selbst aus meiner eigenen Kindheit. In manchen Momenten war das auch bei mir wieder ganz präsent. Dann habe ich mich gefragt: Warum verbietest du ihm das jetzt? Warum soll er kein Stirnband in der Schule tragen? Keine engen Hosen? Du weißt doch selbst, wie es ist, von den Eltern dauernd Vorschriften zu bekommen. Mich selbst hat das auch eher von ihnen entfernt, als das Vertrauen zwischen uns zu stärken.

Nur im Gegensatz zu mir als Kind hat Riccardo trotzdem einen Weg gefunden, seine Freiheit auch gegen meinen Wunsch auszuleben – und die Sachen dann eben erst auf dem Schulweg angezogen, wie er mir Jahre später erzählte. Und im Nachhinein wundert mich das auch gar nicht. Mode liegt auch mir im Blut, und ich habe meine Kinder selbst immer ein bisschen ausgefallener angezogen als die anderen. Heute zieht mich Riccardo manchmal mit einem seiner Baby-Fotos auf, es ist bei seiner Taufe entstanden, und er trägt ein weißes Stirnband mit Federschmuck – wie ein Showgirl aus den 20er-Jahren. Für die meisten waren seine Outfits auch zu der Zeit schon ein bisschen *too much*, aber er war eben einfach zum Fressen, und ich hatte Freude daran, ihn schön anzuziehen. Dieses Faible für Klamotten habe ich ihm also selbst mitgegeben. Rick fühlte sich auch schon früh in meinem Kleiderschrank heimisch, lieh sich Jeans, Pullis und Blazer aus. Und wenn ich mich zweimal im Jahr in meiner Lieblingsboutique in Italien einkleidete, dann kam er mit und durfte sich etwas aussuchen, auch wenn es Frauensachen waren. Mal ein verrücktes Hemd oder eine bunte Jacke. Irgendwie dachte ich immer: Wir sind Italiener*innen, bei uns werden eben nicht nur gedeckte Erdtöne und Multifunktionsjacken getragen, weil sie so praktisch sind, wir mögen es auch mal etwas extravaganter. Für mich war es erstmal nichts Verwunderliches, dass mein Sohn mir nacheiferte.

Doch von meinen Freundinnen wurde ich öfter darauf angesprochen, dass sich mein Sohn sehr auffällig kleidet und es vielleicht besser wäre, er würde sich etwas anpassen. Das hat mich verunsichert, eigentlich hätte ich mir mehr Ermutigung gewünscht, zu ihm zu stehen. Wenn ich manchmal die Stücke gesehen habe, die er später aus dem Secondhand-Laden heimgebracht hat, dann dachte ich allerdings selbst oft: Um Gottes willen, so ein knallroter Blazer mit Dreiviertelarm, nur weil er von Fendi ist? Das schaut ja aus wie bei einer Oma! Aber wenn er ihn anzog, dann hat es bei ihm immer toll ausgesehen – auch die Sachen, die sonst wirklich niemandem stehen. Übersehen konnte man ihn jedenfalls nie.

Für schwul hielt ich ihn wegen seines Mode-Faibles nicht. Und ich denke: Auch mit anderer sexueller Orientierung hätte er den Einheitslook nie gut gefunden, Kleidung war immer Ausdruck seiner Persönlichkeit. Es lag eher an seiner feinfühligen, sensiblen und rücksichtsvollen Art, dass ich mich irgendwann fragte, ob er vielleicht schwul sein könnte. Denn für mich waren das eher weibliche Eigenschaften. Damals habe ich das gleichgesetzt, einfach weil ich kaum Erfahrungen mit Homosexuellen hatte und mir nicht klar war, dass alle Schattierungen möglich sind. Wenn ich ihn darauf ansprach, so im frühen Teenageralter, »Sag mal, magst du lieber Mädchen oder Jungs?«, da konnte er mir keine klare Antwort geben. Aber an etwas, das er mir bei diesen Gesprächen sagte, musste ich mich noch oft ganz bewusst zurückerinnern. Immer dann, wenn es mal aus meinen Gedanken verschwunden war oder ich wieder gefangen darin war, was die Gesellschaft erwartete und andere vielleicht denken könnten: »Du musst nicht weinen, wenn ich wirklich schwul sein sollte. Denn dann heißt es, dass es dir weh tut, und es darf dir nicht weh tun. Du sollst einfach nur zu mir stehen!«

RICCARDO SIMONETTI

WENDEPUNKT

Während ich die vergangenen Kapitel schrieb, bemerkte ich, dass viele der Konflikte, die ich mit mir selbst ausmachte, großen Einfluss auf das Verhältnis zu meiner Mutter hatten. Dabei war es vor allem meine Entscheidung, die Dinge, die mich beschäftigten, für mich zu behalten. Das mag normal für einen Teenager sein, aber auch egoistisch, denn auf diese Weise konnte sie nicht für mich da sein, als ich sie brauchte. Ein Elternteil aus bestimmten emotionalen Momenten rauszuhalten ist sicherlich in dieser Lebensphase nicht ungewöhnlich, für mich war es das jedoch. Meine Mama und ich waren nämlich eigentlich nicht so.

Als Kind wünscht man sich, von seinen Eltern blind verstanden zu werden, doch gerade in einer Zeit wie der Pubertät, in der du dich selber kaum verstehst, ist das eine schier unmögliche Aufgabe. Sie wird nur dann leichter, wenn du Menschen in deine Gefühlswelt einbeziehst. Und ich nehme an, andersherum ist es genauso. Das gilt wahrscheinlich für alle Beziehungen im Leben. Du erwartest von Menschen, die dir nahestehen, dass sie in dich hineingucken können, schließlich kennen sie dich doch so gut. In der Pubertät verändert sich aber vieles, und man lernt

Seiten an sich selber kennen, die man vorher auch noch nicht entdeckt hatte. Möchten wir verstanden werden, ist es unsere Aufgabe, die Menschen, die uns am Herzen liegen, an unserem Schmerz teilhaben zu lassen. Das ist oft mit viel Scham verbunden, aber die einzig faire Art und Weise, ein gutes Verhältnis aufrechtzuerhalten.

Ich habe meine Mutter immer regelrecht vergöttert. Nachdem meine Schwester mit 18 Jahren zurück nach Italien zog, waren wir auf uns allein gestellt. Meine Mama tat alles, um mir als alleinerziehende Mutter das Leben zu ermöglichen, von dem sie glaubte, dass ich es verdiente. Nach der Trennung von meinem Vater nahm sie drei Jobs an, sodass wir auf nichts verzichten mussten, an den Wochenenden unternahmen wir immer etwas zusammen. Wir gingen ins Freibad oder zum Wandern. Wir hatten eigentlich immer Spaß, und ich glaube, das Besondere an meiner Mutter ist, dass sie stets in unserem Team gespielt hat. Und wenn ich »unser Team« schreibe, dann meine ich mich und meine Schwester. So streng sie auch manchmal war, so entspannt war sie wiederum in anderen Dingen. Wenn wir traurig waren, dann fuhr sie mit uns zu *McDonald's* oder sie ließ mich länger aufbleiben, damit ich die neue Folge *Charmed* ansehen konnte. Das sind bestimmt nicht die Qualitäten, die ein Buch über gesunde Ernährung oder ein pädagogischer Elternratgeber vermitteln würde, aber sie haben mir das Gefühl gegeben, meine Mama wäre eine von uns.

Meine Mutter ließ mich aber auch wissen, dass sie oft Angst hatte, dass mir eine männliche Bezugsperson fehlte, an der ich mich orientieren konnte. Gerade als Teenager war das ein Thema, das sie mehr beschäftigte als mich. Es war geradezu omnipräsent, und wir sprachen oft darüber. Meistens, wenn ich mal wieder ein bisschen zu sehr ich selbst war. Ich dachte nie, dass ein Mann im Haus fehlte, fühlte mich eigentlich ganz wohl damit, ausschließlich von femininer Energie umgeben zu sein. Außerdem war meine Mutter auch sportbegeistert und verfolgte leidenschaftlich alle *Formel-1*-Rennen und wichtigen Fußballspiele. Hätte ich einfach nur kopiert, was mir vorgelebt wurde, hätte ich mich ja auch dafür interessieren können. Dem war aber nicht so, ich war einfach nicht so. Das Interesse an vermeintlich feminin geprägten Dingen kam also nicht unbedingt von meiner Mutter, es steckte in mir. Und jedes Mal wenn es sich zu sehr bemerkbar machte, wurde es getadelt. Ein Sportfan war ich als Teenager wirklich nicht, trotzdem wurde mir immer nahegelegt, ich sollte irgendeiner körperlichen Betätigung nachgehen. Das wäre nicht nur gesund, sondern sollte mir auch ein männlicheres Auftreten beibringen. So als würden Muskeln plötzlich dazu führen, dass ich mich nicht mehr so feminin bewege. Eine These, die ein Blick auf jede Tanzfläche eines Schwulen-Clubs übrigens sofort widerlegen würde, aber das ist ein anderes Thema.

Immer wenn so etwas angesprochen wurde, schämte ich mich. Ich fühlte mich ertappt und hatte das Gefühl, übers Ziel hinausgeschossen zu sein. Wächst man in dem Glauben auf, man könnte zu viel von der Person sein, die in einem steckt, neigt man dazu, sich kleiner zu machen, eignet sich Gewohnheiten an, die nicht unbedingt gesund für einen sind. Ich schätze, wenn man meine Schulfreund*innen fragen würde, könnten die bestätigen, dass ich nicht besonders gut im Kleinmachen war, denn ich war immer noch sehr auffällig. Aber für mich persönlich fühlte es sich an, als dürfte ich nur die Spitze des Eisbergs zeigen. Und da war noch ein beträchtliches Stück Berg unterhalb der Oberfläche, den ich erst im Begriff war zu entdecken.

Heute glaube ich: Es ist unmöglich, zu viel man selbst zu sein. Sicherlich gibt es für unterschiedliche Facetten der eigenen Persönlichkeit verschiedene Bühnen, aber dennoch sollte man jede von ihnen zu hundert Prozent ausleben dürfen. Das ist Selbstliebe. Es bedeutet, sein Wohlbefinden wichtig zu nehmen, selbst wenn man sich damit über die Meinung derjenigen stellt, die man am allermeisten liebt. Genauso wenig, wie man zu viel man selbst sein kann, stimmt die Annahme, dass man sich selbst zu sehr lieben kann. Sich wertzuschätzen hört sich unglaublich einfach an, es ist aber das genaue Gegenteil. Wir leben in einer Gesellschaft, die uns beibringt, »normal« zu sein wäre erstrebenswert. Aber was ist normal? Es heißt, der Norm entsprechend. Sprich, alle guten, aber auch alle schlechten Dinge werden in einen Topf geworfen, und heraus kommt ein Maßstab, an dem man sich orientieren soll. Nicht schwarz, nicht weiß, sondern grau. Wie der Schnee, der im Winter am Straßenrand liegt, sich mit dem Dreck der vorbeifahrenden Autos vermischt und eine undefinierbare Masse bildet. Niemand fühlt sich von der Norm eingeschüchtert. Und sie funktioniert deshalb so gut, weil sie in der Regel genau das darstellt, was die meisten von uns wollen. Jede*r hat bestimmte Bereiche im Leben, in denen er oder sie ein normales Verhalten an den Tag legt, und die Norm an sich ist auch nicht unbedingt etwas Schlechtes. Aber was, wenn man nicht das Privileg hat, so zu sein wie alle anderen? Wenn man merkt, dass man sich – trotz jeglicher Bemühungen – nicht normal fühlt? Ist man deshalb gleich weniger wert? Hat man es dann nicht verdient, sich selbst zu mögen oder gar zu lieben?

Rein oberflächlich betrachtet: Geht man in einen Zeitschriftenladen und betrachtet die Menschen auf den Magazinen, so sehen diese – zumindest in Deutschland – fast alle gleich aus. Meistens sind es junge, dünne, hübsche blonde Frauen. Und die sehen ja auch alle toll aus, aber was ist mit dem Rest? Was ist mit all denen, die diesem Bild nicht entsprechen? Ich bin mir sicher, ein großer Teil versucht, sich dem so weit wie möglich anzupassen. Aber wird unser Wert als Mensch wirklich dadurch definiert, wie nah wir an dieses Ideal herankommen? Wir werden darauf konditioniert, Dinge als normal oder natürlich anzusehen, weil bestimmte Menschen davon profitieren. Wie viele jedoch darunter leiden, wird nur selten beleuchtet. Wächst man in dieser Art von Gesellschaft auf, dann ist es unmöglich, sich nicht von dem grauen Schnee beeinflussen zu lassen. Man denkt automatisch, man wäre minderwertig, wenn man nicht dazugehört, und lernt oft erst später im Leben – oder manchmal auch gar nicht –, dass Anderssein etwas Wundervolles sein kann.

»SCHAU MAL,
GENAUSO BIST DU AUCH!«

Eine Art Wendepunkt in der Beziehung zu meiner Mutter war vor allem eine Veränderung in der Beziehung zu mir selbst. Es ging in den Urlaub nach Portugal. Nur meine Mutter und ich. Wir beide waren noch nie dort gewesen und freuten uns unglaublich darauf, als wir in das Flugzeug stiegen. Meine Mama ist eine Person, die sich zum Reisen gerne schön anzieht, und so saßen wir beide in unseren besten Outfits auf dem Weg in Richtung Sonne. Es war im Sommer 2010. Das weiß ich deshalb so genau, weil mein *iPod Nano* den Song *California Girls* von Katy Perry in Dauerschleife abspielte, als wir im Flieger saßen.

Und ich erinnere mich an einen Flugbegleiter, der offensichtlich schwul war, was mir zum damaligen Zeitpunkt allerdings gar nicht wirklich auffiel, denn ich kannte niemanden, der schwul war. Was mir jedoch auffiel, war die Tatsache, dass er besonders aufmerksam und freundlich war, und das schien meine Mama auch zu bemerken. Nachdem er uns mit Getränken versorgt hatte und weiter zu den anderen Fluggästen ging, drehte sie sich zu mir und sagte, ich solle mir diesen Mann genau angucken. Der hätte nämlich dasselbe Problem wie ich.

»Der ist supernett, aber zu freundlich, zu süßlich, und das bist du auch oft. Wie er mit anderen redet und wie er sich bewegt, das ist zu weich, und deshalb wirst du nicht ernst genommen.«

So etwas bekam ich ständig zu hören, daher war es keine große Überraschung, die Art, wie meine Mutter mir das vermitteln wollte, allerdings schon. Da war kein Funke Boshaftigkeit oder Gemeinheit zu spüren, sondern einfach nur Sorge. Ich merkte ihr an, dass es ihr dabei wirklich darum ging, mir einen Rat zu geben, der mir helfen sollte, von anderen ernster genommen zu werden. Ich rollte mit den Augen und stöpselte meine Kopfhörer ein, wie der genervte Teenager, der ich war. Ich drehte Katy auf volle Lautstärke, um die Worte meiner Mutter in meinem Kopf zu überspielen, aber es funktionierte nicht. Ich sah mir den Flugbegleiter an. Er hatte blonde, perfekt geschnittene Haare und war wirklich sehr feminin, aber viel mehr beschäftigte mich die Frage, wie er es schaffte, so selbstbewusst zu sein. Er verstellte sich nicht, machte sein Selbstwertgefühl nicht davon abhängig, wie ein Flugzeug voller Fremder ihn bewertete. Das war inspirierend zu sehen. Ich weiß nicht, ob es der jugendliche Testosteron-Überschuss oder eine Welle an aufwallender Selbstbestimmtheit war, die der Flugbegleiter in mir ausgelöst hatte, aber ich wusste plötzlich: So wollte ich auch sein! Und beschloss, dass genau jetzt der Zeitpunkt gekommen war, damit anzufangen. Ich stellte Katy auf Pause und wandte mich meiner Mama zu, die in ein Buch vertieft war und offensichtlich nichts davon ahnte, was in meinem Kopf gerade vorging. »Sieht er unglücklich aus?« Während ich diese Frage aus meinem Mund presste, merkte ich, dass meine Stimme zittrig war. Ich war nervös. Warum war ich das? Wovor hatte ich Angst? Davor, dass meine Mutter nicht verstehen würde, worauf ich hinauswollte, oder davor, dass ich selbst nicht wusste, in welche Richtung dieses Gespräch gehen würde? Sie hatte keine Ahnung, wovon ich sprach, und ich zeigte auf den Flugbegleiter.

»Ich finde nicht, dass er unglücklich aussieht, und das ist doch schön. Ich bin mir sicher, er weiß ganz genau, wie er auf andere wirkt, und es ist ihm egal. Das ist doch wundervoll. Er steht zu sich und ist im Reinen mit sich. Weißt du, vielleicht bin ich genauso wie er. Vielleicht bin ich zu süß, und vielleicht nehmen mich andere Leute auch nicht ernst, aber wenn das dazu führt, dass ich so zufrieden bin wie er, dann finde ich das nicht schlimm. Ich möchte das. Ich weiß nicht, ob ich immer genau so sein werde wie jetzt, und ich weiß auch nicht, ob ich genauso wie er sein werde. Aber ich möchte, dass du weißt: Ich habe kein Problem damit, und ich finde, das solltest du auch nicht.«

Das sprudelte einfach so aus mir heraus, und wenn ich heute daran denke, dann merke ich, dass das viel mehr war als nur ein Gespräch über einen Flugbegleiter. Es war ein Gespräch über meine Identität, und es tat so gut. Ich war kein devotes Bübchen, das nie seine Meinung aussprach. Im Gegenteil. Ich hatte schon immer ein starkes Verlangen, mich mitzuteilen, aber in diesem Fall fühlte es sich anders an. Denn es ging nicht um irgendein beliebiges Thema, sondern um mich ganz allein. Ich hatte es satt, mich ständig klein zu machen, um Konflikten aus dem Weg zu gehen. Ich hatte es satt, darüber nachzudenken, wie andere mich wahrnehmen und ob sie mich ernst nehmen würden. Was konnte ich mir davon schon kaufen? Nichts. Ich wollte genau das, was dieser Flugbegleiter hatte: echtes Selbstbewusstsein. Und das würde ich nicht bekommen, wenn ich nach den Regeln anderer spielte.

Meine Mutter sah mich nachdenklich an, und ich konnte in ihren Augen so etwas wie Dankbarkeit sehen. Nicht unbedingt, weil ich eine andere Meinung hatte, aber weil ich mich ihr mitteilte, und zwar auf eine ganz ehrliche und für sie verständliche Art und Weise. Ich fürchtete, dass es zu einer großen Diskussion kommen könnte, denn wir sind beide sehr stur, aber das tat es nicht. Sie stimmte mir zu und gestand ein, dass sie sich ein Urteil über eine andere Person erlaubt hatte und dass das unangebracht war. Danach las sie weiter und dachte wahrscheinlich gar nicht länger darüber nach. Ich auf der anderen Seite erinnere mich bis heute noch oft an diesen Moment, weil es das erste Mal war, dass ich für mich selber einstand und so etwas wie Selbstliebe verspürte. Ich hatte mich schon oft gewehrt, gegen andere in der Schule, aber ich hatte das Gefühl, dass dies der Ort war, an welchem es wirklich von Bedeutung war.

Der darauffolgende Urlaub war toll. Wir genossen die Sonne und hatten unglaublich viel Spaß am Strand. Abends erkundeten wir die Stadt, und ich beriet meine Mama beim Einkaufen. Nachdem ich sie überredet hatte, sich ein weißes Leinenkleid zu kaufen, setzten wir uns mit einem Eis auf eine Bank. Es war warm, und der Mond schien, um uns herum feierte die ganze Stadt. Ich weiß nicht, ob ich es angesprochen habe oder meine Mama, aber wir kamen noch einmal auf das Gespräch im Flugzeug zurück. Sie fragte mich, ob ich schwul sei – und ich dachte dieses Mal wirklich darüber nach. Mir wurde diese Frage schon so oft gestellt. Von Mitschüler*innen, Lehrer*innen, Freund*innen meiner Mutter, dem Schulbusfahrer, fremden Kindern auf der Straße und, ja, auch von meiner Mama. Sie alle glaubten, es wäre ihr gutes Recht, die Antwort darauf zu kennen, obwohl mir selbst nicht klar war, wie ich sie beantworten sollte. Jedes Mal wenn jemand den Satz mit den Worten einleitete: »Darf ich dich mal etwas fragen?«, wusste ich immer gleich, was kommt. Meine Mutter fragte mich das, glaube ich, zum ersten Mal, als ich acht Jahre alt war. Und bis zu diesem Tag sagte ich darauf immer »Nein«. Und das war nicht gelogen. Ich glaubte, ich sei nicht schwul, denn ich wusste nicht, was es bedeutete. Ich fühlte mich dementsprechend nicht schwul, bis ich von anderen Menschen dazu gedrängt wurde, eine Antwort zu geben. Es war, als würde man mir eine Pistole an den Kopf halten und eine Frage stellen, auf die nur ein Nein als Antwort möglich war, ohne dass der Abzug betätigt wurde. Weil mir signalisiert wurde, alles andere wäre absolut inakzeptabel. Ich hatte so eine große Angst davor, auch nur im Ansatz über das Thema nachzudenken, dass mir Tränen über die Wangen rollen, wenn ich mich heute daran erinnere. Ich dachte, dass allein die Auseinandersetzung damit verboten wäre, geschweige denn, überhaupt etwas in diese Richtung auszusprechen. Aber nun war das anders. Es fühlte sich nicht an wie eine Frage, auf die es nur eine Antwort gab. Ich hatte wirklich die Wahl, und ich war an einem Ort, der sicher war. Vielleicht lag es daran, dass mich dort keine*r kannte und mich niemand beschimpfte. Oder weil ich spürte: Meine

Mutter fragte mich nicht, um mich bloßzustellen, wie die Kinder in der Schule. Sie wollte mich nicht in eine Schublade stecken, sondern wirklich wissen, was in mir vorging. Das war der Unterschied, der es mir erlaubte, wirklich darüber nachzudenken.

Zum allerersten Mal antwortete ich, dass ich es nicht wüsste. Während ich das tippe, würde ich mein 16-jähriges Ich gerne schütteln und ihm zurufen: »Sag einfach Ja, das macht alles besser!«, aber ich war noch nicht so weit. Es gab keine Bühne, keine Performance, keinen Glitzer und keine Barbie-Puppen. Nur ich und meine Mama, und ich war es ihr schuldig, ehrlich zu sein. Sie hatte nichts getan, was mir einen Grund gegeben hätte, es nicht zu sein, also sagte ich, was ich in dem Moment dachte:

»Ich weiß nicht, was ich bin, aber ich muss wissen, dass du auf meiner Seite bist, wenn ich es herausfinde. Ich weiß nicht, ob der Tag kommen wird, an dem ich weiß, dass ich schwul bin, aber das ist mir auch nicht wichtig. Ich möchte mich irgendwann in einen Menschen verlieben, und ich kann noch nicht sagen, ob das ein Mann oder eine Frau sein wird. Aber wenn es so weit ist, dann würde ich es gerne mit dir teilen, und wenn du das auch möchtest, musst du aufhören, mir einzureden, dass ich jemand sein soll, der ich nicht bin.«

DAS WICHTIGSTE
GESPRÄCH MEINES LEBENS

Ich berichtete meiner Mutter zum ersten Mal davon, wie mein Leben in der Schule wirklich aussah, und erklärte ihr auch, dass ich nicht wollte, dass sie etwas dagegen unternahm. Ich erzählte ihr von der versteckten Kleidung in meinem Rucksack und vom Umziehen auf dem Schulweg – und ich ließ sie wissen, dass ich es von nun an nicht mehr verheimlichen wollte. Ich würde es schlichtweg nicht mehr akzeptieren, weniger zu sein als voll und ganz ich selbst.

»Wenn du mir verbietest, die Klamotten zu tragen, die ich tragen möchte, oder mir sagst, ich soll mich maskuliner benehmen, dann stellst du dich auf die Seite der bösen Jungs in der Schule. Und das kann ich nicht gebrauchen. Wenn du möchtest, dass wir weiterhin so ein enges Verhältnis haben wie jetzt, dann musst du dich für mich entscheiden und zu mir stehen, wie ich bin und wer ich bin. Was das für die Zukunft bedeutet, weiß ich nicht, aber wenn du das jetzt nicht tust, dann wird es keine vertraute gemeinsame Zukunft geben. Und wenn ich jemals rausfinden sollte, dass ich schwul bin, dann möchte ich keine Tränen sehen. Das ist nichts, weshalb du weinen müsstest. Ich wäre immer noch derselbe Mensch, von dem du sagst, dass du ihn über alles liebst. Ich hätte nichts verbrochen, nichts daran wäre falsch, und du darfst mir nicht das Gefühl geben, dass es anders wäre. Würdest du wirklich deshalb weinen, würde mir das zeigen, dass du in mir nicht mehr siehst als meine sexuelle Orientierung, und das könnte ich dir nie verzeihen.«

Für mich war das wahrscheinlich das wichtigste Gespräch meines Lebens. Ich erlaubte mir zu zeigen, was in meinem Kopf vorging, nicht nur meiner Mama, sondern vor allem mir selbst gegenüber. Ich hatte überhaupt keine Angst, und es fühlte sich an, als hätte ich eine Tür geöffnet, durch die ich plötzlich all die Informationen bekam, die ich brauchte, um mich selbst kennenzulernen. Das war ein sehr stärkendes Gefühl. Und auch für meine Mama schien diese Aussprache Klarheit zu bringen. Sie sah, dass ich sie teilhaben ließ, und ich glaube, sie hat in dem Moment begriffen, dass der lockige, kleine Kerl, der Fußball spielt und den es nur in ihrer Fantasie gab, niemals aus mir herauskommen würde. Ich war nicht dieser Junge, und keine*r von uns beiden musste nun länger an ihm festhalten. Er ging, und dafür nahm sie mich zum ersten Mal wahr, wie ich wirklich war. Vielleicht tat sie das auch schon vorher, aber zumindest sah ich mich selbst das erste Mal so.

Und entgegen all meinen Ängsten entfernte mich dieses Gespräch nicht von ihr, sondern belohnte mich, denn sie hörte nicht auf, mich zu lieben, und dafür bin ich so dankbar. Das Szenario, in dem sie anders darauf reagiert hätte, war nur aus einer Unsicherheit entstanden, in der ich glaubte, es sei die Realität. Aber wie ein Mensch sich in so einem Moment verhält, weiß man nicht. Man kann nur hoffen, dass die Person es so tut, dass es sich richtig und gut anfühlt. Das ist ein Vertrauensvorschuss, den man jemandem gibt, und ich bin sehr stolz darauf, dass meine Mama dieses Vertrauen in diesem zerbrechlichen Moment nicht missbraucht hat, indem sie anders reagierte, als sie es tat.

Wenn meine Mama mich so lieben konnte, dann würde ich das auch schaffen. Von nun an gab es keine Geheimnisse mehr. Ich zog an, was ich anziehen wollte, und war auch selbstbewusst genug, genau das weiterhin zu tragen, auch wenn es meiner Mutter mal nicht gefiel. Es passierte nicht von heute auf morgen, aber nach diesem Gespräch ging es auf jeden Fall schneller.

Ich weiß, dass viele Kinder große Angst haben, nicht mehr von ihren Eltern geliebt zu werden, aber gerade für diejenigen, die in irgendeiner Form anders sind, bedeutet das auch, sich dieser Furcht wirklich stellen zu müssen. Das prägt eine*n, und dementsprechend braucht man unglaublich viel Zuspruch. Man hat immer das Gefühl vermittelt bekommen, nicht richtig, also auch nicht liebenswert zu sein. Ich kannte niemanden, der oder die so ein Gespräch mit seinen oder ihren Eltern führen musste – außer mir. Natürlich macht das etwas mit dir. Es kränkt dich, dass es überhaupt so weit kommen muss. Es verwirrt dich, und du bist sauer auf das Universum, warum du überhaupt die Stärke aufbringen musst, so etwas durchzumachen. Aber dann begreifst du, spürst etwas, von dem du bisher nur glaubtest, man müsste es von außen vermittelt bekommen, um es wahr werden zu lassen. Stolz. Du bist stolz auf dich und darauf, dass du anders bist. Darauf, dass du mutig genug bist, dich für den Weg zu entscheiden, der richtig zu sein scheint, und nicht einfach nur blind einer Masse hinterherzulaufen.

Wenn mich Menschen heute nach meinen wichtigsten Einflüssen fragen, spreche ich immer von großen Stars.

Elton John. Lady Gaga. Lana Del Rey. Aber eigentlich sind es Menschen wie der Flugbegleiter, dessen mutigste Tat darin bestand, zu sich selbst zu stehen. Menschen wie er sind es, die uns prägen. Vielleicht ist das bei jenen, die sich überall in der Gesellschaft repräsentiert fühlen, anders. Aber wenn man nicht einfach den Fernseher einschalten und jemanden sehen kann, der oder die so ist wie man selber, dann ist man auf solche Menschen angewiesen. Und deshalb ist, man selbst zu sein, in einer Welt, die davon profitiert, dass man es nicht ist, ein großer Akt der Tapferkeit. Weil es anderen zeigt, dass es okay ist. Das brauchen wir alle, und ich hoffe sehr, dass diese Geschichte Menschen dazu inspirieren wird, voll und ganz zu sich zu stehen. Kein Aufschieben, nicht warten, bis man in der großen anonymen Stadt wohnt. Sondern im Hier und Jetzt damit anfangen. Nicht nur für euch selbst, sondern auch für diejenigen um euch herum, die nur darauf warten, dass es ihnen jemand vormacht, sodass sie nachziehen können. Habt keine Angst davor, diese Person zu sein! Wie groß die Wellen sind, die ihr dadurch schlagen werdet, konntet ihr eben lesen.

ANNA SIMONETTI

EINE GEMEINSAME REISE

Ich habe mir in meinem Leben lange keine Gedanken über Homosexualität gemacht. Es war so, als existierte das Thema in meinem Umfeld gar nicht. Sicher begegneten mir im Fernsehen mal lesbische Frauen und schwule Männer, aber das fühlte sich immer irgendwie weit weg an, schien nichts mit meinem Leben zu tun zu haben und den Menschen, mit denen ich mich umgab. Das erste Mal kam ich direkt damit in Berührung, als in der Eisdiele ein schwuler Kellner anfing. Erst durch den Kontakt zu ihm habe ich mich intensiver damit beschäftigt, ob mein Sohn vielleicht auch irgendwann einmal Männer lieben könnte. Aber das Thema Sexualität war für Riccardo zu der Zeit noch völlig fern, und auch später konnte er mir auf die Frage, ob er sich vorstellen könne, mit einem Mann zusammen zu sein, keine Antwort geben. Im Unklaren zu sein war sehr schwierig für mich: Ist er es jetzt oder nicht? Diese Frage sollte mich in den nächsten Jahren immer wieder begleiten.

Als wir in unseren Urlaub aufbrachen, da war ich immer noch damit beschäftigt, ihn ein bisschen männlicher wirken zu lassen, da er mir erzählt hatte, dass er in der Schule als »Schwuchtel« beleidigt wurde, wovor ich ihn unbedingt schützen wollte. Der Flugbegleiter, der uns im Flugzeug nach Porto die Getränke servierte, war in meinen Augen überfreundlich, ich habe ihn ein bisschen beobachtet, und da kam mir der Gedanke, es könnte ein guter Moment sein, um Riccardo sein eigenes Verhalten wie einen Spiegel vorzuhalten – damit ihm klar wurde, warum Menschen in einer bestimmten Art und Weise auf ihn reagierten: »Schau, so bist du auch!«, sagte ich zu ihm: »Wenn man so nett ist, kommt man schnell sehr weiblich rüber.« Ich merkte gar nicht, was ich da eigentlich sagte, dachte, ich könne ihm damit etwas klarmachen, das er dann einfach so an sich ändern könnte wie einen Haarschnitt, mit dem man nicht glücklich ist. Aber ich hätte wissen müssen, dass er es nicht so stehen lassen würde. Er wollte von mir wissen, ob es nicht richtig sei, nett zu sein, schließlich hätte ich doch selbst immer gepredigt, die Nachbar*innen im Hausflur zu grüßen und höflich zu sein. Und ich ahnte, dass es eines dieser Gespräche werden würde, bei dem mir irgendwann die Argumente ausgingen. »Es ist nicht so, dass es nicht richtig ist«, versuchte ich, mich zu erklären. »Aber für die anderen ist es zu viel, und darum wirst du gehänselt.« Für mich war es damit dann gut, und ich habe weiter in meinem Roman gelesen. Aber mir fiel auf, dass er sehr ruhig wurde, erstmal eben nicht weiterdiskutierte, was ungewöhnlich für ihn war. Es musste ihn sehr beschäftigt haben.

Nach einer Weile, in der er stumm aus dem Fenster geschaut hatte, nahm er das Gespräch wieder auf und fragte nochmal, was falsch daran sei, freundlich zu sein. Er wollte von mir wissen, ob es für mich ein Problem sei, wenn er sich so verhält. »Für mich ist es nicht schlimm, ich wollte dir nur klarmachen, wie es auf andere wirkt«, sagte ich. Er erwiderte, er könne nichts Negatives an seiner Art finden: Warum sollte er sich ändern, nur weil das bei manchen Leuten nicht gut ankommt? Darauf wusste ich nichts zu antworten und merkte, dass ich etwas Unbedachtes gesagt hatte – wie wohl schon manches Mal davor in anderen Situationen. Es sind Sätze gewesen, die ich so dahingesagt habe, die er dann so groß gemacht hat in einer Diskussion, die kein Ende nahm. Auf einzelne Formulierungen konnte er sehr heftig reagieren. Oft verstand ich erstmal gar nicht, warum. Aber genau das war eben der Punkt: Ich hatte mir nicht wirklich Gedanken darüber gemacht, was ich da eigentlich von mir gab.

Schon zuvor sind wir manchmal aneinandergeraten, wenn ich die Figur von jemandem kritisch kommentierte – einfach bloß, um ein bisschen unterhaltsam zu sein oder das Gespräch in Gang zu halten. Wenn ich etwas sagte wie: »Vielleicht sollte sie nicht so eine enge Hose anziehen!«, habe ich mir nichts dabei gedacht – aber es ärgerte ihn jedes Mal. »Was stört dich daran? Lass sie doch so sein, wie sie ist, vielleicht gefällt sie sich damit einfach gut«, war dann seine Reaktion. Aus einer vermeintlichen Kleinigkeit wurde eine Grundsatzdiskussion, bei der ich von Beginn an wusste: Ich verliere gegen ihn, er redet mich in Grund und Boden. Er ist sehr klug, sehr wortgewandt, da konnte ich oft gar nicht mithalten. Darum war es für mich oft so anstrengend. Im Laufe des Gesprächs im Flugzeug wurde mir aber selbst klar, dass ich etwas gesagt hatte, das unsinnig war. Aber ich hatte wirklich geglaubt, vielleicht helfe ich ihm damit. Doch das habe ich nicht, im Gegenteil: Ich brachte das Fass zum Überlaufen.

Dieses Gespräch sorgte erstmal dafür, dass die Stimmung zwischen uns etwas verhalten war, aber es war auch nötig, um ein paar Dinge auf den Tisch zu bringen, die lange unter den Teppich gekehrt worden waren. In Portugal hatten wir endlich mal die Zeit, offener miteinander zu reden. Sonst verbrachten wir unsere Ferien meist in Süditalien bei der Familie, da war immer die Verwandtschaft um uns herum und kein Raum da, um sich wirklich mit dem*der anderen auseinanderzusetzen. Mir fiel auf, dass er in dem Urlaub stiller und nachdenklicher war als sonst. Und ich hatte die Ruhe, mich richtig auf ihn einzulassen und ihm zuzuhören. Die fehlte mir im Alltag oft, wenn ich abends gestresst von der Arbeit kam, da bin ich dann zu wenig auf seine Sorgen eingegangen oder hatte kein offenes Ohr für ihn. Wenn ein Riesenhaufen Wäsche auf mich wartete und ich noch Abendessen kochen musste, dann habe ich nach kurzfristigen Lösungen gesucht, um weiter meinen Erledigungen nachgehen zu können. Da es eine schnelle Klärung für die Dinge, die in ihm arbeiteten, natürlich gar nicht geben konnte, hat er dann immer mehr dichtgemacht.

NICHT ER MUSS SICH ÄNDERN,
SONDERN ICH!

Am zweiten Abend unseres Urlaubs kam er noch einmal darauf zurück, was ich über den Steward gesagt hatte. Das folgende Gespräch war auch für mich wahnsinnig wichtig und hat viel dazu beigetragen, dass ich meinen Sohn besser verstehen und er sich mir gegenüber öffnen konnte. Es ging vor allem um Vorurteile, darum, andere zu beurteilen und wie sich die Betroffenen dabei fühlen. Riccardo erklärte mir, dass derjenige es spürt, dass er abgewertet wird, selbst wenn man ihn nicht direkt konfrontiert – so wie er es jeden Tag zu spüren bekam. Zum ersten Mal erzählte er mir wirklich davon, welche Dinge ihm immer wieder in der Schule passierten und wie sehr er darunter litt. Mir sind in diesem Augenblick die Tränen gekommen, weil es mir unendlich weh tat zu erfahren, was er durchmachen muss – und dabei schutzlos und alleine zu sein. Und ich sitze mit ihm zusammen im Flieger und mache genau dieselben unbedachten Bemerkungen, die mein Sohn jeden Tag über sich ergehen lassen muss! Das wurde mir in diesem Moment klar, und ich schämte mich dafür. Vorher war es mir schlicht nicht bewusst, was solche Aussagen bei den Menschen auslösen. Zu erkennen, was es bedeutet, jeden Tag von anderen runtergemacht zu werden, das hat mir die Augen und die Seele geöffnet: Wenn ich meinem Sohn helfen wollte, musste ich zuerst bei mir selbst anfangen. Ich musste hundert Prozent hinter ihm stehen, ihn unterstützen und beschützen, ihn so sein lassen, wie er ist, ihn annehmen und nicht einen anderen aus ihm machen wollen! Wenn wir vorher über solche Themen gesprochen hatten, dann ging es oft gar nicht nur um die andere Person, über die ich einen blöden Spruch gemacht hatte, das begriff ich nun. Er wollte mir damit auch etwas über sich selbst erzählen. Mir sagen: Ich weiß, wie dieser Mensch sich fühlt! Das ist oft nicht bei mir angekommen.

Warum hat er mir bloß nicht schon vorher gesagt, wie er unter meinen unüberlegten Bemerkungen litt? Ich hatte doch immer auf Ehrlichkeit gepocht. Aber mit diesem Gespräch konnte er mich ganz anders erreichen – denn er stellte sich mit denen, über die abfällige Kommentare gemacht wurden, auf eine Stufe. An diesem Tag fing ein Umdenken in mir an. Natürlich wurde ich nicht von einem Moment auf den nächsten ein anderer Mensch, aber ich begann, mein Umfeld anders wahrzunehmen, mir unüberlegte Beurteilungen zu verkneifen, Vorurteile zu hinterfragen. Allen auf der Welt steht das Recht zu, so zu sein, wie sie wirklich sind – das hatte Riccardo mir nahegebracht. Und ich versuchte, es zu verinnerlichen und mein Verhalten gegenüber anderen zu reflektieren. Ich wollte nicht zu jenen gehören, die ihm weh taten, ihn verletzten, kritisierten. Und genauso wenig wollte ich, dass andere sich meinetwegen so fühlen mussten wie er. Dieser neue Blick auf die Dinge hat mir geholfen anzuerkennen: Nicht er musste sich ändern. Warum auch? Er war genau richtig, so wie er war: liebenswürdig, freundlich, feinfühlig, tiefgründig und – so besonders! Aber ich musste es tun.

Nur fiel es mir anfangs noch schwer, mich von den äußeren Einflüssen freizumachen und mich wirklich auf ihn einzulassen, egal, was andere sagen oder denken. Ich war noch immer in den gesellschaftlichen Normen gefangen, bemüht, nicht aufzufallen und mich anzupassen. Doch nachdem er sich mir gegenüber geöffnet hatte, sah ich vieles so viel klarer und habe endlich erkannt, was da schieflief bei mir: Ich bin ewig meinen Träumen hinterhergelaufen und habe ihn dabei fast aus den Augen verloren. Während ich noch an meinem Fantasie-Jungen festhielt, hatte er sich längst zu einer selbstbestimmten Person entwickelt. Doch wenn Rick es als Teenager schaffte, sich allen Widerständen zu stellen, würde ich als Erwachsene das doch auch hinbekommen!

Er hatte damals schon mehr Selbstbewusstsein, als ich in meinem ganzen Leben gehabt habe. Er wollte so sein, wie er ist, und hat jeden Preis dafür in Kauf genommen. Das hat mich mit großem Stolz erfüllt. Und ich nahm mir fest vor, ihn das auch wieder mehr spüren zu lassen: Du bist gut, so wie du bist! Ich liebe dich – ohne Wenn und Aber! Diese Gefühle für ihn hatte ich immer in mir getragen, aber ich bin den einfachsten Weg gegangen, habe jede Auseinandersetzung gescheut. Bloß nicht negativ auffallen, immer kuschen, immer schön gehorsam sein – wie daheim. Als brave Tochter. Doch mit Rick an meiner Seite ging das nicht mehr. Ich wusste auf einmal genau, was ihm fehlte, und das war auch der Grund, warum er nicht ehrlich mit mir sein konnte: die Gewissheit, dass ich zu ihm stehe, bedingungslos. In dem Moment, in dem ich mich voll auf ihn einließ, musste ich mich auch selber hinterfragen. Es wurde Zeit, dass ich das, was ich meinen Kindern predigte, auch zu leben begann: ich selbst zu sein, es mal niemandem recht zu machen – außer mir. Auch ich trug noch diese Angst in mir, von anderen verurteilt zu werden. Wollte ich nur mich selbst beschützen, wenn ich versuchte, Riccardo in eine andere Richtung zu lenken? Gut möglich. Mein Streben war es immer, selbstbestimmt und frei zu leben, aber wenn man nur darauf bedacht ist, was die Nachbar*innen denken, dann kann das nicht funktionieren. Mein Sohn musste sich dagegen jeden einzelnen Tag behaupten – und das nahm ich mir auch für mich selbst vor. Denn es machte mich schließlich auch freier.

Für mich war dieses Gespräch gleichzeitig die Erkenntnis, auf welche Seite ich mich schlagen muss. Wenn ich nicht auf seiner Seite bin und zu ihm stehe, dann bin ich auf der seiner Gegner*innen. Und das hätte unsere Beziehung zerstören können. Aber die liebevolle Mutter zu sein und gleichzeitig alles zu akzeptieren, auch wenn ich das Gefühl hatte, er macht sich selbst damit das Leben noch schwerer, das war nicht so einfach. Zu erfahren, dass dein Kind tagtäglich beleidigt wird, ist für Eltern kaum auszuhalten. Davor wollte ich ihn doch immer bewahren, leider habe ich das nicht geschafft. Aber ab dem Moment, in dem ich voll zu ihm stand, konnte ich ihn auch besser vor anderen verteidigen.

In diesem Urlaub kam die alte Vertrautheit zwischen uns zurück. Auch für mich markieren diese Tage in Portugal einen Wendepunkt in unserer Beziehung und in meinem Leben. Weil sie mir halfen, für mich einen Standpunkt zu finden. Die Gespräche haben mir auch gezeigt, wie wichtig es ist, dass man seinem Kind zuhört. Also: wirklich zuhört! Ganz in Ruhe ausreden konnten wir im Alltag zwischen Tür und Angel oft nicht. Dieses Mal gab es keine Chance auszuweichen, und ich musste das Gespräch zu Ende führen, bis es wirklich für ihn gut war. Es waren keine leichten Themen, uns beiden sind immer wieder die Tränen gekommen. Aber danach war ein ganz neues Verständnis für den*die jeweils andere*n da.

RICCARDO SIMONETTI

BEKENNTNISSE EINER HIGHSCHOOL-DRAMAQUEEN

Einen Film im Kino gucken zu können, eine Zeitschrift durchzublättern und Menschen zu sehen, die dir ähnlich sind, oder einfach nur ein Kindermärchen vorgelesen zu bekommen. All das sind Momente, die dir in einer heteronormativen Gesellschaft ein Ideal vorleben, das bestimmte Bilder schafft. Diesem Ideal zu entsprechen ist für viele erstrebenswert, aber es bleibt dennoch ein Privileg. Nicht jede*r fühlt sich repräsentiert. Menschen mit anderen Hautfarben, Körperformen, Behinderungen oder auch Personen, die älter sind, werden dabei häufig nicht inkludiert oder authentisch porträtiert. Dasselbe gilt natürlich auch für Menschen der LGBTQIA*-Community. Die Netflix-Dokumentation *Disclosure* beschäftigt sich mit der Darstellung von Trans-Personen in Hollywood-Filmen und zeigt, wie ihr Bild in der Öffentlichkeit geprägt wurde. Viele Filme, die darin diskutiert werden, sind Blockbuster und wurden weltweit von Milliarden Menschen gesehen. Dabei diente die

Rolle der Trans-Person vor allem als Stilmittel, um zu schockieren, Ekel zu verbreiten und, in erster Linie, um sich darüber lustig zu machen. Natürlich gibt es viele Beispiele von Menschen, die in Filmen nicht authentisch dargestellt werden, doch nicht immer sind die Folgen so weitreichend, wie es bei marginalisierten Gruppen der Fall ist. Würde etwa ein Film gedreht, in dem man sich über heterosexuelle, weiße Männer lustig macht, hätte es gesellschaftlich eine weniger große Auswirkung, da diese Bevölkerungsgruppe die einflussreichste ist. Stellt man eine marginalisierte Gruppe falsch dar, werden die kritischen Stimmen oft nicht gehört. Die Wellen, die geschlagen werden, bleiben häufig leider nur innerhalb einer Gemeinschaft, die ohnehin schon weiß, dass das nicht richtig ist. Die Menschen, die keinen Kontakt zu dieser Gruppe haben, kriegen davon meistens gar nichts mit, und es wird ein Bild erschaffen, das wenig mit der Realität gemeinsam hat.

So wird in *Disclosure* beispielsweise davon berichtet, dass die Fälle von Körperverletzungen und Morden an Trans-Personen analog stiegen, nachdem im Fernsehen oder in Filmen gezeigt wurde, wie diese Opfer von Gewalt wurden. Es gab für Trans-Menschen nur selten einen Part, der nichts mit einer Opferrolle, Witzfigur oder gesellschaftlich weniger anerkannten Berufsgruppen zu tun hatte. Es waren auf der Leinwand auch keine Happy Ends für sie vorgesehen, und für jemanden, der*die niemanden in seinem Umfeld hat, der*die trans* ist, entspricht dieses Bild dann auch der Wahrheit. Für junge Trans-Menschen, die zu dem Zeitpunkt, als die jeweiligen Filme in die Kinos kamen oder im Fernsehen gezeigt wurden, noch gar nicht wussten, wer sie sind, da auch die Sprache lange noch nicht so inklusiv war wie heute, waren solche Darstellungen furchteinflößend. Man wusste noch nicht, wer man in Zukunft sein wird, aber man konnte darauf vertrauen, dass diese Zukunft nicht besonders schön werden würde, wenn man dem Bild glaubte, das die Medien skizzierten.

Ich bin in einer Welt aufgewachsen, in der es keine Schwulen gab. Heute weiß ich natürlich, dass das nicht der Wahrheit entspricht, aber als Teenager fühlte es sich so an. Niemand, den*die ich kannte, war offen schwul. Mein Umfeld war mehr oder weniger religiös. Ich ging auf eine christliche Privatschule, war Ministrant und moderierte – zur Überraschung aller – auch noch eine Fernsehsendung für Jugendliche auf dem Sender *Bibel TV*. Wir lernten nichts über Homosexualität in der Schule, weder im Sexualkunde-Unterricht noch in anderen Fächern. Wurde der Begriff verwendet, war es immer etwas ausschließlich Negatives. Eine Sünde, etwas Verbotenes oder eine verletzende Intention. Bis heute ist »schwule Sau« das Schimpfwort Nummer eins auf dem Schulhof, um andere zu degradieren. In all den Jahren benutzte mir gegenüber niemand das Wort in einem neutralen Kontext, geschweige denn positiv.

Sicherlich meinten meine Freund*innen es nicht böse, wenn sie mich danach fragten, ob ich schwul sei, aber warum war das überhaupt so wichtig? Und wie sollte sich diese Frage nach etwas Neutralem anfühlen, wenn alles, was ich darüber wusste, mir Angst machte? Ich musste mich ständig über meine sexuelle Orientierung äußern, alle anderen aber nicht. Nie wird über die Heterosexualität von irgendwem gesprochen. Man nimmt einfach an, alle wären heterosexuell, dementsprechend muss das nicht weiter thematisiert werden. Für alle anderen gilt: Du bist anders, also haben wir das Recht zu entscheiden, wie du behandelt wirst. Ich selber hatte nie das Gefühl, dass Menschen, die homosexuell sind, weniger wert sind als alle anderen. Aber die Welt, in der ich lebte, zeigte mir nicht, dass das eine Option war. Noch bevor ich überhaupt wusste, was dieses Wort bedeutete, musste ich schon mit der Frage umgehen, ob ich es war. Ich wurde so oft mit diesem Wort konfrontiert, dass es mir fast so vorkam, als würde mir die Entscheidung abgenommen. Während sich um mich herum erste Paare bildeten und das Thema Sex generell einen größeren Stellenwert in den Pausenhof-Gesprächen bekam, lehnte ich alles konsequent ab, was in diese Richtung ging. Ich wollte mich nicht damit beschäftigen, weil ich Angst hatte, dass ihre Vermutung stimmen könnte. Wenn ich wirklich schwul wäre, befürchtete ich, dass alles, was die anderen über mich sagten oder mir antaten, zu Recht geschehen würde. Ich hatte Angst davor, dass sie mich besser kannten als ich mich selbst.

Die Schublade, in die ich gesteckt wurde, war einfach zu groß. Alles, was ich tat, war irrelevant. Ich war immer nur »der Schwule«, »die Schwuchtel«, und egal, wie sehr ich mich anstrengte, mehr zu sein, sahen die Leute, die mich gar nicht wirklich kannten, nichts anderes in mir. Das gilt natürlich nicht für meine Freund*innen, aber gefühlt für jede andere Person in meinem Umfeld. Wie wenig Teenager in meiner Welt mit dem Schwulsein am Hut hatten, wurde mir bewusst, als ich bemerkte, dass meine sexuelle Orientierung Gesprächsthema an allen anderen Schulen im Landkreis war. Das alles führte dazu, dass ich nirgendwo hingehen konnte, ohne dass Menschen mich als »den Schwulen« kannten. Und für die meisten bedeutete das einen Freifahrtschein, um sich über mich lustig zu machen. Das erweckt jetzt den Eindruck, als wäre ich ein totaler Einzelgänger gewesen, aber das war ich nicht. Ich hatte die Wahl, ob ich die Realität so wahrnehmen wollte, wie sie augenblicklich war oder wie ich sie mir gewünscht hätte. Und ich entschied mich für Letzteres. Ich war stolz auf mich, denn ich hatte das Gefühl, ein regelrechter Star zu sein. Wen kümmerte es schon, warum die Leute redeten, aber sie redeten, und ich hatte noch nicht einmal etwas dafür getan. Diese Denkweise hat mir wirklich geholfen, das alles irgendwie bewältigen zu können. Gleichzeitig führte es mir vor Augen, dass ich unbedingt berühmt werden musste, um dieser Realität auch wirklich entfliehen zu können.

Als ich mir mal das Steißbein bei einem Autounfall gebrochen hatte und eine Weile mit Sitzkissen in die Schule kommen musste, wurde sich erzählt, dass ich mir die Verletzung beim Analverkehr zugezogen hätte. Ich wusste zu dem Zeitpunkt nichts über schwulen Sex, außer dass ich ihn niemals haben wollen würde, wenn dabei die Gefahr bestand, sich das Steißbein zu brechen. Auf die Frage, ob ich denn nun schwul sei, antwortete ich also immer mit Nein, und das meinte ich auch so. Jeder Gedanke in mir, der etwas anderes sagen wollte, wurde sofort im Keim erstickt, bevor er irgendwelche irreparablen Schäden hätte anrichten können. Was man an dieser Stelle vielleicht erwähnen sollte, ist die Tatsache, dass ich auch keinerlei schwule Dinge tat. Natürlich werden viele jetzt an die Barbie-Puppen, die Klamotten und die Theater-Ambitionen denken, aber das alles ist nicht schwul. Mag sein, dass die Gesellschaft das Stereotyp schwuler Mann mit all diesen Eigenschaften verbindet, aber die Wahrheit ist, dass das alles niemanden schwul macht. Es machte mich nur zu mir selbst, und das war es, was die Leute als anders wahrnahmen. Ich hatte nie einen Freund, verliebte mich in einen anderen Jungen oder lief herum und sagte den Menschen, ich würde auf Männer stehen. Auch wenn die wildesten Gerüchte darüber kursierten, stimmte kein einziges davon. Einmal wurde sich erzählt, meine Mutter hätte mich dabei erwischt, wie ich Sex in ihrem Bett mit irgendeinem Typen hatte. Den Typen hätte ich gerne mal gesehen, denn wenn man dem Gossip Glauben schenken wollte, war ich ja der einzige Schwule weit und breit. Das alles war so weit entfernt von mir, dass ich mich nie getraut hätte, auch nur ansatzweise daran zu denken. Und da merkte ich, dass es bei dem ganzen Mobbing und den Beleidigungen nie ums Schwulsein ging. Noch nicht. Es ging um mich. Der feminine Junge, der ich war, brachte mich immer wieder in diese unangenehmen Situationen. Auf der einen Seite fühlte ich mich erleichtert, denn das bedeutete, dass ich vielleicht doch mehr sein konnte als meine sexuelle Orientierung. Ich war nicht schwul. Das ist doch schon mal etwas Gutes. Die anderen hatten also nicht recht. Aber was war ich denn dann?

ALLES UNTER KONTROLLE

Die Selbstbestimmtheit, die ich aus dem Gespräch in Portugal mit meiner Mutter gezogen hatte, half mir zwar dabei weiter, mich wie die Person zu kleiden, die ich sein wollte, aber brachte mir nicht unbedingt Klarheit auf diese Frage – und so fiel ich wieder in alte Muster zurück. Ich betete nachts zu Gott und versprach ihm, ein guter Mensch zu sein, wenn er dafür sorgen konnte, dass ich bitte nicht schwul sei. An manchen Tagen betete ich dafür, dass ich als Mädchen aufwachen würde. Fast wie früher, als ich dachte, dann würde ich mit Barbie-Puppen spielen dürfen. Aber im Grunde hatte sich nichts geändert. Ich wurde für all die Dinge kritisiert, die bei Mädchen völlig in Ordnung waren. Vielleicht wäre ich ein besseres Mädchen geworden? Obwohl ich schon 16 Jahre alt war, hörte ich nicht auf, diese Gebete zu sprechen. Wenn ich Filme sah, identifizierte ich mich immer ausschließlich mit den weiblichen Charakteren. Ich imitierte ihren Gang und ihre Sprache, was mir das Gefühl gab, näher an die Person zu kommen, die ich sein wollte. Das half auf dem Schulhof zwar nicht unbedingt weiter, aber, hey, dafür konnte ich jeden Song von Sharpay aus *High School Musical* performen.

Irgendwann dachte ich, wahrscheinlich wäre ich trans*. Es musste so sein, denn ich fühlte mich wie ein Mädchen. Natürlich kannte ich die richtigen Vokabeln dazu noch nicht. Woher auch? Aber ich mochte ausschließlich Mädchen-Zeug, und jedes Mal wenn ich in den Spiegel schaute, war ich überrascht, dass ich nicht aussah wie eines. Auch das musste sich ändern. Ich begann, mir die Haare wachsen zu lassen und mir die Fingernägel zu lackieren. Ich wollte aussehen wie ein Rockstar und dachte, damit eine sichere Zone der Männlichkeit gefunden zu haben, mit der ich mich wohl fühlte und für die ich nicht verurteilt wurde. Schließlich wurden Rockstars gefeiert, obwohl sie Make-up tragen und Kostüme und lange Haare. Rock 'n' Roll war also ein Ort, an dem ich mich ausprobieren konnte.

Meine Haare wurden zwar länger, aber ich konnte nicht verhindern, dass mein Körper sich veränderte. Ich war ja schließlich immer noch ein pubertierender Junge, der langsam einen sichtbaren Adamsapfel bekam und breite Schultern. Je tiefer meine Stimme wurde, desto mehr musste ich mich mit dem Gedanken anfreunden, dass ich doch kein Mädchen werden würde. Aber ich tat alles, um mich solange es ging, in einem möglichst neutralen Zustand zu halten. Ich versuchte, alles um mich herum zu kontrollieren, vor allem mich selbst. Jeder Gedanke wurde geprüft, bevor er meinen Mund verließ. Ich begrüßte meine alten Freunde – die Zwänge – zurück in meinem Leben. Wusch mir die Hände wieder, bis sie blutig wurden, kratzte meine Kopfhaut auf und zählte jeden meiner Schritte. Wurde der Kontrollzwang zu viel, musste Ablenkung her. Schmerz. Ich begann, mir die Arme aufzuritzen. Nicht weil ich ein großer Fan von Schmerzen war, aber ich musste mir irgendetwas antun, um meinen Kopf von all den Fragen abzulenken, auf die ich keine Antwort hatte. Ich hörte auf zu essen, weil ich der Annahme war, ein dünner, androgyner Körper würde mich dem näherbringen, worum ich in meinen

Gebeten flehte, doch sie wurden nicht erhört. An manchen Tagen aß ich nur eine Mandarine oder einen Apfel. Die Pausenbrote, die ich früher so gerne mochte und die meine Mama mir jeden Tag mit in die Schule gab, verschenkte ich. Ich kaute permanent Kaugummi, um den Hunger zu stillen und den schlechten Atem zu überdecken, der durch das Nicht-Essen auftrat. Aß ich dann doch einmal mehr, bekam ich sofort ein schlechtes Gewissen. Ich brachte mich selbst zum Erbrechen, obwohl ich nichts mehr hasste, als mich zu übergeben. Ich benutzte meine Finger, aber eines Tages sah ich das *Stupid-Girls*-Video von P!nk, in dem sie Nicole Richie parodierte und zeigte, wie diese sich mit Hilfe einer Zahnbürste übergab. Das tat ich dann auch. Das Thema Selbstmord war wieder omnipräsent. Es schien immer meine Antwort zu sein, wenn ich nicht weiterwusste. Wenn es mir einmal nicht gelang, die Gedanken übers Schwulsein im Keim zu ersticken und ich mir Szenarien ausmalte, wie mein Leben auseinanderbrechen würde, dann war Suizid die einzige Option. Wenn ich also wirklich so sein sollte, wie alle anderen sagten, dann hätte ich immer noch selbst die Möglichkeit, es zu beenden. Diesen Gedanken hatte ich jeden einzelnen Tag.

Ich dachte, ich wäre gut darin, all diese Dinge zu verheimlichen, aber das war nicht so. Es fiel auf – meinen Freund*innen, meinen Lehrer*innen und natürlich auch meiner Mama. Wollte ich vielleicht sogar, dass es auffällt? Ich weiß es wirklich nicht. Eines Tages, als wir in meinem Zimmer über irgendetwas Belangloses sprachen, sah sie Kratzer auf meinem Arm und fragte mich besorgt, was passiert sei. Ich erzählte ihr, dass ich mit einem Hund gespielt hätte, der mich gekratzt hatte. Natürlich glaubte sie mir nicht und stellte mich zur Rede. Ich fühlte so etwas wie Erleichterung, endlich über all die Dinge sprechen zu können, die ich schon so lange mit mir herumtrug. Ich konnte aber nicht. Ich wollte so vieles sagen, aber redete mich nur raus, in der Hoffnung, dass meine Mutter lockerlassen würde. Aber das tat sie nicht. Ich wartete darauf, dass sie wütend werden und das Zimmer in ihrer üblichen »Dann mach doch bitte, was du willst!«-Manier verlassen würde. Ein Satz, den man ständig von seinen Eltern zu hören bekommt, aber abgrundtief hasst. Man will ja gar nicht tun, was man will. Man will, dass beide das Gleiche wollen und dass die andere Person versteht, warum man das will. Aber all das passierte nicht. Sie sah mich weiterhin besorgt an. Ihre Stimme war ruhig und beschützend, und sie fragte mich, was los sei. Sie warnte mich, dass so etwas nicht gut sei, und sagte, dass ich doch über alles mit ihr reden könnte. Ich erzählte ihr davon, dass ich mir die Schnitte mit einer Schere zugefügt hatte und dass ich mich regelmäßig übergab. Was folgte, war ein langes Gespräch, das mir einmal mehr zeigte: Ich steckte meine Mutter in meinem Kopf in ein Szenario, in dem ihre Handlungen gar nicht zu der Person passten, die sie eigentlich war. Nur weil sie manchmal das Falsche sagte, bedeutete das nicht, dass sie nicht mein Bestes im Sinn hatte. Aber so etwas begriff ich immer erst, nachdem ich mich ihr anvertraute. Sie bat mich, ihr zu versichern, solche Dinge nicht mehr zu tun, und ich sagte ihr, dass ich es nicht versprechen könnte, aber dass ich es versuchen würde.

In solchen Momenten kommen verschiedene Belastungsfaktoren zusammen. Einerseits bist du aufgewühlt von den Fragen, die dich beschäftigen, andererseits kannst du dich ihnen gar nicht wirklich stellen, weil dir die Energie dazu fehlt. Man kann nicht herausfinden, wer man ist, wenn man nur eine Mandarine am Tag isst. Und ich wünschte mir, ich wäre mutig genug gewesen, mich schon früher meiner Mama anzuvertrauen. Heute würde ich das tun.

Ich weiß nicht genau, wie lange der Gedanke, dass ich trans* sein könnte, mich wirklich beschäftigte, aber ich weiß, dass er mich bis zu dem Zeitpunkt, als ich anfing, dieses Buch zu schreiben, immer wieder begleitete. Wenn ich im Leben an einen Punkt kam, an dem man mir das Gefühl gab, kein richtiger Mann zu sein, was auch immer das bedeutete, wollte ich niemandem beweisen, dass ich es doch war, sondern dachte nur: Vielleicht haben sie recht. Vielleicht bin ich doch trans*. Als ich zum ersten Mal begriff, dass es noch andere Optionen gab als das binäre Gender-System, sah ich eine Dokumentation über das androgyne Model Andreja Pejić und fühlte mich total angesprochen. Zu sehen, wie sie noch als Andrej völlig furchtlos ein Kleid trug und dabei so wunderschön war, zeigte mir, dass ich das auch wollte. Auch wenn Andrej heute als Andreja lebt und ihre Trans*-Erfahrung öffentlich machte, haben die Interviews, in denen sie über die Wahrnehmung von Gender spricht, meinen Horizont erweitert. Mir wurde klar, dass es sich dabei um ein ganzes Spektrum handelt und es nicht nur zwei Richtungen gibt, zwischen denen ich mich entscheiden musste. Kleidung, Haare, Make-up – das alles sind nur Äußerlichkeiten, machen dich aber nicht mehr oder weniger zu einem Mann. Du kannst auch ein Mann sein, der sich in Klamotten, die ursprünglich mal für Frauen designt wurden, wohl fühlt. Gibt es so etwas wie Frauen-Klamotten überhaupt? Wer entscheidet das? Ich lebe nach dem Prinzip: Wenn ich mir darin gefalle, dann ist es auch für mich gemacht! Keine Frauen-Klamotten, keine Männer-Klamotten, nur noch Riccardo-Klamotten!

RÜCKENDECKUNG

Umso mehr ich über das Thema zu lernen begann, desto besser konnte ich auch für mich einstehen. Wissen ist Macht – da ist wirklich etwas dran. Ich entwickelte einen starken Gerechtigkeitssinn und wollte es nicht länger hinnehmen, dass bestimmte Dinge nicht fair abliefen. Ich traute mich, Fragen zu stellen, die manche als provokant wahrnahmen. So sprach ich im Religionsunterricht offen an, dass ich es nicht verstehen würde, warum die Kirche ein Problem mit Schwulen hätte. Ob das für meine Klassenkamerad*innen ein Hinweis sein könnte, dass sie recht hatten? Das war mir egal. Ich wurde zum Schulsprecher gewählt, was das Mobbing nicht beendete, aber mir zumindest mehr Selbstbewusstsein gab, damit umzugehen.

Ich erinnere mich daran, wie mein Sportlehrer mich einmal nach der Stunde zu sich ins Büro bat und mich aufforderte, weniger mädchenhaft zu sein, da ich ja bemerken würde, wie die anderen Jungs auf mich reagierten. Als wäre ich schuld! Ich war das Problem, nicht sie. Das war die Message, die bei mir ankam. Das machte mich so wütend! Ich bemerkte, dass ich eine zittrige Stimme bekam, so als wäre ich im Begriff, gleich zu weinen, und das war ungefähr das Letzte, was ich in dem Moment wollte, aber ich sagte trotzdem etwas.

»Finden Sie nicht, dass Sie das Gespräch lieber mit meinen Mitschülern führen sollten? Ich habe schließlich nichts getan, was jemand anderen verletzt.«

Ich hatte den Eindruck, er hatte damit gerechnet, dass ich so etwas sagen würde, und erklärte mir, dass es aber nun mal einfacher sei, mit mir alleine zu sprechen als mit der ganzen Klasse. Auch wenn ich es kaum glauben konnte, verstand ich, was er mir sagen wollte. Ich bin mir sicher, er meinte es nicht böse, aber was sollte mir diese Situation über unsere Gesellschaft beibringen? Es ist leichter, ein Individuum zu korrigieren, das stört, als die Dynamik zu hinterfragen, die dem Ganzen überhaupt einen Raum gibt. So war das immer, wenn ich in einem reinen Jungs-Umfeld war, wie das im Sportunterricht der Fall war. Es wirkte dann so, als wäre ich der Störenfried. In dieser Zeit habe ich wirklich zu schätzen gelernt, was meine Freundinnen für mich taten. Waren diese nämlich im selben Raum, war ich plötzlich nicht mehr alleine. Sich für andere Menschen einzusetzen – vor allem für seine Freund*innen – war nie etwas, das ich als Selbstverständlichkeit wahrgenommen hätte, aber sie beschützen mich. Und ich war regelrecht auf ihren Schutz angewiesen. Hätten sie sich nicht auf meine Seite gestellt, wären so viele schlimmere Dinge passiert. Ich erinnere mich an eine Klassenfahrt, auf der kein Junge mit mir in einem Zimmer schlafen wollte – denn schließlich galt ich ja als schwul, und sie fürchteten, ich könnte mich an ihnen vergehen. Daraufhin sagten meine Freundinnen, ich sollte einfach bei ihnen auf dem Zimmer übernachten. Natürlich war das gegen die Vorschriften, aber selbst unsere Lehrer*innen begriffen, dass es wohl das Beste wäre.

Je mehr ich über mich selbst lernte, desto wichtiger wurde es, mich ihnen mitzuteilen. Ich konnte von ihnen nicht erwarten, dass sie alles richtig machten, wenn ich meine Vorstellungen nicht kommunizierte. Als ich anfing, ihnen zu erzählen, wie verletzend ich bestimmte Situationen empfand, konnten sie auch die Freundinnen sein, die ich brauchte. Wir glauben oft, dass die Menschen, die uns am nächsten stehen, automatisch wissen sollten, was der richtige Umgang mit uns ist, aber das geht nur, wenn wir auf unsere Bedürfnisse aufmerksam machen.

Was ich besonders schön fand, war zu sehen, wie loyal meine Freundinnen waren, wenn es darum ging, wer ihr Freund sein würde. Hatte ein Junge Interesse an einer von ihnen, führte das Gespräch immer früher oder später zu mir. Zu erfahren, wie ihr potentieller fester Freund über mich sprechen würde, war ein Kriterium für sie zu entscheiden, ob sie ihn weiter treffen würden. Das fand ich unglaublich selbstlos. Sie waren einfach der Meinung, dass jemand, der mich aufgrund der Gerüchte, die über mich kursierten, schlecht behandeln würde, nicht der Richtige für sie wäre. Und sie hielten sich daran. Wenn mal einer dabei war, der anfangs doch seine Vorurteile hatte, wurde so lange mit ihm über das Thema gesprochen, bis er aufgeklärt genug war. Und wenn er es nicht sein wollte, dann habe ich die Beziehung auch daran zerbrechen sehen. Natürlich waren wir Teenager und die Verbindungen nicht immer sehr ernst, aber zu sehen, dass mein Wohlbefinden für sie so wichtig war, gab mir das Gefühl, geliebt zu werden. Und das wiederum brachte mir bei, mich selbst auch mehr zu lieben.

An einem Punkt überlegte ich auch, ob ich Testosteron-Blocker nehmen sollte, um zu verhindern, dass die männliche Pubertät weiter fortschreitet. Ich hoffte, dadurch einen kleinen Vorsprung im Wettlauf gegen die Zeit zu bekommen. Ein Jahr, vielleicht auch nur noch ein paar Monate, um herauszufinden, wer ich war. Mehr brauchte ich nicht. Ich wollte vielleicht gar keine Frau sein, aber ich wusste einfach noch nicht, wie ich ein Mann sein konnte.

Ich möchte nicht einzig und allein den Medien die Schuld geben, aber hätte ich mehr TV-Beiträge gesehen wie die Dokumentation über Andreja Pejić, dann hätte ich mehr gehabt, um mich identifizieren zu können. Ich glaube, der Einfluss der Medien wird oft unterschätzt, weil das Dargestellte für den Großteil der Gesellschaft funktioniert, aber für mich tat es das nicht. Die einzigen schwulen Männer, die ich im Fernsehen sah, waren Bruce Darnell und Dirk Bach. Beides total tolle Männer, aber für mich als Teenager nicht unbedingt Identifikationsfiguren, die mir Antworten auf meine pubertären Fragen geben konnten. Klar, sie waren schwul, und das auch offen, aber es wurde nicht darüber gesprochen. Zumindest erreichte mich das damals nicht.

Es war nie politisch, immer nur unterhaltsam. Das ist zum einen ja schön – nicht jeder Schwule muss eine politische Funktion einnehmen, vor allem wenn er als Entertainer arbeitet –, aber für jemanden auf dem Dorf wie mich gab es keine andere Form der Identifikation. Wohl deshalb ist es mir heute so besonders wichtig, immer und überall sichtbar zu machen, wer ich bin. Um den Menschen, die sich so fühlen wie ich, zu zeigen, dass sie nicht alleine sind. Dass dies einen Unterschied macht, der vieles verändern kann, habe ich schließlich selbst erleben dürfen.

ANNA SIMONETTI

MEIN GLITZER-JUNGE

»Ich bin schwul, Mama!« Diesen Satz habe ich in unserem
Portugal-Urlaub nicht von meinem Sohn gehört. Er musste
ihn aber auch nicht aussprechen. Für mich stand es fest, als
er mir eben keine eindeutige Antwort darauf geben konnte.
Und ich empfand diese Erkenntnis als Erleichterung. Es
war ja auch nicht so, als hätte sich jemand, der als größter
Frauenheld der Stadt galt, auf einmal dazu bekannt, dass er
eigentlich auf Männer steht. Eher war ich seit Jahren dauernd und von allen Seiten mit dieser Vermutung konfrontiert, dass ich froh war, als die Fragezeichen verschwunden
waren. Solange mir nicht so richtig klar war, was los ist, habe
ich immer versucht, ihn in eine Richtung zu drängen, die gar
nicht seine war. Ich dachte, es wäre meine Aufgabe als Mutter, ihn zu lenken – so wie ich es aus meiner eigenen Erziehung kannte. Auch wenn ich vieles von dem, wie mein Vater
mit uns umging, nicht als richtig empfand, so merkte ich
doch, wie sehr ich selbst als erwachsene Frau es doch verinnerlicht hatte. Und ich mich erstmal davon lösen musste, um
die Mutter sein zu können, die ich sein wollte.

Als Kind habe ich selbst nicht den vorgefertigten Erwartungen entsprochen, und schon gar nicht der Idee meines Vaters,

wofür sich ein Mädchen interessieren sollte. Ich war total fußballbegeistert und bin es bis heute, aber daran, selbst zu spielen, war gar nicht zu denken, zu der Zeit gab es auch noch keine Mädchenmannschaften. Und erlaubt hätte es mein Vater sowieso nie. Um mir ein Spiel auf dem kleinen Fußballplatz in der Ortschaft ansehen zu dürfen, musste ich jedes Mal kämpfen. Und wenn er mir wirklich mal erlaubte, am Sonntag zum Fußballschauen zu gehen, dann entließ er mich mit der Drohung: »Ich komme und sehe nach, mit wem du dort bist!« Wehe, wenn er wirklich kam und ich da mit Jungen zusammenstand! Dann gab es Hausarrest, oder ich durfte für lange Zeit gar nicht mehr auf den Fußballplatz. Seine Regeln durchzusetzen war ihm extrem wichtig. Irgendwann hatte ich einen heimlichen Schwarm, einen Italiener, der bei uns in Bischofswiesen Fußball gespielt hat. Aber es blieb ein Anhimmeln aus der Ferne, ich hätte mich nie getraut, einen Schritt auf ihn zuzumachen – wegen meinem Vater, aber auch wegen der Unsicherheit, die er mir beigebracht hatte.

Als Mädchen mochte ich viele Dinge nicht, die meine Geschlechtsgenossinnen gut fanden, sondern lieber die Sachen, die als »Jungsspiele« galten. Und trotzdem konnte ich es später als Mutter nur schwer akzeptieren, wenn mein Sohn sich gegen die Dinge wehrte, die unsere Gesellschaft für ihn im Sinn hatte. Wenn er mit seiner zwei Jahre jüngeren Cousine Sarah zusammen war, dann beschäftigte er sich mit den Puppen, sie sich mit den Autos auf dem Spielteppich. So war es immer. Dennoch kaufte ich für ihn die Spielzeug-Feuerwehr und das Polizei-Einsatzfahrzeug mit der dröhnenden Sirene, weil ich der Meinung war: Der Junge braucht das! Er spielte auch damit, aber sein Herzenswunsch war eben seine Barbie.

So wie mein Vater ganz klare Vorstellungen davon hatte, was sich für ein Mädchen gehört und was nicht, war auch ich nicht frei davon. Typisch Junge, typisch Mädchen – diese Bilder haben wir alle verinnerlicht, wie sehr, das merken wir oft gar nicht. Heute erinnere ich mich, dass in den Schuhgeschäften, die ich leitete, ausnahmslos alle kleinen Kinder erstmal auf die glitzernden, pinkfarbenen Gummistiefel zuliefen, wenn sie mit ihren Eltern in die Läden kamen und sie gefragt wurden, welche ihnen am besten gefielen – auch die Jungs. Erst durch Mama und Papa, die diese für sie ganz offensichtliche Fehlentscheidung milde belächelten, wurde den Jungs dann vermittelt, dass sie doch die dunkelblauen schöner zu finden haben. Viel schöner! »Nein, das ist ein Mädchen-Schuh, den kann ich dir nicht kaufen«, hieß es dann. Warum das so sein sollte und wer das festlegte, das erklärte den Kindern allerdings niemand. Auch ich habe damals so reagiert wie wohl die meisten Eltern, denn ich wollte nicht, dass die Leute komisch gucken oder mein Sohn im Kindergarten ausgelacht wird. Und habe es eben so gemacht, wie es alle machen, mich für die blauen Gummistiefel entschieden – auch wenn es dann Tränen gab. Für Eltern ist das oft schwierig: Lässt du jetzt dein Kind so sein, wie es ist, oder versuchst du, es zu beschützen – und damit auch dich selbst, weil du von den anderen Eltern und von deinem Umfeld kritisiert wirst? Ich habe oft erlebt, dass Leute mich darauf angesprochen haben, wie ich Riccardo bloß so rumlaufen lassen kann.

Darum ging ich oft den Weg des geringsten Widerstands, obwohl ich doch selbst so gut nachfühlen konnte, was in meinem Jungen vorging. Heute erscheint es mir fast naiv, aber ich habe wirklich geglaubt, Eltern hätten darauf einen Einfluss, wovon sich Kinder angezogen fühlen. Ich dachte, es sei ihre Aufgabe, ihnen traditionelle Rollenbilder zu vermitteln, wenn sie davon abwichen. Nicht weil sie mir selbst wichtig gewesen wären, aber weil auch ich mich – wie meine eigenen Eltern – abhängig davon machte, was die Menschen in unserem Umfeld über uns dachten.

Was ist so schlimm daran, dass er anders ist als die anderen? Und was bedeutet überhaupt *anders*? Wer bestimmte, was normal war? Diese Fragen habe ich mir immer öfter gestellt. Wieso sollte Riccardos sexuelle Orientierung für mich als Mutter überhaupt so wichtig sein? Bei meiner Tochter hat es mich nie interessiert, welche sexuellen Vorlieben sie hat, warum sollte es bei meinem Sohn so ein großes Thema sein? Was macht es für einen Unterschied, ob er einen Jungen mag oder ein Mädchen? Die eigene Sexualität ist so etwas Intimes, und das sollte sie auch für jeden bleiben. Das musste ich mir in dieser Zeit oft bewusst machen. Dass ich ihn nicht mehr gern haben könnte, nur weil er schwul ist, das wäre undenkbar gewesen, auch wenn ich mich erstmal an den Gedanken gewöhnen musste. Von dem Moment, als es für mich klar war, konnte ich anfangen zu lernen, damit umzugehen. Und ich habe mich gefragt: Was ändert das? Meine Gefühle für ihn bleiben doch die gleichen. Es macht keinen anderen Menschen aus ihm, er ist immer noch mein Kind. Durch diese Erkenntnis hatte ich mehr denn je das Bedürfnis, als Mutter an seiner Seite zu sein. Damit konnte ich ihm Sicherheit geben. Aber was ich nicht konnte, war, all seine inneren Kämpfe aufzulösen. Ich konnte ihn nicht von dem Druck von außen befreien, von seiner inneren Anspannung, ihm die Suche nach der eigenen Identität nicht abnehmen, ihm nur signalisieren: Ich bin für dich da, wenn du mich lässt!

Unsere gemeinsame Reise hat viel verändert. Aber zurück im Alltag, schlichen sich wieder alte Muster ein. Auch wenn Riccardo mich nun im Rücken wusste, so lösten sich seine Probleme damit nicht einfach so in Luft auf. In der kommenden Zeit gab es Phasen, in denen er sehr mit sich selbst beschäftigt und viel für sich in seinem Zimmer war. Aber ich verbrachte auch meistens den ganzen Tag in der Arbeit, es waren immer nur ein paar Stunden am Abend, in denen wir zusammen waren. Wenn er sich zurückzog und mehr in sich gekehrt war, als ich ihn sonst kannte, dann dachte ich, es läge daran, dass ich zu wenig Zeit für ihn habe. Ich habe ihn oft als Träumer empfunden, der in seiner Welt lebte, aber es war nicht so, dass er ständig traurig war. Doch dass er Sorgen hatte, konnte er immer weniger vor mir verstecken – besonders weil ich nach unserem Gespräch in Portugal eine ganz andere Aufmerksamkeit dafür hatte.

Wenn ich um 19 Uhr heimkam, standen oft die Reste vom Vorabend, die er sich hätte aufwärmen können, noch auf dem Herd. Aber er sagte dann immer: »Du, Mami, ich hab schon ein Brot gegessen und hatte keinen Hunger mehr.« Das habe ich ihm anfangs auch geglaubt, denn ich hatte ja zunächst keinen Verdacht, dass etwas nicht stimmte. Mir kam es erst gar nicht in den Sinn, das anzuzweifeln, und vertraute ihm.

Als Kind war er ein bisschen pummeliger, und der Arzt hatte mir geraten, mit seinem Gewicht aufzupassen. Wir haben seitdem alle gemeinsam darauf geachtet, dass er nicht so viel und auch nicht so ungesunde Sachen isst. Dass er nicht groß zunehmen sollte, war daher immer ein Thema bei uns. Weil ihm das Essen in der Schule nicht schmeckte, gab ich ihm meist seine Brotzeit mit. Am Wochenende oder in den Ferien, wenn ich mal den ganzen Schulrucksack gewaschen habe, fand ich regelmäßig eine Box, in der alles verschimmelt war, da habe ich dann geschimpft, dass er die Dose nicht rausnahm. Aber irgendwann bemerkte ich schon, dass er zu dünn war.

Natürlich habe ich es als Warnsignal gedeutet, aber nicht unbedingt eine Essstörung dahinter vermutet. Für mich war es eher Ausdruck dafür, dass er eine schwierige Zeit durchmachte. Es fällt mir schwer zu erklären, warum ich nicht gleich Alarm schlug. Aber ich verband vieles mit seinem Hang zu Extremen, den er immer hatte. Für ihn gab es einfach nie ein Mittelmaß. Ich habe nicht geahnt, in welcher seelischen Not er war, sondern mir seinen Gewichtsverlust damit erklärt, dass er in allem so exzessiv war. Ich kannte von ihm keine Zwischentöne, keine Graustufen. Er war extrem, in jeder Beziehung, immer bis zum Anschlag. Das fiel mir schon auf, als er zwei Jahre alt war. Jedes Auto konnte er erkennen: Toyota, Mitsubishi, BMW. Als es dann mit den Dinosauriern losging, wusste er bald jeden Namen: Tyrannosaurus Rex, Velociraptor, Triceratops, Brachiosaurus, Gallimimus, Dilophosaurus, Parasaurolophus – er kannte sie alle, hatte jedes Detail über sie inhaliert und abgespeichert. Er hat sich auf ein Thema eingeschossen, und wenn er alles darüber gelesen und aufgesogen hatte, dann kam das nächste. Später waren es seine Serien, die in Dauerschleife liefen, er war wie besessen von dem jeweiligen Thema, das ihn beschäftigte. Beim Sport war es nicht anders: Er machte entweder gar nichts oder trainierte wie ein Verrückter. Bücher, die er mochte, las er immer wieder – bis er sie fast auswendig konnte. Seine Lieblingslieder liefen auf Repeat – stundenlang. Und so war es für mich auch klar, dass er – wenn er abnehmen wollte – es nicht nur ein bisschen täte, sondern radikal.

Wie tief seine Verzweiflung wirklich war, habe ich erst erkannt, als ich eines Tages frische Kratzer auf seinem Unterarm gesehen habe, als ihm die Ärmel seines Pullovers hochrutschten. Das hat mich wahnsinnig betroffen gemacht. Als ich ihn direkt darauf ansprach, wand er sich erst mit einer Ausrede heraus. Aber ich ließ nicht locker, und schließlich gestand er ein, dass er sich die Verletzungen selbst zugefügt hatte. Er sagte mir, der Stress in der Schule sei so groß, alles wäre gerade zu viel. Ich habe ihm erklärt, dass es kein Ausweg ist, auf diese Weise den inneren Druck loszuwerden, ihm gut zugeredet, dass er mir doch alles sagen kann. Dabei sind mir die Tränen gekommen. Mich traurig zu sehen war für Riccardo immer schwer auszuhalten. Und als er bemerkt hat, wie erschüttert ich war, dass er sich selbst verletzte, hat das etwas mit ihm gemacht. So wie er mich danach ansah, war ich mir sicher, dass er es nicht nochmal tun würde. Zum Glück war es noch in den Anfängen und die Kratzer auch nur ganz leicht an der Hautoberfläche, sodass wir es noch auffangen konnten, bevor es sich manifestierte. Aber dennoch habe ich es sehr ernst genommen und es als das verstanden, was es war: als Hilferuf! Mir war klar, dass ich mir mehr Zeit für ihn nehmen, wieder intensiver auf ihn eingehen musste. Wenn ich ihm die Chance gab, sich zu erklären, dann ließen sich viele Dinge lösen, und er öffnete sich mir gegenüber auch wieder.

MÖCHTEST DU EIN MÄDCHEN SEIN?

Ich spürte seine Zerrissenheit, ahnte, dass er auf der Suche war, wer er eigentlich war. Doch weil alle, die ihm begegneten, ihn eifrig in irgendwelche Schubladen sortierten, wurde es ihm nur schwerer gemacht, eine Antwort darauf zu finden. Und auch für mich als seine Mutter wäre es leichter gewesen, benennen zu können, was ihn unterschied – so als ließe sich das allein durch die sexuelle Orientierung erklären! Also machte ich mit und hielt vorgefertigte Antworten für ihn parat. Nach Portugal kam mir irgendwann der Gedanke, ob er vielleicht lieber ein Mädchen sein möchte. Doch als ich ihn darauf ansprach, sagte er: »Nein, ich bin stolz, ein Junge zu sein!« Er wollte auch nicht in Frauenkleidung herumlaufen, sondern der Junge sein, der er war. Ein Glitzer-Junge.

An dem Punkt wurde mir bewusst, wie wenig ich mich mit dem ganzen Thema auskannte. Wenn ich überhaupt mal damit in Berührung kam, dann war es im Fernsehen. Lange kannte ich noch nicht einmal den Unterschied zwischen homosexuell und trans*. Riccardo hat mich auch immer wieder aufklären müssen, welche vielfältigen Facetten Sexualität haben kann. Er verbessert mich bis heute, wenn ich bei jemandem, der*die trans* ist, unachtsam bin und das falsche Personalpronomen verwende. Dann sagt er: »Du siehst doch, dass es eine SIE ist und kein ER!« Da ich in ihm einen strengen Lehrer habe, der mich darauf hinweist, wenn ich mich vertue, gehe ich inzwischen auch viel sensibler damit um.

Seine Freundin Alex war für mich der erste direkte Berührungspunkt mit einer Trans-Person. Und Riccardo erklärte mir, dass sie von klein auf gespürt hatte, dass sie ein Mädchen ist und kein Junge, was bei ihm eben nie der Fall war. Heute verstehe ich das. Aber als ich mich zum ersten Mal damit auseinandersetzte, da dachte ich, wenn er sich so weiblich gibt, dann möchte er vielleicht tatsächlich eine Frau sein. Mit meinen Fragen wollte ich ihm signalisieren, dass es keine Geheimnisse mehr geben sollte. Ich glaubte, wenn ich ihn direkt damit konfrontierte, wäre es vielleicht leichter, es sich einzugestehen.

Wenn wir über diese Dinge sprachen, merkte ich jedes Mal, wie stark mich meine Kindheit bis ins Erwachsenenalter geprägt hat. Bei uns zuhause wurde das Thema Sexualität ausgeblendet, es fand einfach nicht statt. Und dass über gleichgeschlechtlichen Sex oder verschiedene Gender-Identitäten gesprochen worden wäre – vollkommen undenkbar! Selbst im Teenageralter wusste ich noch nicht, dass es so etwas überhaupt gibt. In der bayerischen Gemeinde, in der ich aufwuchs, gab es weit und breit niemanden, der seine Homosexualität offen gelebt hätte. Die sexuelle Revolution der 60er war im Berchtesgadener Land einfach nicht angekommen – und ist es bis heute nicht. Und besonders bei uns daheim war von Freizügigkeit nichts zu spüren. Dass ich meinen Vater mal in Unterhose gesehen hätte oder meine Mutter ohne BH, so etwas gab es bei uns nicht. Meine Schwestern und ich wurden nie von unseren Eltern aufgeklärt. Und bis heute fällt es mir schwer, offen über solche Themen zu sprechen.

Für mich wurde alles viel leichter, als es endlich ausgesprochen war: »Ich bin schwul!« Danach erst konnte ich anfangen, mich mit der Sache auseinanderzusetzen und damit umzugehen. Wenn man im Ungewissen ist, dann neigt man dazu, sein Kind in die Richtung zu drängen, die eher der Norm entspricht. Als es mir bewusst war, habe ich es nicht mehr versucht. Und ihm geglaubt, wenn er gesagt hat: »Man kommt als der Mensch auf die Welt, der man eben ist. Eltern können ihren Kindern vielleicht anerziehen, dass sie mit Puppen oder Autos spielen sollen, aber niemals, wer sie wirklich sind.«

RICCARDO SIMONETTI

DAS WICHTIGSTE COMING-OUT IST DAS VOR DIR SELBST

Wenn ich heute über das Anderssein in Verbindung mit meiner sexuellen Orientierung spreche, fühlen sich viele auf den Schlips getreten, weil sie der Auffassung sind, Homosexualität würde nie in der Mitte der Gesellschaft ankommen, wenn man sie immer auf ein Podest hebt. Ich glaube nicht, dass homosexuell zu sein einem Menschen einen anderen Wert zuschreibt, aber dennoch sind die Erfahrungen, die man macht, anders als die von Heterosexuellen. Diesen Gedanken kann man natürlich auch auf alle anderen Gruppen beziehen. Menschen, die eine andere Hautfarbe haben, machen ja auch andere Erfahrungen – als Minderheit in einer weißen Welt. Dabei spielt es kaum eine Rolle, wie offen und tolerant das Umfeld ist, in dem man aufwächst. Man kann die tollsten Eltern, Lehrer*innen und Freund*innen haben, die einem bestimmt so einiges erleichtern können, aber am Ende lebt man doch in einer heteronormativ geprägten Gesellschaft, und solange die keinen Platz schafft für Menschen, die nicht dem Mehrheitsideal entsprechen, wird man anders geprägt.

Klopft bei einem Jungen die Sexualität an, so wird davon ausgegangen, er sei heterosexuell. Das kriegt man so beigebracht. In der Schule, im Fernsehen, in der Werbung, so gut wie überall. Es geht immer um Prinz und Prinzessin. Junge und Mädchen. Mann und Frau. Natürlich ändert sich vieles, und gerade in Serien und Filmen wird mehr Platz für queere Protagonist*innen geschaffen, aber dennoch ist es immer noch eine Ausnahme. Bleiben wir beim Thema Pubertät: Das Entdecken der eigenen Sexualität ist oft mit vermeintlich peinlichen Momenten behaftet, da spielt es erstmal keine Rolle, welche sexuelle Orientierung man hat. Ist man aber hetero oder glaubt, es zu sein, wird einem*einer kein zusätzlicher Stein in den Weg gelegt. Man lernt, wie Beziehungen zwischen Mann und Frau aussehen können. Entweder aus den Medien oder von der eigenen Familie. Hat man keine gleichgeschlechtlichen Paare in seinem Umfeld, ist es viel schwieriger, sich vorzustellen, wie eine schöne, positive Zukunft für eine*n aussehen könnte, wenn man eben nicht hetero ist.

Möchte sich ein pubertierender, heterosexueller Teenager ein Porno-Heft kaufen, kann er das überall tun. An jeder Tankstelle, in jedem Zeitschriften-Kiosk, jedem Supermarkt wird er fündig werden. Bestimmt ist es ihm auch unangenehm, es an der Kasse zu bezahlen. Aber er muss sich nicht davor fürchten, dass das, was er anziehend findet, für andere fremd ist, denn schließlich ist Heterosexualität ja die Norm. Nach dem Kauf kann er es vielleicht sogar herzeigen und darüber mit seinen Freund*innen reden. Hat man eine sexuelle Frage, kann man mit Eltern oder Lehrer*innen sprechen, die werden sicher eine Antwort darauf wissen, denn sie haben es schließlich auch schon durch.

Als schwuler Junge ist das nicht so. In den seltensten Fällen kannst du mit jemandem sprechen, der*die dir nahesteht und genau weiß, was du gerade durchmachst. Du kannst empathische Eltern haben, aber trotzdem ist da immer noch der Konflikt, den du mit dir selber ausmachen musst. Anders als Heteros siehst du das, was du möchtest, nicht überall repräsentiert. Und wenn du etwas über schwulen Sex wissen willst, dann kannst du nicht unbedingt in jeden Dorf-Supermarkt gehen und dort ein Heftchen kaufen, das sich dem widmet. Findest du doch eines und möchtest es aus Neugierde kaufen, ist das immer direkt wie ein Coming-out dem*der Kassierer*in gegenüber. Schwulen-Pornos auf dem Schulhof zu zeigen und zu hoffen, die anderen Jungs würden genauso reagieren, als würde jemand ein Hetero-Porno-Magazin mitbringen, ist auch eher unwahrscheinlich. Egal, in welchen Bereich man geht, normalerweise gibt es keinen Applaus, wenn man merkt, dass man schwul ist. Vor allem nicht von einem selbst. Dafür muss man nicht so viel Homophobie erlebt haben wie ich, aber das spielt auch keine Rolle, hetero ist die Norm – und wo man hinguckt, wird man auch daran erinnert. Das, was Heteros von Homosexuellen und den anderen Mitgliedern der LGBTQIA*-Community unterscheidet, ist also nicht die sexuelle Präferenz, sondern der Moment der Erfahrung, wenn sich einem diese offenbart. Keine heterosexuelle Person muss jemals Angst davor haben, aufgrund ihrer Sexualität verurteilt zu werden.

Ich empfinde es heute als das größte Privileg in meinem Leben, schwul zu sein, weil es mich gezwungen hat, mich mindestens einmal im Leben der Frage zu stellen, was mir wichtiger ist: ich selbst oder mein Umfeld. Die Gesellschaft ermutigt eine*n nicht zum Coming-out, traut man sich trotzdem, entscheidet man sich für einen eigenen Weg. Das ist etwas, das in jedem Fall bekräftigend sein wird, auch wenn es nicht immer danach aussieht. Jede*r Einzelne meiner queeren Freund*innen musste diesen Dialog mit sich in jungen Jahren führen, und das bringt eine gewisse Art der Reflexion, die bei Menschen, die sich mit solchen Fragen erst später im Leben beschäftigen, eben auch erst an diesem Punkt eintritt. Dasselbe gilt natürlich für jede Person, die das Gefühl vermittelt bekommt, anders zu sein. Musst du dich für eine Seite entscheiden, macht das immer etwas mit dir, ob du es möchtest oder nicht.

Ich bin in einem Frauen-Haushalt aufgewachsen und war somit ständig umgeben von weiblicher Energie, aber auch von nackten Frauenkörpern. Meine Mutter, meine Schwester, meine Cousinen, Tanten, ja sogar mal meine Großmutter. Alle habe ich sie nackt gesehen, ob ich es wollte oder nicht. Ein unbekleideter weiblicher Körper hatte für mich etwas Selbstverständliches, sodass ich nicht jedes Mal vom Hocker flog, wenn ich im Fernsehen oder in der Werbung eine halbnackte Frau gesehen habe – anders als meine gleichaltrigen Geschlechtsgenossen. Das Ganze ging sogar so weit, dass meine Freundinnen sich permanent vor mir auszogen und nackt vor mir herumliefen. Ist man ein rebellierender Teenager, gibt es nicht so viele Möglichkeiten, sich ein Piercing oder ein Tattoo zuzulegen, ohne dass die Eltern eine*n erwischen. Das führte dazu, dass es mehr Mädchen in meiner Klasse gab, die ein Nippel- oder Intim-Piercing hatten, als nicht. Und ich durfte die meisten davon zu sehen bekommen. Wahrscheinlich spürten meine Freundinnen, dass von mir keinerlei sexuelles Interesse ihnen gegenüber ausging.

Den Gedanken, den ich meiner Mutter im Portugal-Urlaub anvertraute, vertrat ich nun auch nach außen hin. Ich erzählte den Leuten, dass ich mich mit dem Label »schwul« einfach nicht identifizieren konnte, dass ich mich irgendwann mal in einen Menschen verlieben wollen würde, mir das Geschlecht dieser Person aber egal sei. Durch das Zulassen dieser Vorstellung schuf ich mir selber einen neutralen *Safe Space*, in dem ich mich damit anfreunden konnte, nicht hetero zu sein. Heute wünschte ich mir manchmal, ich wäre schneller auf den Trichter gekommen, dass ich schwul bin, aber ich brauchte die Zeit – und diesen Zwischenschritt –, um sowohl mich als auch mein Umfeld daran zu gewöhnen. Außerdem fühlte es sich in dieser Phase für mich auch wirklich so an. Das sollte sich aber schon bald ändern.

NACKTE TATSACHEN

Wie bereits erwähnt, war ich also permanent von Frauen umgeben, und es löste in mir nichts aus. Während alle um mich herum munter ihre Sexualität entdeckten, die Pille nahmen, Kondome kauften und Sex an allen möglichen Orten hatten, interessierte mich das so gar nicht. Eine Zeitlang dachte ich sogar, ich könnte asexuell sein, also gar keine sexuelle Anziehung verspüren. Eines Tages ging ich mit meiner ältesten und besten Freundin Fabienne ins Schwimmbad. Sie ist bis heute der einzige Mensch in meinem Leben, der mich nie gefragt hat, ob ich schwul sei. Ich fühlte mich in ihrer Gegenwart genau deshalb immer wohl, weil ich nie befürchten musste, dass ich zu viel ich selbst sein könnte. Sie verurteilte mich nie, und unsere Wege trennten sich nie. Außer vielleicht an der Garderobe im Schwimmbad, wo die Besucher*innen nach Geschlecht aufgeteilt werden. Es war eine Sammel-Umkleide, ein großer Raum mit verschiedenen Spinden. Ich sollte mich also vor anderen Männern umziehen. In der Schule tat ich das meistens auf der Toilette. Eingesperrt in einer Kabine, so verklemmt, wie ich als Teenager war. Die meisten Jungs aus meiner Klasse kannte ich schon, seit wir Kinder waren, und – glaubt es mir! – ich hätte mir keinen unerotischeren Ort vorstellen können als die Umkleide in meiner Schule.

Hier im Schwimmbad war das schon irgendwie anders. Denn die Männer in diesem Raum sahen alle ganz verschieden aus. Unterschiedliche Altersgruppen. Manche hatten

Körperhaare, andere nicht. Ich war logischerweise ziemlich eingeschüchtert. Für gewöhnlich bat man mich nämlich, die Herrentoilette zu verlassen, weil alle dachten, ich wäre ein Mädchen. Selbst wenn ich am Pissoir neben ihnen stand und buchstäblich meinen Penis in der Hand hielt, passierte das. Egal, wie ich auftrat, egal, was ich trug, ich hatte scheinbar eine feminine Energie, die es anderen unmöglich machte, mich als Mann wahrzunehmen.

Ich wartete nur darauf, dass einer der Männer mich bat, aus der Umkleide zu verschwinden. Aber das passierte nicht. Niemand schien sich überhaupt für mich zu interessieren. Warum auch? Ich war ein Teenager, der ein riesiges Handtuch um seinen Körper gewickelt hatte und versuchte, seine Unterhose gegen eine Badehose zu tauschen, ohne zu viel preisgeben zu müssen. Ich hatte natürlich schon oft Männer im Schwimmbad gesehen, aber die waren nicht nackt. Wie hier. Und ich erinnere mich leider besser, als ich es mir damals eingestehen wollte, dass das etwas in mir auslöste. Ich versuchte krampfhaft in eine Richtung zu gucken, aber wohin ich auch sah, waren unbekleidete Männer. Das Ganze war so eindrucksvoll, dass ich rückwärts in meinen Spind gefallen bin und dadurch die Aufmerksamkeit der ganzen Umkleide auf mich gezogen habe. Eben fühlte ich mich noch den Jungs aus meiner Klasse um Welten überlegen, weil ich nicht sofort an Sex dachte, wenn ich eine Frau ohne Klamotten sah. Nun klemmte ich in einem Schrank fest, nachdem ich ein paar nackte Männer gesehen hatte! Ich freue mich zu berichten, dass diese Reaktion glücklicherweise irgendwann nachgelassen hat und es heute schon ein bisschen mehr braucht, um mich derartig umzuhauen.

Ich habe diesen Tag deshalb so genau vor Augen, weil ich zum ersten Mal etwas in mir spürte, was dafür sprach, dass ich vielleicht doch schwul sein könnte. Ich war so fasziniert von diesem Moment, dass ich ihn sogar malte. Immer und immer wieder, um ihn nicht in Vergessenheit geraten zu lassen. Vielleicht hatten die Leute ja doch recht? War ich schwul? War das schwul? So wenig ich mich bisher mit diesem Begriff identifizieren konnte, so aufregend war dieses Erlebnis für mich. Jedes Mal wenn ich mich dem Thema Schwulsein jedoch öffnete, fand ich Ausreden, um mir mein Verhalten zu erklären: Das ist nur eine Phase. Das hat nichts zu bedeuten. Man kann sich doch auch mal von einem Mann erregt fühlen, ohne gleich schwul zu sein. Ich habe zu viel Respekt vor Frauen, um sie als sexuelle Wesen wahrzunehmen. Dabei ging es weniger um das Label »schwul« als um die Tatsache, dass ich nicht wollte, dass die anderen mit ihren Behauptungen richtiglagen. Es war ein absolutes Wechselbad der Gefühle, das sich von nun an in meinem Körper abspielte. Wenn das schwul war, dann wollte ich nichts mehr als das. Aber ich konnte mir nicht vorstellen, wie mein Leben als Schwuler aussehen würde. Wie würde meine Großmutter mich behandeln? Wenn mein Verhalten im Sportunterricht schon für Aufregung sorgte, würde dann vielleicht ein Coming-out sogar zum Schulverweis führen? Ich hatte das Gefühl, regelrecht an diesem Konflikt zu zerbrechen, und tat alles, was ich konnte, um mich abzulenken. Ich hatte einen Terminkalender, der so vollgepackt mit

Aktivitäten war, dass ich ja keine Zeit haben würde, darüber nachzudenken. Ich versuchte, mir so viele Erfolgserlebnisse zu verschaffen, wie ich nur konnte, um eine Pause von diesen Gedanken zu bekommen.

Hinzu kamen natürlich auch Schuldgefühle. Jedes Mal wenn ich mich dabei ertappte, wie ich einen Mann anziehend fand oder sogar an Sex mit ihm dachte, fühlte ich mich danach schrecklich. Ich hoffte so sehr, dass sich das irgendwann ändern würde, aber je mehr ich mich dagegen wehrte, desto intensiver war die Wirkung der Gedanken, wenn sie in meinen Kopf zurückkamen.

Eines Nachmittags bekam ich mit, dass sich im Schulbus auf dem Weg nach Hause zwei meiner Klassenkameraden über Pornos unterhielten. Ganz öffentlich im Bus mit einer Selbstverständlichkeit, die nichts mit der Situation zu tun hatte, in der ich augenblicklich steckte. Ich dachte über Pornos nach. Hatte ich schon mal einen gesehen? Bestimmt. Das erste Mal war ich noch in der Grundschule, als jemand mir ein Video auf seinem Handy zeigte, dass eine Frau bei der Selbstbefriedigung mit einem Football zeigte. Wirklich erregend war daran für mich jedoch nichts. Auch den berüchtigten *Call-in-Shows* im Fernsehen, bei denen die Moderatorin pro richtiger Antwort ein Kleidungsstück ablegen musste, konnte ich nicht wirklich etwas abgewinnen. Ich fragte mich, ob das anders wäre, wenn ich Pornos mit Männern sehen würde. Schwulen-Pornos also. Wo finde ich überhaupt sowas? Es gibt einen Zeitschriften-Laden am Hauptbahnhof meiner Heimatstadt, der solche Magazine im Sortiment haben könnte, aber da kann ich die doch nicht kaufen! Das würde ja dann jede*r mitbekommen. Der Verkäufer kennt meine Mama, und das würde sicherlich total auffallen. Zuhause angekommen ließ mich der Gedanke nicht mehr los. Ich öffnete meinen Computer und googelte den Begriff »Porno«. Dann googelte ich den Begriff »Schwulen-Porno«. Was ich fand, war sehr beeindruckend. Es gab so viel zu sehen, und ich war völlig geflasht. Diese Männer taten alles, von dem ich nicht mal zu träumen gewagt hätte. Und sie schienen dabei nicht schamerfüllt zu sein. Neben harten pornografischen Videos, die erst einmal einen ähnlichen Effekt wie die Frau mit dem Football auf mich hatten, gab es aber auch welche, die zeigten, wie schwule Paare intim miteinander waren. Und ich spreche hierbei nicht nur von Sex, sondern vom Austausch wirklicher Zärtlichkeiten. Ich hatte bis zu diesem Zeitpunkt noch nie mitbekommen, wie zwei Männer zärtlich zueinander waren. Und was soll ich sagen? Es machte mich an.

Als heterosexueller Teenager lebt man in einer Realität, in der deine Sexualität permanent zur Verfügung steht. Du siehst überall nackte Frauen. Du kannst dein Zimmer damit tapezieren, sie auf T-Shirts drucken. Du siehst sie in Videospielen und in der Werbung. Tagsüber im Fernsehen, auf Magazin-Covern. Dir wird überall das Signal gegeben, dass es völlig in Ordnung ist, an Sex zu denken. In jeder nachmittäglichen Fernsehserie spielt Sex eine Rolle, und dir wird auch in nicht pornografischem Umfeld gezeigt, wie Männer und Frauen intim miteinander werden. Du siehst, wie deine Eltern sich umarmen und auf der Straße Händchen halten. Vielleicht siehst du auch, wie Frauen vertraut miteinander umgehen, weil wir es gewohnt sind, dass Mädchen sich auch mal auf den Mund küssen oder Arm in Arm durch die Straße gehen. Es ist nicht sofort etwas Homosexuelles, und es wird akzeptiert. Vielleicht sogar deshalb, weil homosexuelle Intimität zwischen Frauen etwas ist, von dem viele heterosexuelle Männer träumen.

Nicht so bei Intimität unter Männern. Die *Tagesschau* berichtet im Jahr 2020 darüber, dass fast die Hälfte aller homosexuellen Paare sich immer noch nicht traut, in der Öffentlichkeit Zärtlichkeiten auszutauschen oder Hand in Hand die Straße entlangzugehen. Dadurch, dass man es nicht sieht, kommt es uns noch ungewohnter vor, wenn es dann doch mal passiert. Schwulen-Pornos zu gucken war der einzige Weg, um überhaupt eine Idee davon zu bekommen, wie Intimität unter Männern aussehen könnte. Vielleicht ist das nicht unbedingt die konventionellste Art, etwas über Sex zu erfahren, aber eine andere Möglichkeit hatte ich nicht. Es ist ja nicht gerade so, dass ich von irgendeinem anderen Schwulen in meiner Heimatstadt Notiz genommen hätte. So stimulierend ich diese Videos auch fand, so schuldig fühlte ich mich danach. Ich erinnere mich sogar an eine Zeit, in der ich einen Schwulen-Porno guckte und nebenbei einen Hetero-Streifen laufen ließ, um mir vormachen zu können, ich hätte mich dadurch erregt gefühlt. Das ist natürlich absolut nicht wahr, aber beschreibt ganz gut, in welcher Zerrissenheit ich mich befand. Die Zwänge kamen zurück, und das Ganze schien mir wie ein ewiger Kreislauf. Wirklich darüber sprechen wollte ich mit niemandem. In dem Alter redet man sowieso schon nicht gerne mit

Erwachsenen über Sex, und da ich hauptsächlich Freundinnen hatte, war das Gucken von Pornos auch nicht gerade das
Gesprächsthema Nummer eins, obwohl ich mir sicher bin,
dass sie es auch gemacht haben.

»JA! DU BIST SCHWUL«

Wenn ich die Schuldgefühle gar nicht mehr in den Griff
bekam, sprach ich regelmäßig mit Telefon-Seelsorger*innen. Ich hatte sonst niemanden, mit dem*der ich über das
Thema reden wollte. Eine Weile telefonierte ich immer mit
ein und demselben. Einem heterosexuellen Mann, der im
Dr.-Sommer-Team der *BRAVO* arbeitete. Ich erzählte ihm
von den Ängsten, die mich innerlich auffraßen, und fragte
zum allerersten Mal in meinem Leben eine andere Person
danach, ob ich schwul sein könnte. Vorher hatte ich das
überhaupt noch nie ausgesprochen, und seine Antwort war
ziemlich eindeutig: »Ja.« Er glaube, dass ich auf jeden Fall
schwul wäre und dass es nicht nur eine Phase sei. Er ver-
deutlichte mir, dass Sexualität fluide ist und meine Gefühle
sich wieder ändern könnten, aber er dachte nicht, dass dies
bei mir so war. Keine Ausreden, kein Um-den-heißen-Brei-
Herumreden. Einfach: »JA! Du bist schwul.« Ich spürte
sofort, wie ich innerlich versuchte, dagegen anzukämpfen,
aber ich war es auch allmählich leid. Ich hatte keine Energie
mehr dafür, und zu hören, wie dieser fremde Mann mich
einfach so als schwul bezeichnete, schien daran auch nichts
zu ändern. Ich hörte ihm eine Weile zu und begriff, dass er

es mit einer derartigen Selbstverständlichkeit sagte, wie ich es noch nie zuvor gehört hatte. Da war keinerlei Urteil in seiner Stimme, und er sagte es auch nicht, um mich zu verletzen. Die Art und Weise, wie seine Stimme dabei klang, war so unbeeindruckt, dass gar keine andere Möglichkeit bestanden hätte, es falsch zu verstehen. Da ist jemand, der mich so sieht, wie ich bin, und daran auch gar nichts Schlimmes sieht. Schwul sein kann also auch okay sein.

Jetzt, da der Gedanke in meinem Kopf also langsam ankam, konnte ich ihn nicht länger ignorieren. Er hatte recht. Ich war wohl schwul, aber änderte das etwas? Nicht wirklich. Mir wurde klar, dass ich viel mehr war als nur meine sexuelle Orientierung. In der Summe an Eigenschaften spielte sie sogar so gut wie keine Rolle. Das, was mich von anderen unterschied, hatte nichts mit meiner Sexualität zu tun, sondern nur mit mir und wie ich mit Dingen umging. Da war so viel, was mich anecken ließ, da war schwul zu sein, ehrlich gesagt, meine kleinste Sorge. Und plötzlich wurde dieses Wort, das so lange negativ besetzt in meinem Kopf feststeckte, in ein anderes Licht gerückt. Ich holte mir die ursprüngliche Bedeutung dafür zurück, und es fühlte sich überhaupt nicht mehr schlimm an.

Manchmal ist es viel leichter, die Wahrheit von einer Person zu hören, die dir emotional nicht nahesteht. Jemandem, der*die professionell und neutral über solche Dinge spricht, aber trotzdem empathisch. Sosehr du dir auch wünschst, dass Freund*innen, Eltern oder Partner*innen dir aus solchen Situationen heraushelfen, gelingt ihnen das oft nicht. Einen Menschen mit ins Boot zu holen, der mich nicht kannte und keine Rolle in meinem Leben spielte, stellte keinerlei Bedrohung dar. Das war der sichere Rahmen, den ich brauchte, um mir zu erlauben, mich selbst kennenzulernen.

ANNA SIMONETTI

»ICH STEHE ZU DIR«

Wenn Riccardo in Interviews betonte, wie glücklich er ist, schwul zu sein, dann habe ich das anfangs nicht so richtig verstanden. Aber wenn jemand nach so langer Zeit dazu stehen kann, wer er ist und immer war, dann ist das ein großes Glücksgefühl. Das kann ich inzwischen gut nachvollziehen, denn mir geht es ganz ähnlich. Offen zu meinem Sohn zu stehen, mich zu ihm zu bekennen und zu sagen: »Mein Sohn ist schwul«, das ist wunderbar! Wenn die Geheimnisse aufhören, das Hinterfragen, dann fühlt sich das unglaublich erleichternd an. Sein ganzes Leben lang war da dieser Stempel, der ihm aufgedrückt wurde, eine Bewertung von außen, gegen die er sich gewehrt hat, weil er damit als Kind und Jugendlicher gar nichts anzufangen wusste. Wenn das immer von anderen kommt, dann ist es umso schwieriger, die Wahrheit für sich zu erkennen, weil man die Zuordnungen automatisch ablehnt. Woher wollen Menschen, die ich vielleicht noch nicht einmal kenne, wissen, wer ich bin und wie ich fühle, wenn ich es doch nicht einmal selbst weiß? Wie soll ich etwas für mich herausfinden, wenn alles längst vorgegeben scheint? Wenn man den anderen nicht recht geben will, dann bleibt dir kaum eine andere Wahl, als dich dagegen aufzulehnen und genau dem nicht entsprechen zu wollen, was das Umfeld längst für dich festgelegt hat. Viele Jahre hat Riccardo diese Unklarheit mit sich herumgetragen – und damit auch ich. Als es endlich ausgesprochen war, dass er schwul ist, da war das auch für mich ungeheuer befreiend.

In den Jahren zuvor, da habe ich es immer mal als Vermutung geäußert, etwa gegenüber meiner Schwester: »Ich glaube schon, dass der Rick schwul ist.« Doch bis ich es formulieren konnte, mit der Gewissheit, die ich dann hatte, da war er wahrscheinlich schon 20 Jahre alt. Anfangs hat es sich noch ungewohnt angefühlt, es hat ein bisschen gedauert, bis ich es frei sagen konnte. Ich erinnere mich noch an eine Situation, in der mich meine Kolleginnen aus dem Schuhgeschäft mal wieder fragten, ob er denn jetzt endlich eine Freundin hätte, und ich antwortete zum ersten Mal: »Wenn es so weit ist, dann bringt er sicher einen Freund mit heim und keine Freundin.« Zu wissen, dass er es selbst für sich erkannt hat und benennen konnte, das machte einen ganz großen Unterschied. Damit war es eine Tatsache und nichts, was man ihm unterstellte und was vielleicht gar nicht der Wahrheit entsprach.

Für mich war das Thema Homosexualität ebenso neu wie für Riccardo, und ich wusste oft nicht, wie ich damit umgehen sollte. So empfand auch ich selbst es als ein kleines Comingout, in dem ich, genau wie er, verschiedene Phasen durchmachte – wenn auch nicht in derselben Intensität. Erst habe ich es nicht wahrhaben wollen und an meinem Traumsohn festgehalten. Die Scham gegenüber der Gesellschaft war am Anfang noch groß, aber je mehr ich vor mir selbst dazu stehen konnte, umso kleiner wurde sie. Und verwandelte sich in das Gegenteil: in Stolz. Darauf, einen so außergewöhnlichen Jungen zu haben. Sobald du diese Scham überwunden hast, ist es dir egal, was die anderen denken. Er war ja immer etwas Besonderes für mich, noch lange bevor ich wusste, dass er schwul war. Nur war ich zu sehr mit dem Außen beschäftigt, um mich nur von meinem Gefühl leiten zu lassen. Allmählich begann ich, es für mich zu akzeptieren – und mich schließlich vor der ganzen Welt dazu zu bekennen.

Vor den Reaktionen der anderen hatte ich an diesem Punkt keine große Angst mehr – zumal ich die Gewissheit über sein Schwulsein auch nicht als traurige Botschaft verkündete. Im Gegenteil. Ich war erleichtert, dass es endlich klar war und ich dazu stehen konnte. Und ließ das mein Gegenüber auch spüren. Mag sein, dass es in dem einen oder anderen negative Gedanken auslöste, aber ich ließ ihnen gar keinen Raum, sie zu äußern. Hätte ich gesagt: »Ach ja, ich weiß gar nicht, wie ich es jetzt sagen soll, für mich als Mutter ist das alles nicht so leicht ...«, dann wäre das sicher einer Einladung gleichgekommen, sich abwertend darüber zu äußern. Aber das tat ich nicht. Denn ich empfand es eben nicht so, ich war glücklich darüber und musste mich nicht verstellen.

In der Zeit, in der ich mich vor anderen als Mama eines schwulen Sohnes positionieren musste, lernte ich auch, ihn nach außen zu verteidigen. Früher hatte ich mich damit oft schwergetan, weil ich Auseinandersetzungen scheute, nicht gern die Aufmerksamkeit auf mich zog. Aber an eine Szene, in der ich doch mal die Konfrontation gesucht habe, erinnere ich mich noch gut. Riccardo und ich waren zu zweit im

Schwimmbad, und als wir von unseren Handtüchern aufstanden, um ins Wasser zu gehen, da haben zwei Frauen ihm ganz unverhohlen hinterhergestarrt und getuschelt. In dem Moment bin ich abrupt stehen geblieben und habe sie direkt angesprochen: »Gibt es etwas, das Ihnen nicht gefällt?« Sie waren total perplex und haben gestottert: »Äh, nein, nein, nein, nein!« – »Was gibt es dann so zum Schauen und zum Reden?«, habe ich sie gefragt. Da waren sie ganz baff und kleinlaut und redeten sich heraus: »Ach, nur weil er so ein fescher, junger Mann ist!« Wenn ich bemerke, wie die Leute ihn anstarren, dann schaue ich heute genauso provokant hinterher. Dann drehen sie sich meist schnell weg und sind ganz verlegen, dass sie ertappt wurden. Das freut mich dann richtig. Heute würde ich mich auf der Straße mit jedem und jeder anlegen, der*die ihn beleidigt – sofort und ohne zu zögern.

NACH DEN STERNEN GREIFEN

Manchmal nahm ich Riccardo mit in das kroatische Restaurant, in dem ich immer mal aushalf, wenn dort eine größere Feier stattfand. Zu dem Pärchen, dem das Lokal gehört, habe ich bis heute ein freundschaftliches Verhältnis. Ich mag sie wahnsinnig gern, und Rick verstand sich auch gut mit ihrer Tochter. Manchmal durfte er dort zusammen mit der Familie essen, die Mama hat ihn dann immer gefragt, wie es in der Schule läuft und was er später mal werden möchte. Dann lautete seine Antwort jedes Mal: »Ich werde ein Star!« Ganz unverhohlen und selbstbewusst. Und seine Zukunftspläne änderten sich auch nicht, so oft sie ihn auch danach fragte. Irgendwann zog sie einen Kellnerblock hervor und bat ihn um seine Unterschrift. »Wenn du berühmt wirst, dann brauche ich jetzt schon dein Autogramm!«, hat sie gesagt. »Ich bin sicher, du kommst mal groß raus! Und später wirst du keine Zeit mehr für mich haben.« Seitdem hat der inzwischen etwas ausgeblichene Zettel mit seiner Unterschrift einen Ehrenplatz an ihrer Pinnwand.

Schon damals war für viele klar, dass er sich nach einer Bühne sehnte. Natürlich ahnte niemand, dass er sie als einzigen Ort für sich erkannte, an dem das, für das man ihn sonst fertigmachte, als etwas Positives wahrgenommen wurde. Aber es war nicht zu übersehen, wie wohl er sich vor Publikum fühlte, wie sehr er die große Aufmerksamkeit und den Beifall liebte. Später erklärte er mir im Brustton der Überzeugung, berühmt zu werden sei die einzige Job-Option, einen Plan B gäbe es für ihn nicht: »Wenn ich kein Star werde, hat das Leben für mich keinen Sinn.« Es gab keinen Zweifel: Er meinte das wirklich ernst! Wie sollte ich als seine Mutter darauf reagieren?

Ehrlich gesagt machte sein Berufswunsch mir Angst. Denn prominent zu werden war nichts, was man hätte planen können wie einen Werdegang als Geschichtslehrer*in oder Hotelfachmann*frau. Es gab dafür keine Ausbildungsstellen und keinen Studiengang, es war ein Glücksspiel, und wenn man sich zu sehr darauf versteifte, dann waren Enttäuschungen und herbe Tiefschläge vorprogrammiert. Natürlich unterstützte ich ihn bei seiner ersten Modenschau im Kurhaus in Bad Reichenhall. Auch als Thomas Gottschalk einmal mit Michelle Hunziker für die Aufzeichnung von »Wetten, dass..?« in Salzburg war und er seinem Vorbild für die Schüler*innenzeitung Fragen stellen durfte, fand ich das natürlich großartig. »Aus dir wird mal was!«, hatte der große Showmaster zu ihm gesagt, und ich konnte in Riccardos Augen sehen, wie er fast platzte vor Stolz. Er nahm zu der Zeit Schauspielunterricht, ist jede Woche von der Schule oben in Berchtesgaden den weiten Weg bis nach Salzburg ans Theater gefahren, zuhause hat er oft die Szenen nachgespielt. Ich bewunderte sein Talent und die Leidenschaft, mit der er sich in diese Dinge hineinstürzte. Trotzdem dachte ich immer, er soll erstmal ein gutes Abitur machen, dann steht ihm sowieso die Welt offen, und er kann alles tun, was er möchte. Davon wollte er aber am liebsten gar nichts hören. »Riccardo, das muss dir aber klar sein, dass das nicht nur von dir allein abhängt, ob du berühmt wirst«, habe ich oft gesagt. »Das kann man nicht voraussehen.« Er antwortete dann, er schafft das schon. Ganz egal, was kommt, er wird auf jeden Fall ein Star!

Klar, ich wollte unbedingt, dass meine Kinder im Gegensatz zu mir ihre eigenen Wünsche im Leben verwirklichen können. Die größte Freude war für mich, die beiden glücklich zu sehen. Seine künstlerischen Ambitionen fand ich großartig. Und ich hätte sofort einen Kredit aufgenommen, um ihn auf die Schauspielschule zu schicken. Aber der Fokus auf ein Leben in der Glamour-Welt befremdete mich nicht nur, er bereitete mir große Sorgen. Er griff nach den Sternen, und ich hatte Angst vor seiner Verzweiflung, wenn er erkennen würde, dass sie unerreichbar wären.

ALLES ANDERS MACHEN

In dieser Zeit musste ich mich aber auch oft an meine eigene Jugend zurückerinnern und an meine Träume, die unwiederbringlich verloren gingen. Noch heute, 45 Jahre später, kann ich genau dieses Gefühl abrufen, das mich meine ganze Kindheit begleitet hat: die Angst vor meinem Vater. Wenn man Menschen nach ihren Erinnerungen an die Zeit des Aufwachsens fragt, dann erzählen sie meist von Pommes und Eis im Schwimmbad, von selbstgebastelten Schultüten, von Sonntagen, in denen alle ins Bett der Eltern stürmten und zusammen Bücher lasen und kuschelten. Mir aber kommen zuerst all die moralischen Gebote und die Ausgangssperren in den Sinn, die mein Vater verhängte. Dauernd ging es darum, was die Leute sagen könnten. Alles musste so sein, wie er es wollte. Was mich in einen Zustand versetzte, in dem ich glaubte, ständig etwas falsch zu machen. Und die Dinge, an denen mein Herz hing, verbot er mir.

Es war mein tiefster Wunsch, Hebamme zu werden, denn ich liebte Kinder über alles und habe auch oft Babysitting in der Nachbarschaft gemacht. Um meinen Traum verwirklichen zu können, hätte ich erstmal eine zweijährige Ausbildung zur Hauswirtschafterin absolvieren müssen, um danach auf die Hebammenschule gehen zu können. Tatsächlich bekam ich mit 14 Jahren die Zusage, fünf Kilometer entfernt in einem Heim meine Lehre anfangen zu können, aber ich hätte nur an meinen beiden freien Tagen heimfahren dürfen. Es war wie in einem Internat, aber mich störte das überhaupt nicht, ich hätte alles getan, um mein Ziel zu erreichen. Das

Gespräch, das ich damals mit meinem Vater führte, hängt mir noch immer nach, obwohl es schon so wahnsinnig lange her ist. Ich war davor zwar nervös, aber dass er es mir verbieten würde, wenn mir der Platz schon sicher war, damit rechnete ich nicht. Ich war so glücklich, dass sie mich genommen hatten! Doch ich hatte den Satz noch nicht zu Ende gesprochen, dass ich dafür dort übernachten müsste, da machte er schon meine ganze Freude zunichte: »Dann kannst du es dir abschminken, das erlaube ich nicht.« Du konntest mit meinem Vater nicht diskutieren, sein Wort war Gesetz. Ich war unendlich enttäuscht und am Boden zerstört. Aber welche Wahl hatte ich schon? Ich musste es hinnehmen, als brave, gehorsame Tochter, und bin dann in den Einzelhandel gegangen. Es war nicht so, dass ich in meiner Lehrzeit unzufrieden war, aber es hat mich oft sehr wehmütig gestimmt, dass ich meinen Traum nicht verwirklichen konnte.

Wenn ich gehorsam bin, dann entkomme ich jeder Strafe – so dachte ich als Kind. Das hat sich durch mein ganzes Leben gezogen: brav sein, sich anpassen, unterordnen. Dadurch konnte ich meine Bedürfnisse nie ausleben. Nie hätte ich gewagt, auch nur ein Wort gegen die Entscheidung meines Vaters zu sagen. Meine große Schwester Italia, die wir alle nur »Lia« nennen, war noch extremer, immer das brave Hausmütterchen, das auf uns Kleinere aufgepasst hat. Meine Kindheit hat mich sehr darin geprägt, es jedem recht machen zu wollen, vor allem meinem Vater, damit er nicht wütend auf mich sein muss. Das war meine Art, mit ihm zurechtzukommen. Wenn wir meine Mutter verärgert hatten, dann hat sie uns eher durch Schweigen bestraft, aber mein Vater hat auch mal hingelangt, davor hatte ich am meisten Angst. Einmal habe ich zu ihm gesagt: »Wenn ich 18 bin, möchte ich von zuhause ausziehen.« Schließlich hatte ich auch mitbekommen, dass es bei meinen deutschen Freund*innen so üblich war. Da habe ich gleich eine geschmiert bekommen. »Sowas möchte ich nicht noch einmal hören!«, hat er gesagt. Dass ich eine eigene Entscheidung traf, empfand er als Angriff gegen sich.

Diese Erfahrung wollte ich meinen Kindern ersparen – ganz egal, wie absurd ihre Berufswünsche auch gewesen sein mögen. Am Anfang habe ich Riccardos Star-Ambitionen nur als Träumereien wahrgenommen, doch mit der Zeit wurde mir klar: Ich konnte ihn nicht davon abbringen. Aber ich dachte mir, wenn er erstmal das Abitur hat und mit dem Studium anfängt, dann wird er schon seinen Platz finden und aufhören, an der Idee vom roten Teppich festzuhalten. Als er nach der Schule bei dem Fashion-Magazin *InStyle* sein Praktikum machen durfte, war ich total erleichtert. Davon hatte er schon als Teenager geträumt, wenn er bei mir in der Boutique saß und in seiner Lieblingszeitschrift blätterte. Er war so stolz, seine ersten Schritte in der Modewelt gehen zu können, denn er bewunderte die damalige Chefredakteurin sehr. Und ich war einfach nur froh, dass er etwas für sich gefunden hatte, das ihm Freude machte und für seine Verhältnisse beinahe solide war. Denn im Vergleich zum vorsatzmäßigen Berühmtwerden kam das ja fast einer Ausbildung beim Finanzamt gleich! Dass er endlich ein für mich greifbares Ziel und eine konkrete Aufgabe hatte, darüber war ich sehr glücklich – auch wenn er dafür nach München gehen musste.

Zwei Jahre nachdem Riccardo von zuhause ausgezogen war, da saß er wieder bei mir in der Küche mit seinen Mädels zusammen, es gab frische Brezen und sehr viel Kaffee. Irgendwie hatte ich immer gedacht: Alle anderen aus seinem Bekanntenkreis gehen *straight* ihren Weg, und nur Riccardo verliert sich in seinen unrealistischen Träumen. Als seine Freundinnen dann über ihr Studium sprachen, da stellte sich heraus, dass wirklich jede, durch die Reihe, es abgebrochen und den Studiengang gewechselt hatte. Riccardo war der Einzige, der genau wusste, was er wollte, ohne Umwege sein Ziel verfolgt hat. Es war natürlich keine erfreuliche Nachricht, dass seine Freundinnen mit ihrer ersten Wahl unzufrieden waren, aber es beruhigte mich deshalb, weil es mir vor Augen führte: Du kannst an die Pläne deines Sohnes glauben, auch wenn sie noch so fern ab der Wirklichkeit erscheinen mögen. Seine Träume mögen groß sein, aber Riccardo wird sich nie im Leben davon abbringen lassen, sie zu erreichen.

Seit er in den Kindergarten ging, hatte ich es von überall zu hören bekommen, immer wieder: Riccardo sollte nicht mit Barbies spielen, sich männlicher anziehen, sich die Haare schneiden, sich weniger weiblich verhalten. »Rick ist ein Träumer!«, »Was soll aus ihm werden?«, »Er muss sich ändern!«, »Er braucht ein Berufsziel.« Das hatte ich viele Jahre verinnerlicht, aber wollte mich nun nicht länger von außen beeinflussen lassen, mehr auf mein Gefühl und die Wünsche meines Sohnes hören. Wenn dein Kind ein Traumabitur schafft, dann hofft man als Mutter natürlich auf ein tolles Studium, eine sichere Zukunft. Aber ich sagte mir selbst immer wieder: Es geht nicht um meine Wünsche, son-

dern um sein Leben! Und dass man die eigenen Träume verwirklichen kann, wenn man nur fest genug an sie glaubt, das
hat mir Riccardo gezeigt.

COMING-OUT IN DREI SCHRITTEN

Irgendwo habe ich mal gelesen, dass ein Coming-out in drei Phasen abläuft. Ich kann mich dabei nicht mehr erinnern, ob es sich um einen gut recherchierten Artikel handelte oder einfach nur um eine flapsig formulierte Instagram Caption, aber das Ganze klang auf jeden Fall plausibel. Da ich diese Einteilung wirklich hilfreich finde, um zu verstehen, was in einem*einer vorgeht, habe ich mir ein paar Gedanken dazu gemacht, wie meine persönliche Version aussehen könnte:

1. Leugnen

Natürlich lehnt nicht jeder homosexuelle Mensch seine sexuelle Identität anfangs ab, aber in einer heteronormativen Gesellschaft groß zu werden sorgt in den meisten Fällen schon dafür, dass man es erst einmal nicht wahrhaben möchte, wenn die Homosexualität anklopft und sich bemerkbar macht. Dieser Prozess kann für jede*n unterschiedlich viel Zeit in Anspruch nehmen. Den einen fällt es leichter, sich ihrer persönlichen Wahrheit zu stellen, andere wiederum brauchen Jahre. Viele machen es mit sich aus und haben dann keinerlei Probleme, das nach außen zu tragen. Andere wiederum gehen heterosexuelle Beziehungen ein, probieren alles, was nur geht, um sich und der Welt zu zeigen, dass sie nicht homosexuell sind. Mein Freund Chris zum Beispiel lebt heute sein Leben als offen schwuler, stolzer Mann in Berlin. Als er noch in seinem Heimatort, einer kleinen Stadt in der Mitte von Deutschland, wohnte und bemerkte, dass er schwul war, suchte er vor allem die Nähe zu Frauen. Er wollte sich unbedingt beweisen, dass er – sobald er die richtige einmal gefunden hätte – alle Gedanken an Männer vergessen würde. Aber egal, mit wie vielen Frauen er es probierte, es passte nie. Erst als er akzeptierte, wer er war, konnte er Menschen in sein Leben lassen, die ihn für das liebten, was er ist.

Ich denke, das Umfeld spielt hierbei eine wichtige Rolle. Weiß man, dass es mehr gibt als nur das eine Ideal? Ist man sich sicher, dass man auch weiterhin geliebt wird, wenn man sich outet? Was sind die Erwartungen an die eigene Person? Als ich *Raffi und sein pinkes Tutu* geschrieben habe – ein Kinderbuch, das Eltern und ihren Kindern gleichermaßen Toleranz lehren soll und Begriffe wie Schwulsein kindgerecht erklärt –, beschäftigte ich mich mit genau diesen Fragen. Jedes Kind sollte wissen, dass Liebe auch im eigenen Geschlecht möglich sein kann. Das führt hoffentlich dazu, dass der Leugnungsprozess in der Zukunft vielleicht übersprungen werden kann, da man schon mit dem Bewusstsein aufwächst, dass das, was man da in sich aufkeimen spürt, überhaupt nichts Schlimmes ist. Und alle anderen Kinder werden somit darauf vorbereitet, dass es unterschiedliche Formen von Liebe gibt.

Spricht man über Homosexualität, wird der ganze Dialog häufig auf Sex reduziert. Das ist etwas, das mich oft belastete, besonders bevor Sex überhaupt eine Rolle in meinem Leben gespielt hat. Denn über Homosexualität zu reden bedeutet vor allem auch, über gleichgeschlechtliche Liebe, Familien und Beziehungen nachzudenken. Schwul zu sein bedeutet nicht nur, Sex mit Männern zu haben. Es bedeutet in erster Linie, romantische Beziehungen zu ihnen haben zu wollen. Sich ineinander zu verlieben und sein Leben miteinander zu gestalten. Für dieses Wissen kann kein Kind jemals zu jung sein. Bis heute muss ich mich jedoch für dieses Buch rechtfertigen. Kritikpunkt Nummer eins: Es würde Kinder zur Homosexualität verleiten. Viele sind der Annahme, dass Kinder, die über gleichgeschlechtliche Liebe Bescheid wissen, mit größerer Wahrscheinlichkeit auch schwul, bi oder lesbisch werden. Aber so funktioniert das nicht. Sexualität ist nicht beeinflussbar. Niemand entscheidet sich dazu, jetzt auf einmal Männer oder Frauen zu lieben. Genauso wie man heterosexuell auf die Welt kommt, wird man auch homosexuell geboren. Ich bin ja schließlich auch in einer heteronormativen Welt ohne schwule Identifikationsfiguren aufgewachsen, und es hat mich nicht hetero gemacht. Warum sollte es dann also andersrum so einfach gehen? Homosexuell zu sein ist keine Wahl, die dir überlassen wird. Sich dazu zu entscheiden, sich auszuleben, jedoch schon. Und ich kann jedem und jeder nur ans Herz legen, alles dafür zu tun, möglichst schnell an den Punkt zu kommen, an dem man sich selbst genug liebt, um sein wahres Ich zu leben. Je eher man damit anfängt, desto mehr hat man von einem Leben, das selbstbestimmt ist.

2. Akzeptanz

Wie bereits erwähnt, ist das wichtigste Coming-out im Leben einer queeren Person das vor sich selbst. Hat man die Phase erst einmal hinter sich gebracht, in der man sich für seine Identität bestraft und diese immer wieder leugnet, begreift man, dass manche Dinge nicht zu ändern sind. Egal, wie sehr man sich anstrengt und versucht, jemand zu sein, der*die man nicht ist. Es wird eine*n immer wieder einholen. Man kann nicht davonlaufen, und das sollte man auch nicht, denn das, was da noch kommt, ist es absolut wert, erlebt zu werden. Vielleicht empfindet man das in dieser Phase noch nicht, aber der Tag wird kommen. Im Moment ist es einfach nur wichtig, sich selbst nicht länger zu belügen. Schafft man es, zu sich selbst ehrlich zu sein, wird man sich mehr respektieren und letzten Endes auch mehr Selbstliebe empfinden. Das, was eine*n mal dazu gebracht hat, sich für sich selbst zu schämen oder gar zu hassen, wird am Ende der größte Katalysator für Selbstrespekt.

3. Dazu stehen können

Ist ein Coming-out denn heute überhaupt noch nötig? Jede*r hat dazu eine eigene Meinung. Die einen finden, das sollte keine große Sache mehr sein, und eine homosexuelle Orientierung sagt genauso wenig über eine Person aus, wie heterosexuell zu sein. Heteros brauchen ja schließlich auch kein Coming-out. Das stimmt zwar, aber sie müssen auch keinen gesellschaftlichen Konflikt durchmachen, um dazu stehen zu können, wer sie sind. Ich persönlich finde, es gibt einen großen Unterschied zwischen »daraus eine große Sache machen« und seine eigene Identität zu zelebrieren. Letzteres sollte niemals negativ ausgelegt werden.

In erster Linie ist es wichtig zu verstehen, dass beides – unsere sexuelle Identität und unsere sexuelle Orientierung – nur uns selbst gehört. Niemand ist weniger gut im Homosexuellsein, nur weil er oder sie nicht mit einer Regenbogen-Flagge durch die Straße marschiert. Dennoch macht es einen Unterschied, ob du nur dir selbst eingestehen kannst, wer du bist, oder ob du auch in der Lage bist, vor den Menschen, die dir wichtig sind, dazu zu stehen. Ich habe Freunde, die schon ihr ganzes Leben als schwule Männer leben und über fünfzig sind, aber es dennoch nicht schaffen, es ihren Müttern zu erzählen. Sie sagen von sich, sie hätten die Chance verpasst, aber ich glaube nicht daran, dass es jemals zu spät sein kann, die eigene Wahrheit zu leben. Und dazu zählt auch, die Menschen auf deine Reise mitzunehmen, die dir nahestehen. Vermutlich fällt es diesen Männern leichter, sich vor bestimmten Personen nicht zu outen, weil sie Angst davor haben, verletzt zu werden. Keiner von ihnen würde sich in dem Alter von seiner Mutter sagen lassen, er wäre nicht gut so, wie er ist, aber dennoch würde die Konsequenz für sie ein schlechteres Verhältnis bedeuten. Im Endeffekt müssen alle für sich die Entscheidung treffen, wie sie mit ihrer sexuellen Orientierung umgehen. Wichtig ist dabei vor allem das Verständnis, dass jede*r von uns mehr ist als nur hetero, homo oder was auch immer. Es trägt zwar dazu bei, wer wir sind, macht aber nur einen Teil unserer Person aus.

Nachdem ich erst einmal begriffen hatte, dass ich schwul war, konnte ich mich auch nicht sofort jemandem anvertrauen. Ich hatte zu der Zeit einen sehr guten Freund, mit dem mich einiges verband. Schwul zu sein gehörte nicht unbedingt dazu, aber es war ein Thema in unserer Beziehung. Denn mit mir befreundet zu sein bedeutete auch das Risiko, von anderen Menschen für schwul gehalten zu werden. Das war ab einem bestimmten Punkt wohl zu viel für ihn, denn irgendwann brach er den Kontakt zu mir ab. Natürlich hat mich das unglaublich verletzt, denn diese Freundschaft hat mir sehr viel bedeutet, aber wirklich verübeln konnte ich es ihm nicht. Es war schwierig für ihn. Und in meinem Fall kämpfte ich ja für mich selbst mit dem Wissen, schwul zu sein. Er wiederum wusste noch gar nicht, ob er es war oder nicht, und musste plötzlich denselben Kampf kämpfen. Dafür war er nicht stark genug, und das verzeihe ich ihm. Heute lebt er übrigens auch offen schwul, was mich wirklich überraschte, denn ich hatte immer wieder Andeutungen gemacht, die ihn hätten wissen lassen sollen, dass unsere Freundschaft ein sicherer Ort für solche Gespräche ist. Dass er es dennoch nicht schaffte, es auszusprechen, beweist einfach nur, dass man niemanden hetzen kann, zu sich zu stehen, das muss jede*r selbst für sich herausfinden.

In der Zeit, in der wir befreundet waren, teilten wir aber dafür so einiges. Er polarisierte nicht so sehr wie ich, konnte aber die Dinge nachempfinden, die ich erlebte. Obwohl sie ihm sicher auch Angst gemacht haben. Wie der Vorfall im Schulbus, den ich ihm anvertraute: Als ich einstieg und meinen Platz einnehmen wollte, steckte mir der Busfahrer einen Zettel zu. Ich saß meistens ganz vorne, weil ich das Gefühl hatte, dass ich dort am sichersten war und es auffallen würde, wenn mich irgendjemand beleidigen oder mit Steinen und Flaschen bewerfen würde, wie ich es in den hinteren Reihen erlebte. Auf dem Zettel stand: »Ich kann dir zeigen, wo du schwulen Sex haben kannst, mit Schwulen und Bisexuellen.« Ich fühlte mich total eingeschüchtert. Warum bekam ich so etwas? Und woher wusste er dass ich schwul war? Warum nahm er mich überhaupt wahr? Ich bin mir nicht sicher, ob es ein Versuch war, mit mir Sex zu haben, oder ob er mir wirklich nur helfen wollte, Gleichgesinnte zu finden. Alles, was ich wusste, war, dass sonst niemand von seinem Busfahrer Zettel zugesteckt bekam. Natürlich fühlte es sich schmutzig an, es war ja auch ein Geheimnis. Keine*r sonst musste sich mit so etwas auseinandersetzen, und ich selbst wollte es auch noch nicht.

Meine Mama war in dieser Zeit glücklicherweise keine Person, die mich noch mehr unter Druck setzte. Wir verstanden uns richtig gut, und ich hatte das Gefühl, sie akzeptierte mich für das, was ich war, ohne ein Label dafür finden zu wollen. Wir sprachen sehr selten über das, was in mir vorging, aber sie schien sich mit dem Gedanken abgefunden zu haben, dass ich einfach anders war, und das war okay. Ich durfte all ihre Kleidungsstücke ausprobieren und bekam nie ein komisches Gefühl von ihr vermittelt. Wenn wir zusammen einkaufen gingen, durfte ich mir die Klamotten aussuchen, die mir gefielen, und sie ermutigte mich, sie zu tragen. Das hat mir sehr viel bedeutet und auch einiges wiedergutgemacht. Ich vertraute meiner Mama, weil ich spürte, dass sie mehr in mir sah als nur meine sexuelle Orientierung. Es spielte keine große Rolle. Und wenn es doch zum Thema wurde, dann stand sie für mich ein. Das ist alles, was ich mir von ihr jemals gewünscht hatte.

THERE'S NO BUSINESS LIKE SHOW BUSINESS

Zu wissen, dass der Mensch, der dir am allermeisten bedeutet und der vor gar nicht allzu langer Zeit noch selbst damit zu kämpfen hatte, wie du bist, sich für dich einsetzt, ließ mich begreifen, dass meine Mama dazugelernt hatte. Ich fühlte mich ihr dadurch besonders nahe und hatte das Gefühl, sie konnte nachvollziehen, was ich durchmachte. Solange ich denken konnte, war sie eigentlich immer dagegen, dass ich eine Karriere im Showgeschäft einschlagen würde. Das wäre alles viel zu unsicher, und mit den Noten, die ich hatte, könnte ich ja quasi alles studieren. Das waren ihre Worte, nicht meine. Sie zweifelte oft daran, dass dieser Weg erfolgreich sein könnte, und riet mir, ich sollte mir etwas mit mehr Sicherheit suchen oder zumindest erst einmal studieren und dann versuchen, meine Träume zu verwirklichen. Auch wenn Aussagen wie diese typisch für Eltern sind, hörte sich das für mich so an, als zweifelte sie an meinen Fähigkeiten. Und das tat sie wahrscheinlich auch. So unsicher ich in meiner sexuellen Entwicklung war, so selbstsicher war ich jedoch, wenn es um meine Karriere ging. Ich wusste, dass ich dazu bestimmt war, Menschen zu unterhalten. Das war alles, was ich mein Leben lang wollte und letzten Endes auch tat. Für mich machte das alles so viel Sinn. Wieso hätte ich diese Persönlichkeit geschenkt bekommen sollen, um dann Anwalt, Arzt oder Psychiater zu werden? Das wäre die reinste Talent-Verschwendung gewesen. Mit Worten wie diesen versuchte ich, ihr Kontra zu geben. Wenn ich ehrlich bin, tat ich es aber auch aus Angst. Ich wusste, dass ich als Model, Schauspieler oder Moderator ein Umfeld finden würde, das mich für die Dinge akzeptieren würde, die mich ausmachten. Aber könnte ich das von einer Anwaltskanzlei auch behaupten?

Je älter ich wurde und je näher mein Schulabschluss rückte, umso mehr häuften sich die Konflikte. Meine Mama war nun gezwungen, sich immer öfter für mich einzusetzen, und meine Freundinnen prügelten sich fast schon für mich. Zu sehen, dass die Menschen, die mir wichtig waren, für mich einstanden, war schön und ermutigend, aber es führte mir auch vor Augen, wie anstrengend das eigene Anderssein für das Umfeld sein kann. Niemand möchte gerne eine Belastung darstellen, schon gar nicht für seine Liebsten. Ab einem bestimmten Punkt musste ich meine Träume, für die ich immerzu belächelt wurde, aber nicht mehr rechtfertigen. Alle waren sich bewusst, dass die Karriere, von der ich träumte, meine Freifahrkarte für das Anderssein bedeutete. Wir alle begriffen, dass wir nun mal in einer Gesellschaft leben, in der eine Abweichung von der Norm nur toleriert wird, wenn man damit reich, berühmt oder im besten Falle beides wird. Daran müsste natürlich etwas geändert werden, aber das würde nicht mehr passieren, bevor ich mein Abitur schrieb. Eines Tages suchte meine Mutter das Gespräch zu mir, wobei sie mir mitteilte, dass sie meinen Träumen nicht im Weg stehen würde. Sie versprach mir, mich auch dann zu unterstützen, wenn ich nicht an die Uni gehen würde. Auf die Frage, woher dieser plötzliche Sinneswandel kam, antwortete sie nur: »Ich merke, wie die Leute dich wahrnehmen, wenn wir die Straße zusammen entlanggehen. Und ich kann dir leider nicht versprechen, dass es leichter werden wird. Also zieh lieber weg, mach dein Ding und baue dir das Leben auf, von dem du glaubst, dass es dich glücklich macht.«

Ich vermute, in diesem Moment führte meine Mama ein Gespräch mit mir, das sie selbst gerne in meinem Alter mit ihren Eltern geführt hätte. Sie erzählte mir davon, dass sie nicht tun durfte, was sie wollte, und dass sie es nun besser machen wollte. Ich sah nun zum ersten Mal nicht nur meine Mama vor mir, sondern vor allem die Tochter meiner Großeltern. Wir glauben oft, dass unsere Eltern überirdische Fähigkeiten besitzen und auf alles die richtige Antwort haben, aber je älter man selbst wird, desto mehr versteht man, dass dem nicht so ist. Das mag für viele überraschend kommen, aber Eltern sind auch nur Menschen, und es kann helfen, sich das in Erinnerung zu rufen, wenn sie Fehler machen, die uns verletzen. Wie sehr unser Verhältnis davon profitierte, würde ich in Kürze feststellen dürfen.

EIN HARTER SCHLAG

Es war eine Woche vor dem Abiball, und ich ging mit meinen Freund*innen auf eine Party. Das Tolle daran, Abiturient zu sein, war, dass wir plötzlich zu den Ältesten in der Schule gehörten. Es gab keinen Jahrgang, der über uns war, und somit auch keine bösen älteren Jungs, die dich niedermachen wollten. Das gibt dir das Gefühl von Abgeklärtheit. Du glaubst, erwachsen zu sein und alles schaffen zu können, schließlich hast du ja auch deine Schulzeit hinter dich gebracht. Dass du eigentlich noch ein Baby bist und gar nichts über das echte Leben weißt, erzählt dir in diesem Moment niemand. Alle sind einfach nur froh, dass das ständige Bangen, ob du einen Schulabschluss bekommst, endlich ein Ende hat.

Es war der Geburtstag meiner Freundin Martina, und ich beschloss, einen Blumenkranz zu tragen. Zum allerersten Mal in meinem Erwachsenen-Leben. Ich bastelte ihn selbst, und es war nichts, was man damals schon gesehen hatte. Es war nicht in Mode, ich fand einfach nur, es stand mir hervorragend. Meinen Freund*innen gefiel er, obwohl alle erst einmal skeptisch nachfragten, ob ich ihn wirklich tragen wollte. Es war mir egal, was andere sagen würden. Ich fand es toll, und daran konnte niemand etwas ändern, auch wenn es einer wirklich versuchte, wie sich später an dem Abend herausstellen würde.

Ich stand gerade auf der Tanzfläche und unterhielt mich mit dem Geburtstagskind. Um uns herum waren sehr viele Menschen, denn schließlich war es eine große Feier in einem Wirtshaus, das für diesen Abend zur Disco umfunktioniert wurde. Ich war gerade mitten im Gespräch, als ich ein Tippen auf meiner rechten Schulter verspürte. Ich drehte mich um und sah einen anderen Jungen, der seine Faust hob und mir ohne Worte damit ins Gesicht schlug. Der Schlag war so hart, dass es mir den Blumenkranz vom Kopf haute. Sofort lief mir Blut übers Gesicht und tropfte auf mein weißes T-Shirt. Ich drehte mich um und suchte meine Freundin Feli, die wohl gerade mit einem Jungen zugange war. Ich bückte mich und griff nach meinen Blumen, um sie mir wieder aufzusetzen. Dann erzählte ich ihr, was passiert war, und fragte sie, ob sie mit mir zusammen den Türsteher holen würde, der komischerweise nicht sonderlich viel Verständnis zeigte.

Es ging vor die Tür. Meine Freundinnen, der Junge, der mich geschlagen hatte, und ich. Bevor er zur Rede gestellt wurde, musste ich mich erklären, als wäre ich derjenige gewesen, der etwas verbrochen hätte. Während ich meiner Freundin Feli ihr weißes Kleid vollblutete, tat der Rest der Party so, als würde ich maßlos übertreiben. Die Dramaqueen, die wieder einmal Aufmerksamkeit brauchte. Der Junge, der mich angegriffen hatte, lachte und meinte, ich wäre selbst schuld, wenn ich so etwas auf dem Kopf trage. Er machte sich über meine Haare lustig und nannte mich jedes Wort, mit dem man einen schwulen Mann beleidigen kann. Als die Polizei kam, fühlte er sich fast schon gekränkt, wie ich ihm so etwas antun könnte. Von Reue oder einer Entschuldigung war er weit entfernt. Die Polizist*innen schienen ein wenig überfordert. Diskriminierende Gewalt gegenüber einer marginalisierten Menschengruppe stand im Berchtesgadener Land wohl eher selten auf der Tagesordnung. Auch hier gab man mir das Gefühl, ich würde übertreiben, aber ich musste mich zur Wehr setzen. Ich wusste, dass meine Tage hier bald gezählt waren. Ich würde wegziehen und mit ziemlicher Sicherheit ein großer Star werden (meine Worte damals). Dann hätte ich damit nichts mehr zu tun, aber was würde aus dem Typen werden, der mich grundlos geschlagen hatte? Würde ich ihn jetzt damit davonkommen lassen, aus Angst davor, was die anderen Leute von mir halten könnten, würde er sich von allen feiern lassen. Er würde dafür zum Helden erklärt werden, dass er dem schwulen Riccardo Simonetti aufs Maul gegeben hätte. Das weiß ich, weil ich mit eigenen Ohren gehört habe, wie er damit prahlte. Natürlich könnte mir das egal sein, aber was würde als Nächstes geschehen? Es lebten ja schließlich noch andere Menschen in diesem Ort, die ihm vielleicht nicht in den Kram passten. Würde er diese in Zukunft auch verletzen? Was ist, wenn morgen ein anderer schwuler Junge in dieselbe Situation kommt? Er musste einfach eine Lektion erteilt bekommen, und dasselbe galt für alle anderen, die sich gewünscht hätten, das getan zu haben, was er tat. Jede*r Einzelne von ihnen musste wissen, dass solche Taten Konsequenzen haben.

Als ich an dem Abend nach Hause kam, legte ich mich zu meiner Mama ins Bett. Ich war froh, dass es dunkel war, denn ich wollte nicht, dass sie mein blutiges und geschwollenes Gesicht in all seiner purpurnen Vielfalt sah. Sie hatte die Augen geschlossen und fragte mich, ob ich einen schönen Abend hatte, während ich unter die Decke schlüpfte. Ich schämte mich so sehr, ihr zu sagen, was passiert war, aber natürlich musste ich es ihr erzählen. Schon beim ersten Wort riss sie die Augen auf und machte das Licht an. Ich sah ihr an, dass all ihre Befürchtungen in diesem Moment bestätigt wurden. Alle Barbie-Puppen und Klamotten, die sie mir ursprünglich mal verboten hatte, waren nur aus einer einzigen Sorge heraus nicht erlaubt. Und die hatte sich in dieser Nacht bewahrheitet. Es machte sie wahnsinnig traurig, und es tat mir leid, dass ich sie in so eine Situation bringen musste. Natürlich wusste ich, dass es nicht meine Schuld war, aber dennoch fühlte sich ein Teil von mir dafür verantwortlich.

Das Schöne am Erwachsenwerden jedoch ist, dass man lernt, nicht alle Emotionen ernst zu nehmen. Manchmal sind sie auch nur Besucher, die kommen, aber dann auch wieder gehen. Und so kam ich mir am nächsten Morgen alles andere als schuldig vor. Dafür war ein neues Gefühl da: Wut. Ich war so zornig und gedemütigt, dass ich mir einen Termin bei einem Anwalt machte. Ich marschierte ein paar Tage später alleine, ohne meine Mutter, in die Kanzlei und erzählte, was mir passiert sei. Mit mir trug ich eine Mappe voller ärztlicher Atteste, die belegten, welcher Schaden angerichtet worden war. Ich hatte alles fotografiert und war bereit, vor Gericht zu ziehen. Endlich hatten die vielen CSI-Episoden über die Beweis- und Spurensicherung bei der Kriminalpolizei, die meine Mutter in meiner Gegenwart schaute und die mich nur schwer einschlafen ließen, ihren Zweck erfüllt. Letzten Endes ging es tatsächlich vor Gericht.

Der Mann, der mich schlug, musste mir ungefähr 2000 Euro Schmerzensgeld bezahlen und zusätzlich eine Drogen- und Alkoholtherapie machen. Außerdem verbrachte er ein Wochenende in einer Strafanstalt – und das an seinem Geburtstag!

Ich hätte mich besser fühlen sollen, nachdem ich sah, wie er seine gerechte Strafe bekam, aber das tat ich nicht. Der Grund, warum das alles passierte und wir vor Gericht landeten, war ja nicht weg. Ich war immer noch der, der ich war. Und auch wenn ich im Begriff war wegzugehen, war es ungewiss, ob es dort, wo ich hinziehen wollte, nicht noch mehr von seiner Sorte geben würde.

Ich wusste nun, wer ich war. Ich wusste, dass ich schwul war, aber nach solchen Erlebnissen fühlte ich mich nicht unbedingt ermutigt, der Welt zu zeigen, dass ich genau das war, was ihn dazu brachte, mich zu schlagen. Er schaffte es nicht zu ändern, wie ich mich selbst wahrnahm, aber er schaffte es, dass ich nun definitiv noch mehr Zeit brauchte, bevor ich mich anderen anvertrauen konnte. Ich beschloss, etwas zu tun, was ich lange vermieden hatte: Ich fing an, etwas aufzuschieben. Eigentlich hatte ich mir geschworen, so etwas nicht mehr zu machen, aber ich konnte mir einfach keine Realität vorstellen, in der mein Coming-out nicht in einem Blutbad enden würde. Also beschloss ich, das erst zu tun, wenn es mir gelungen wäre. Erst wenn ich so erfolgreich wäre, dass man mich nicht mehr nur auf meine Sexualität reduzieren könnte, würde ich mich outen. Noch heute habe ich ein komisches Gefühl, wenn mich jemand von hinten antippt. Wenn ich mich umdrehe, lehne ich mich immer noch intuitiv ein Stück nach hinten – aus Angst davor, dass sich diese Geschichte wiederholen könnte.

Der Schulabschluss kam, und ich wurde ausgewählt, die Abiturrede zu halten. Ich wurde sogar zur Abschlussball-Königin gekürt und trug das Diadem den ganzen Abend. Ich war glücklich, weil ich diese schwierige Zeit endlich hinter mir lassen konnte. Aber auch traurig, weil ich wusste, dass ich in ein Leben starten würde, das ohne die Sicherheit meiner Freundinnen funktionieren musste. Das machte mir Angst. Meine Mutter trug einen schwarzen Jumpsuit und sah stolz aus. Sie glaubte daran, dass ich eine schöne Zukunft vor mir haben würde. Wenn ihr das gelang, dann konnte ich es auch.

ANNA SIMONETTI

HÖRT EUREN KINDERN ZU!

Manchmal bekommt Riccardo Post von anderen Eltern, die davon erzählen, was ihre Kinder durchmachen, wenn sie das Gefühl haben, anders zu sein, irgendwie aus dem Rahmen zu fallen und nicht in das Bild zu passen scheinen, das die Gesellschaft für sie vorgegeben hat. Das ist wirklich herzzerreißend. Besonders berührt hat mich ein Instagram-Post einer Frau, die sich bei Riccardo für sein Kinderbuch *Raffi und sein pinkes Tutu* bedankte, das sie ihrem sechsjährigen Sohn zum Geburtstag geschenkt hatte. Der kleine Junge tanzt gern Ballett, erzählte sie, liebt Pink und Glitzer, traue sich aber nicht mehr, seinen rosafarbenen Pulli mit Wende-Pailletten zu tragen, weil er dafür ausgelacht wurde. »Ihn zu sehen, wie er voller Trauer aus dem Kindergarten kam und den Pulli aus Frust ganz hinten in den Schrank stopfte«, schrieb seine Mama, »brach mir fast das Herz.« Beim Vorlesen des Buches, in dem der Grundschüler Raffi dafür einsteht, seinen geliebten Tüllrock tragen zu dürfen, habe sie mit den Tränen kämpfen müssen. Ihr Sohn würde seinen Pulli zwar noch nicht wieder im Kindergarten anziehen, aber zumindest zum Einkaufen – durch den neuen Mut, den er durch das Buch gefasst habe. So etwas berührt mich sehr. Diese emotionalen Kommentare von seinen Follower*innen zu lesen, das ist immer toll für mich. Und ich freue mich jedes Mal, wenn sie davon berichten, wie sie das Buch ihren Kindern vorlesen und wie die Kleinen darauf reagieren. Je jünger sie sind, desto weniger seltsam finden die Kinder es offenbar, wenn ein Junge ein Tutu trägt. Denn sie sind dann noch nicht so stark mit Ideen von klassischen Rollenbildern in Berührung gekommen, reagieren unbefangener darauf. Ich hoffe, dass dieses Buch dazu beitragen kann, sich diesen Umgang mit dem Thema ein Stück weit zu bewahren. Es macht mich glücklich, dass Riccardo den Menschen so viel damit gibt und es vielleicht dabei hilft, mehr Verständnis zu schaffen, damit es andere Kinder nicht so schwer haben müssen, wie er es hatte.

Wenn ein Kind eben nicht so ist, wie es den allgemeinen Erwartungen entspricht, dann spürt es das von dem Tag an, ab dem es beginnt, sich auch im Kontext mit anderen wahrzunehmen. Und da fangen auch die Bewertungen an, eine Rolle zu spielen, die andere Eltern ihren Kindern bewusst oder unbewusst mitgeben, abfällige Kommentare, die bei der Brotzeit fallen und die Kinder dann aufnehmen, weil sie denken: Was Mama und Papa sagen, kann gar nicht falsch sein! Wenn Riccardo in der Grundschule als »Schwuchtel« betitelt wurde, als er noch nicht mal etwas damit anzufangen wusste, da habe ich mir schon oft gedacht: Das kommt ja nicht von den Kindern selbst, sie übernehmen nur ganz selbstverständlich das, was in der Familie scheinbar Normalität ist. Die Erstklässler*innen wissen nicht, was der Begriff bedeutet, darum war für mich immer klar, dass sie es daheim aufschnappen, wenn sie solche Wörter in den Mund nehmen. Wie kriegen kleine Kinder sonst so etwas mit? Was sich zuhause abspielt und wie dort damit umgegangen wird, ist ausschlaggebend fürs Leben. Da muss ein Umdenken stattfinden und sich das Bewusstsein dafür endlich ändern, wie wir anderen Menschen begegnen.

Ich verfolge alles, was Riccardo auf Instagram postet – ausnahmslos. Ehrlicherweise habe ich mir nur seinetwegen ein Profil zugelegt, denn ich möchte so viel wie möglich von dem mitbekommen, was er Tolles macht. Es gibt mir das Gefühl, dass ich bei ihm bin. Wir sind ja doch die meiste Zeit voneinander getrennt, und zu sehen, was er am Tag erlebt hat, erzeugt Nähe. Über all die Anerkennung, die er erntet, freue ich mich sehr. Aber es gibt natürlich auch die andere Seite, die negativen Kommentare von Menschen, die die Anonymität des Internets nutzen, um ihren Hass hinauszublasen – auf alles, was nicht in ihr Weltbild passt. Egal, wie niveaulos und dumm diese Posts sind, sie verletzen mich trotzdem, vielleicht sogar noch mehr als ihn – weil er seit Jahren gelernt hat, damit umzugehen. Mir gelingt das nicht so gut. Es trifft mich persönlich und macht mich sehr wütend. Und ich frage mich dann oft: Wie können Fremde so über ihn urteilen? Und was haben solche Leute überhaupt auf seinem Profil zu suchen? Wenn ich keine Katzen mag, dann schaue ich mir doch auch keine Dokumentation über Perserkatzen im Fernsehen an! Wieso folge ich einem schwulen Mann, der sich gegen Homophobie einsetzt, wenn ich selbst der Meinung bin, Homosexualität sei eine Krankheit? Das werde ich nie verstehen. Da muss ich mich oft zusammenreißen, um ihnen keine wütende Antwort entgegenzuschleudern. Als mal einer geschrieben hat: »Deine Mutter hätte lieber schlucken sollen, als Dich auf die Welt zu bringen«, da haben wir als Reaktion ein witziges Video gepostet, in dem ich dem Absender den Stinkefinger zeigen konnte. Das hat mir gutgetan, um Dampf abzulassen, denn es hat mich wahnsinnig geärgert. Aber meist halte ich mich zurück und glaube Riccardo, wenn er sagt, dass man den Menschen eine zu große Plattform bietet, wenn man zu sehr darauf eingeht. Das sind sie einfach nicht wert.

Ich kann sehr gut verstehen, wie schwierig das für junge Leute heute ist, mit den ständigen Bewertungen umzugehen, denen sie in sozialen Netzwerken ausgesetzt sind. Für uns war es früher das Schönste, die Freund*innen draußen zu treffen, mit ihnen irgendwo herumzuhängen und zu quatschen, aber heutzutage läuft alles nur übers Netz. Das, was im Internet passiert, ist für die Teenager jetzt das Leben. Wir müssen unsere Kinder stark dafür machen, mit dem, was ihnen da begegnet, umzugehen. Wir müssen ihnen so viel Selbstwertgefühl mitgeben, wie wir nur können, damit sie es nicht allein auf die Likes stützen, die sie für einen Post bekommen. Das ist eine extrem schwierige Aufgabe. Ich bewundere Riccardo dafür, dass er stark genug ist, sich dem zu stellen. Er sagt immer, dass ihn diese Kommentare nicht mehr treffen, aber ich denke schon, dass sie nicht spurlos an ihm vorbeigehen. Er hat aber einen Weg für sich gefunden, damit umzugehen – vielleicht weil er schon als Kind lernen musste, das Negative auszublenden und sich wie ein Star zu fühlen – egal, was die anderen sagten. Zum Glück war Riccardos Selbstbewusstsein immer unerschütterlich, mich hätten sie völlig fertiggemacht. Ich bin unendlich stolz darauf, dass er nie in Deckung gegangen ist, sondern mutig zu sich gestanden hat. Diese Stärke hatte ich nie. Und wenn das eigene Kind ausgegrenzt oder beleidigt wird, dann tut das als Elternteil noch mehr weh, als träfe es eine*n selbst.

Heute ist es für Eltern wichtiger denn je, ihren Kindern Stabilität und Halt zu geben. Sie müssen wissen, dass sie aufgefangen werden, was auch immer ihnen entgegengesetzt wird. Eltern machen nicht alles richtig, das können sie gar nicht, denn sie sind auch nur Menschen. Will man es wirklich gut machen mit der Erziehung, dann ist das schon eine sehr anspruchsvolle Aufgabe – gerade wenn die Kinder einen so fordern, wie Riccardo es getan hat. Aber wenn wir unsere Kinder als die Wundertüte annehmen, als die sie zur Welt kommen, dann ist schon ganz viel gewonnen. Ich kann nur allen Eltern raten, ihre Kinder so zu lieben und sein zu lassen, wie sie sind. Egal, welche sexuelle Orientierung sie haben, welche Eigenarten sie mitbringen, woran sie glauben, ob sie dick oder dünn sind, laut oder leise – es bleiben doch unsere Kinder. Sie alle sind ein Wunder der Natur. Wir sollten ihnen zuhören, sie unterstützen, sie auffangen. Wir Eltern dürfen nicht an ihnen zu zweifeln beginnen, nur weil sie in der Gesellschaft vielleicht auf Gegenwind stoßen. Sie sind für immer ein Teil von uns, wir haben sie so geboren, wie sie sind. Und ein größeres Geschenk als sie werden wir in unserem Leben nicht bekommen.

Freilich sollten wir ihnen in schwierigen Zeiten dabei helfen, Orientierung zu finden, ihnen Werte mitgeben, die uns wichtig sind. »Was du nicht willst, das man dir tut, das füge auch keinem anderen zu.« Das war für mich stets ein wichtiger Leitsatz, der beschreibt, dass man andere so behandeln sollte, wie man selbst behandelt werden möchte. Mir lag es immer besonders am Herzen, dass meine Kinder nett und höflich zu anderen sind, dass sie allen Menschen gegenüber ehrlich und nicht hinterhältig sein sollen. Auch ich habe die negative Erfahrung gemacht, dass jemand, der*die mir nahestand und mir sehr viel bedeutete, hinterrücks schlecht über mich geredet hat, das war vielleicht die größte Enttäuschung meines Lebens. Konfrontationen konnte ich noch nicht bewältigen und habe mich zurückgezogen, heute würde ich vermutlich anders damit umgehen. Dass sie sich anderen gegenüber so niemals verhalten dürfen, das habe ich immer versucht, meinen Kindern zu vermitteln.

Könnte ich heute etwas anders machen, dann würde ich mir öfter die Zeit nehmen, ihnen wirklich intensiv dabei zuzuhören, was sie zu sagen haben, nicht dauernd die Erledigungen an erste Stelle stellen und die Dinge wegschieben, die eigentlich wichtig sind. Ich würde sie fragen, was sie sich vorstellen vom Leben, was ihnen wirklich etwas bedeutet. Ich würde die Wäsche und den Papierkram auch mal liegen lassen. Auch wenn ich denke, gerade keine Muße für ein sehr langes Gespräch zu haben, würde ich mich hinsetzen und sie erzählen lassen. Heute sind für mich die schönsten Augenblicke mit meinem Sohn, wenn wir wirklich Zeit füreinander haben, dann entsteht der intensivste Austausch und die größte Vertrautheit. Auch wenn wir diskutieren und nicht immer einer Meinung sind, dann sind mir diese Momente genauso wertvoll.

FAMILIENBANDE

Ich erinnere mich noch sehr genau an ein Telefongespräch mit meiner Mutter Francesca, meine Tochter Alessia war gerade zur Welt gekommen und schlief neben mir in ihrem Stubenwagen. Sie erzählte mir aufgelöst von einem heftigen Streit mit meinem Vater. Dass meine Eltern so große Probleme miteinander hatten, nahm mich sehr mit, in diesem Moment war ich wütend und traurig zugleich. Meine kleine Tochter hatte ich vor dem Gespräch noch gestillt, aber als ich sie danach wieder anlegen wollte, da hatte ich keine Milch mehr. Wirklich: gar keine. Sie ist tatsächlich vor Kummer versiegt. Dass so etwas passiert, hätte ich nie für möglich gehalten. Die Kleine hat so furchtbar geweint! Wir mussten mit ihr ins Krankenhaus fahren, weil wir am Sonntagabend nirgendwo mehr Säuglingsnahrung bekamen. Dabei hatte meine Mutter selbst immer gesagt, man dürfe sich nicht aufregen, wenn man stillt. Aber ihre eigene Hilflosigkeit war so groß, dass sie daran gar nicht denken konnte.

Meine Mutter so verzweifelt zu erleben war für mich kaum auszuhalten. Sie hatte so viel durchgemacht! Nachdem wir drei Schwestern gesund zur Welt gekommen waren, immer ein Jahr hintereinander, verlor sie drei Kinder bei oder kurz nach der Geburt. Grund dafür war eine Blutgruppenunverträglichkeit, die sich eigentlich gut behandeln lässt, aber sie ging weder zur Vorsorge noch zur Geburt ins Krankenhaus, sodass diese zu spät erkannt wurde. Sie hätte so sehr einen Mann verdient, der bedingungslos zu ihr stand. Doch bald darauf haben sich meine Eltern endgültig getrennt, weil mein Vater sie immer wieder mit anderen Frauen betrog.

Warum ich diese Geschichte erzähle? Weil diese Erfahrung mir gezeigt hat, wie eng wir mit unseren Eltern verbunden sind, wie untrennbar die Probleme der einen von denen der anderen sind. Auch der Schmerz, wenn man sich nah ist. Wie sehr ich die Tochter meiner Eltern bin und wie stark sie mich durch ihre konservative Erziehung geprägt haben, musste ich erfahren, als ich selbst Mutter wurde. Das war oft schmerzhaft. Aber trotz all dem, was man in sich trägt, gibt es doch immer auch die Chance, Dinge anders zu machen – und sich als erwachsener Mensch von seiner Mutter und seinem Vater abzunabeln. Auch wenn im eigenen Elternhaus keine Toleranz gelebt wurde, heißt das nicht, dass man sie nicht auch später noch lernen kann. Sich von dem, was uns in unserer Kindheit mitgegeben wurde, zu lösen ist ein lebenslanger Prozess, der Kraft kostet. Den richtigen Weg zwischen Selbstbestimmung und Prägung zu finden ist oft ein Spagat. Doch wenn der gelingt, dann schenkt man nicht nur seinen Kindern ein freieres Leben, sondern auch sich selbst.

In meinen Auseinandersetzungen mit meinem Sohn habe ich mich oft gefragt: Kämpfe ich diese Kämpfe seinetwegen oder um meiner selbst willen? Und es gibt bis heute Momente, in denen ich sage: »Das muss doch nicht sein, Rick, das ist schon sehr auffällig!« Bei manchen Bühnenoutfits frage ich mich immer noch, ob das wirklich nötig ist, ob es nicht vielleicht doch zu freizügig ist oder zu eng. Da sind wir nicht immer derselben Meinung, aber der Grund für meine Kritik ist eben jetzt ein anderer. Früher habe ich es ihm verboten, weil ich Ablehnung fürchtete, aber wenn ich heute nicht einverstanden bin, dann deswegen, weil es mir nicht gefällt und ich es nie tragen würde. Das macht für uns beide einen großen Unterschied – auch wenn sich seine Reaktion darauf nicht verändert hat: Wenn er davon überzeugt ist, dann trägt er es sowieso.

EIN SICHERER ORT

Wenn Eltern ihre Kinder nicht vorbehaltlos annehmen können, dann trennt sie das. Draußen ist es schon so hart, und wenn es in der Familie keinen Rückhalt gibt, sie auch noch daheim verurteilt oder ausgegrenzt werden, dann ist das für die Kinder dramatisch. Diejenigen, die sie beleidigen, die wissen oft gar nicht, was sie in dem- oder derjenigen auslösen. Dass sie einfach damit davonkommen, ist für mich schwer auszuhalten. Viele werden die psychischen Verletzungen, die sie durch Mobbing-Erfahrungen davontragen, nie wieder los und können kein normales Leben mehr führen. Wenn man an den Rand der Gesellschaft gedrängt wird, dann möchte man in der Familie nicht auch noch ins Abseits gestellt werden. Doch das passiert in vielen Familien. Bis heute. Es fängt erst ganz allmählich an, dass die neue Elterngeneration anders damit umgeht, offener, reflektierter, verständnisvoller. Aber als Riccardo klein war, da war hier niemand darauf vorbereitet. Ich habe auch eine Freundin mit einem schwulen Sohn, der jetzt um die 20 ist, die ich aber vorher nicht näher kannte – leider. Ihr Junge liebte Ballett und hat deswegen schon in der Grundschule das Schlimmste mitgemacht. Dort, wo ich bis heute lebe und Riccardo groß geworden ist, wird es wohl noch Zeit brauchen, bis nicht mehr als abnorm betrachtet wird, was doch eigentlich längst normal sein sollte. Aber es liegt mir am Herzen, meinen Teil dazu beizutragen, dass es nicht mehr ewig dauert.

Ich hatte als Mutter immer das Bedürfnis, ihn vor allem und allen beschützen zu wollen. Deshalb war es auch so schwierig für mich, ihn ziehen zu lassen. Der Gedanke, was die Welt dort draußen ihm antun könnte, hat mich sehr oft beschäftigt. Vor allem wenn es wieder einen Vorfall gab, der uns beide nachhaltig erschütterte. Die Nacht, in der er verletzt und blutend von der Geburtstagsparty seiner Freundin Martina nach Hause kam, werde ich wohl nie vergessen, denn damals bewahrheiteten sich meine schlimmsten Befürchtungen – und auch seine. Ich war schon im Halbschlaf, als er zu mir ins Bett gekrochen kam, wie er es bis heute manchmal tut, wenn er zu Besuch da ist. »So, Mama, jetzt ist etwas passiert«, sagte er mit brüchiger Stimme ins Dunkel des Schlafzimmers. »Mir haben sie die Nase gebrochen.« Ich konnte nicht fassen, was er da gerade gesagt hatte. Ich war entsetzt über diese Brutalität, dass ihm wirklich jemand mit der Faust ins Gesicht geschlagen hatte – bloß weil er einen Blumenkranz trug! In meinem Bauch spürte ich ein Knäuel unbändiger Wut darüber, dass jemand meinem Kind so etwas antun konnte.

Trotzdem wollte ich nicht, dass er nach der Anzeige bei der Polizei auch noch einen Strafantrag beim Anwalt stellte, weil ich dachte, es würde uns bloß einen Haufen Geld kosten. Vielleicht war ich es zu sehr gewohnt, die Dinge zu erdulden und mich nicht aufzulehnen, denn ich war mir sicher: Uns wird sowieso niemand glauben! Doch Riccardo war es wichtig, dass derjenige, der ihm das angetan hat, dafür büßt – und hat ihn am Ende wirklich vors Gericht gebracht. Auch wenn das Urteil eine Genugtuung war, so war es für mich dennoch enttäuschend, dass bei dem Termin nicht die Wahrheit ans Licht kam. Ich hätte mir gewünscht, dass man sich alles anhört, was da vor sich gegangen ist, beide Seiten. Aber dazu kam es nicht, es wurden nur die Stellungnahmen verlesen. Daraus ging hervor, dass der Junge, der ihn geschlagen hatte, angab, ihm wäre eine Leberkäse-Semmel hinterhergeschmissen worden und jemand hätte behauptet, Riccardo sei es gewesen. Sich öffentlich rechtfertigen musste er nicht. Auch wenn das Gericht gegen ihn entschied, so fiel es mir trotzdem schwer, mit dieser Ungerechtigkeit umzugehen. Er bekam seine Strafe, aber ich fand es nicht fair, dass der wahre Grund für seinen Angriff nicht auf den Tisch kam: dass er einen Menschen schwer verletzt hatte, bloß weil der nicht seinem Bild entsprach, wie sich ein Mann zu kleiden und zu geben hatte. Das war nicht in Ordnung. Dass er dazu vor allen hätte Stellung nehmen müssen, wäre mir viel wichtiger gewesen als eine Geldstrafe. Meine Sorge, dass sich so etwas wiederholen oder sogar noch schlimmer enden könnte, ist durch diese traurige Geschichte noch größer geworden. Aber ich weiß auch, dass es keine Lösung sein kann, deswegen angepasst zu leben, sich kleinzumachen oder sich zu verleugnen, um bloß nicht aufzufallen. Dafür haben wir beide zu sehr dafür gekämpft, dass Riccardo endlich er selbst sein darf.

RICCARDO SIMONETTI

DIE ZUKUNFT IST JETZT

Mit dem Ende der Schulzeit fängt der Ernst des Lebens erst richtig an. Das ist ein Satz, den wir oft von unseren Lehrer*innen zu hören bekamen, wenn wir uns darüber beschwerten, dass alles so stressig sei. Wie recht sie damit hatten, merkte ich, als ich im Alter von 19 Jahren meine Heimatstadt Bad Reichenhall verließ, um nach München zu ziehen. Während die meisten meiner Freund*innen schon so einiges an Lebenserfahrung verbuchen konnten – erste Beziehung, erster Sex, erster Liebeskummer, erste Trennung –, stand ich noch am Anfang. Sie hatten quasi das ganze Repertoire an Erfahrungen gesammelt, und ich hatte noch nicht einmal einen Kuss zu verbuchen. Dafür hatte ich meinen ersten Modelvertrag unterzeichnet, fing an, für die *InStyle*, das erfolgreichste Modemagazin auf dem deutschen Markt, zu arbeiten, und machte zum ersten Mal mediales Aufsehen mit *The Fabulous Life of Ricci*, der zu einem der bekanntesten deutschsprachigen Blogs der damaligen Zeit wurde. Ich hatte eine eigene kleine Fernsehsendung gehabt und moderierte im Radio. Was man nicht alles schafft, wenn man damit beschäftigt ist, seine Sexualität zu leugnen!

Ich entschied mich gegen die Universität, obwohl man mir ein Stipendium der katholischen Kirche angeboten hatte, und wollte ein Praktikum beim Fernsehen machen. Als ich zum Vorstellungsgespräch ging, sprach ich mit einem schwulen Mann. Derjenige, der mir das Vorstellungsgespräch überhaupt erst besorgt hatte, war auch schwul. Und das waren bei weitem nicht die einzigen Schwulen, die man bei E! Entertainment finden konnte. Ich bewegte mich also von einem Extrem ins andere. Von einem Ort ohne jegliche Identifikationsfiguren zu einem Arbeitsplatz, wo schwule Männer in der Überzahl waren. Wenn das mal nicht das richtige Umfeld für mich werden würde, dachte ich.

Der Sender beschäftigt sich mit den Themen Popkultur, Mode und Stars. Ich hatte keinerlei Interesse, hinter den Kulissen zu arbeiten, aber war der Annahme, dass ich irgendwo anfangen müsste. Ich hatte keine Kontakte und wurde nicht in eine Familie geboren, die solche Sachen für mich regeln konnte. Wollte ich etwas in diesem Bereich erreichen, musste ich es schon ganz allein hinkriegen – und das tat ich auch. Ich hoffte, dass das Licht, das über meinem Kopf leuchtete und mich mein Leben lang in Schwierigkeiten brachte, nun auch endlich mal für etwas gut sein würde. Es sollte allen Leuten zeigen, dass ich es verdient hätte, vor die Kamera zu dürfen. Eine Weile dauerte es zwar, aber mein Plan ging auf. Nur zwei Jahre nach meinem sechsmonatigen Praktikum bekam ich meine eigene Sendung und war somit der erste Praktikant, dem so etwas gelungen war. Nicht dass es mein Coming-out erleichtert hätte, aber es hatte durchaus seine Vorteile, an seine Träume zu glauben.

Als ich mein Praktikum antrat, hatte ich einen Gips auf meiner Nase, da ich den Bruch nach dem Faustschlag zum Anlass für eine kleine Korrektur genommen hatte. Nicht unbedingt ein idealer Start, um einen guten Eindruck zu hinterlassen. Ein fester Händedruck sollte die fehlende Seriosität aber wieder ausgleichen, auch wenn ich – Gerüchten zufolge – dem einen oder der anderen dabei die Hand fast zerquetschte. Meine Mutter hatte mir beigebracht, dass ein fester Händedruck ausgesprochen wichtig sei, vor allem bei einem Jungen wie mir. Anders als damals im Flugzeug, als sie mir sagen wollte, was ich tun müsste, um ernster genommen zu werden, war es dieses Mal ein Rat, an dem ich bis heute festhalte. Ich wusste, dass Leute mich sofort in eine Schublade steckten, wenn sie mich zum ersten Mal sahen. Die souveräne Art der Begrüßung sollte ihnen direkt zeigen, dass sie mich da gleich wieder rausnehmen könnten, weil ich es mir nicht gefallen lassen würde. Das hat meine Mama mir beigebracht, und das erzählte ich auch allen, die mich darauf ansprachen.

Die zunehmende Anzahl an schwulen Männern in meinem Umfeld schien nicht unbedingt etwas zu meinem Coming-out beizutragen. Wie ich relativ schnell feststellen musste, war die LGBTQIA*-Community nämlich ein Ort, der nicht unbedingt weniger verurteilend ist als der Rest der Gesellschaft. Es ist mir bis heute ein absolutes Rätsel, warum ausgerechnet Menschen, die selbst erfahren haben, wie gefährlich Vorurteile sein können, nicht mit besserem Beispiel vorangehen und weniger voreingenommen miteinander umgehen.

An meinem Arbeitsplatz spielte so etwas jedoch keine Rolle. Jede*r konzentrierte sich auf seinen*ihren Job, und ich fand Freund*innen, die sich zwar für mich interessierten, aber nicht unbedingt für meine sexuelle Orientierung. Als ich anfing, bei *InStyle* zu arbeiten, war ich zum ersten Mal an einem Ort, wo meine sexuelle Identität kein großes Thema war. Das lag zum einen daran, dass die Menschen in der Modebranche viel zu sehr mit sich selbst beschäftigt sind, aber auch daran, dass sie wahrscheinlich einfach davon ausgingen, ich wäre schwul. In meiner gesamten Zeit dort fragte mich niemand auch nur einmal danach. An meinem ersten Tag traf ich Stefan, der als Stylist arbeitete. Er ist mir direkt aufgefallen, weil er Turnschuhe trug, die glitzernde Blitze an den Schnürsenkeln baumeln hatten. Auch wenn ich mit ihm nie übers Schwulsein sprach, freute ich mich jedes Mal, ihn zu sehen, weil ich mich irgendwie mit ihm identifizieren konnte.

Ein Umfeld zu haben, das dich nicht unter Druck setzt und für all die Eigenschaften wertschätzt, die dich ausmachen unabhängig davon, ob du nun Männer oder Frauen liebst, war genau das, was ich brauchte, um mir selbst eingestehen zu können, dass ich schwul war. Von nun an antwortete ich auf die Frage, ob ich es sei, nur noch mit »Ja«. Das fiel mir anfangs zwar noch nicht so leicht, weil es sich immer noch wie eine Provokation anfühlte, das ließ aber mit der Zeit nach. Ich begriff, dass nicht jeder Mensch, der es wissen wollte, etwas Böses im Sinn hatte, und fing an, Gefallen daran zu finden.

THE VERY FIRST TIME

Ich begann auszugehen und natürlich konnte ich es nicht abwarten, auch einmal eine Schwulen-Bar zu besuchen. Ich googelte, was München an Gay Locations zu bieten hatte und fand eine namens *Bau*. Ich zitterte, als ich die Eingangstür öffnete und fand mich plötzlich in einer Situation wieder, in der ich noch nie war. Ich hatte nicht gelernt, wie man auf Partys flirtete. Wie sollte ich denn überhaupt mit Männern sprechen? Es war ohnehin nicht viel los. Dazu muss man sagen, dass es sich bei dieser Bar nicht unbedingt um einen fröhlichen Ort handelte, zumindest an jenem Abend. Alle standen mehr oder weniger vereinzelt am Tresen herum und nippten an ihren Bieren. Im unteren Bereich befand sich ein Dark Room, wo man Sex haben konnte, der war jedoch leer. Ich war im Begriff zu gehen, entschied dann aber, doch zu bleiben, weil ich Angst hatte, dass sonst vielleicht nie etwas passieren würde.

Im Laufe des Abends entdeckte ich einen Mann. Er war hübsch und ungefähr doppelt so alt wie ich. Er schien alleine zu sein, und ich ging auf ihn zu und erklärte ihm meine Situation. Ich erzählte ihm, dass ich noch nie zuvor in so einem Laden gewesen wäre und dass ich keine Ahnung hätte, was ich hier tat, aber dass ich unbedingt Sex haben wollen würde. Nicht besonders charmant, aber effektiv. Dass es sich dabei um mein erstes Mal handeln würde, verschwieg ich ihm. Wir verließen die Bar zusammen und fuhren zu ihm. Er fragte mich, ob ich Kondome dabeihätte, und ich sagte Nein, aber er müsse sich keine Sorgen machen, ich hätte keine Krankheiten. Zu Recht hielt er mir erst einmal eine Standpauke, wie wichtig es wäre, sich zu schützen, vor allem wenn man sein Gegenüber gar nicht kennt. Das hielt ihn jedoch nicht davon ab, mich zu küssen. Als ich nun zum ersten Mal einen Mann küsste, waren alle Sorgen, die ich davor hatte, wie weggeblasen. Wenn das schwul sein bedeutete, dann wollte ich nichts anderes mehr auf der Welt sein. Das war so aufregend und furchteinflößend zugleich. Zuhause angekommen wurden wir intim. Wir hatten keinen Sex, aber ich verbrachte die Nacht dort. Auf dem Nachhauseweg am nächsten Morgen weinte ich bitterlich. Obwohl nichts passiert war, hatte ich das Gefühl, etwas falsch gemacht zu haben. Ich war durcheinander und wollte die Sache, so schnell es geht, vergessen. Aber auf der anderen Seite hatte ich auch Lust, wieder jemanden küssen, denn das wiederum fühlte sich verdammt richtig an.

Ich googelte an diesem Tag alles über sexuell übertragbare Krankheiten und begriff, wie leichtfertig meine Aktion war und wie gefährlich das hätte enden können. Das ist mitunter ein Grund, wieso ich inzwischen so aktiv in der HIV-Prävention bin. Aufgeklärt zu sein hätte mir so vieles in diesem Bereich erleichtert, und genau deshalb spreche ich heute auch, so oft ich kann, darüber.

Wie das Schicksal es wollte, hatte ich für meine Sexualität aber gar nicht so viel Zeit, denn meine Karriere schien gerade anzufangen, Früchte zu tragen. Obwohl ich erst neu in die Großstadt gezogen war, fand ich mich bald in Situationen wieder, die mich an den Ort erinnerten, von dem ich eigentlich nur ganz weit weg wollte. Leute fingen an, mich zu erkennen, und wollten Fotos mit mir machen. So aufregend das auch war, so wenig unterschied es sich von meinem alten Leben. Ich kannte das Gefühl ja gar nicht, keinerlei Reaktionen auszulösen. Es war wie bei mir zuhause, nur dass die Menschen, die mich jetzt auf der Straße anhielten, positiv auf mich reagierten. Bis heute ist das für mich etwas Besonderes, weil ich nie vergessen werde, dass draußen angesprochen zu werden in meinem Leben lange etwas völlig anderes bedeutete. Natürlich war neu gefundener Ruhm und eine aufblühende Karriere für einen 19-Jährigen wesentlich reizvoller, als sich der unangenehmen Frage zu stellen, wie es mit der eigenen Sexualität weitergehen würde.

Auf Events oder bei Foto-Shootings war ich von schwulen Männern umgeben, aber daran zu flirten dachte ich gar nicht. Das war schließlich Arbeit. Online-Dating war für mich keine Option. Ich hatte zwar davon gehört, war aber gar nicht so wirklich interessiert daran. Je mehr Zeit verging, umso enttäuschter war ich, dass ich keinen Schritt weitergekommen war, was mein Coming-out anging. An einem besonders düsteren Abend überkam mich das Gefühl von Einsamkeit, und ich beschloss, der Sache auf die Sprünge zu helfen, und ging erneut in eine Schwulen-Bar. Das *Café am Hochhaus* war jeden Sonntag eine queere Party-Location, und ich nahm all meinen Mut zusammen, bevor ich dort hineinmarschierte. Ich hatte ein bisschen Angst vor dem, was mich erwartete, aber als ich die Bar betrat, fühlte ich mich sofort wohl. Ich bestellte mir eine Apfelschorle und lauschte der Musik. Ich traf sogar ein paar Bekannte, die ich von der Arbeit kannte, und war erstaunt darüber, wie viele Frauen sich zwischen all den Männern tummelten. Ich hatte das Gefühl, an einem Ort angekommen zu sein, der keinen Wert auf Labels legte, und beschloss, jeden Sonntag hierherzukommen.

Sein erstes Mal in einer Beziehung zu erleben ist ein Privileg, das nicht allen zuteilwird. Gerade als homosexueller Mann ist das oft nicht der Fall. Sucht man sich die falsche Person dafür aus, kann das genaue Gegenteil vom gewünschten Effekt eintreten. Man muss natürlich nicht in einer Beziehung sein, um Sex zu haben, aber man sollte nie Sex haben, nur um es hinter sich zu bringen. Als es dann endlich mal passierte – eine ganze Weile später und mit einem Mann, den ich bis heute sehr schätze –, war ich nicht nur körperlich erregt, sondern vor allem berührte es mich emotional. Ich war noch nie einem anderen Mann so nahe gekommen, und das, obwohl ich ihn kaum kannte. Aber ich wollte es unbedingt und schämte mich auch gar nicht dafür, denn er tat es auch nicht. Wir beide wollten es, und etwas, das sich gut anfühlte, konnte nicht falsch sein. Ich fühlte mich zum ersten Mal im Leben männlich und dachte, das Beste erfahren zu haben, was überhaupt jemals ein Mensch erleben konnte.

Das musste ich natürlich jemandem erzählen. Noch bevor ich aber meinen Freundinnen von meiner aufregenden Nacht vorschwärmen konnte, rief ich meine Mutter an. Ich weiß nicht, warum ich unbedingt mit ihr über meine nächtliche Eroberung sprechen wollte, aber es gab keinen Menschen, dem ich lieber davon berichtet hätte. Ich erzählte

225

ihr, es sei nun endlich geschehen und wie toll es war. Ich würde nun definitiv wissen, dass ich schwul sei und dass ich es liebte. Wir telefonierten, und ich ahnte, wie sie auf der anderen Seite des Hörers rot wurde. Sie war verlegen, aber nicht urteilend, und nach dem anfänglichen Schock – den ich sehr gut nachvollziehen konnte – schien sie froh darüber zu sein. Sie freute sich, weil ich mich freute. Als wir auflegten, hatte sich die Sache für mich erledigt. Ich wusste nun, wer ich war und was ich wollte, und ich hatte keinerlei Probleme damit, es nach außen zu tragen. Schwul zu sein war plötzlich die ultimative Droge für mich, und ich hatte den Wunsch, alles nachzuholen, was meine Klassenkamerad*innen schon seit Jahren tun durften. War diese Tür erst einmal geöffnet, wollte ich es am liebsten jedem erzählen. Ich rief alle meine Freund*innen an. Schrieb E-Mails. Jede*r, der*die mir nahestand, sollte Bescheid wissen. Ich hatte das Gefühl, das war ich ihnen schuldig. All die Jahre hatten sie zu mir gestanden, mich verteidigt, und es kam mir vor, als würde ich sie belügen, wenn ich ihnen nicht die Wahrheit erzählte – jetzt, da ich mir sicher war. Logischerweise war niemand wirklich geschockt. Ich schätze, über die Jahre waren alle der Annahme, ich würde es schon irgendwann selbst merken, dementsprechend verhalten war auch die Rückmeldung. Ich wusste auch gar nicht, was für eine Art Feedback ich erwartete. Ein Geschenkkorb zum ersten Mal vielleicht? Wäre das zu viel verlangt?

Da das nun geklärt war, konnte ich mich wieder voll und ganz der Verwirklichung meiner Träume widmen. Ich hatte mittlerweile sogar ein Management, dem ich zwar

nicht von meiner präsentkorbverdächtigen Nacht berichtete, es dafür aber darüber in Kenntnis setzte, dass ich
schwul war. Als wäre das nötig gewesen! Anders als erwar-
tet rieten sie mir jedoch, das erst einmal für mich zu behalten, zumindest medial. Wirklich verstehen konnte ich es
nicht, jede*r sah schließlich, dass ich es war, und ich war
nun endlich an einen Punkt gekommen, an dem ich es
auch nicht länger verheimlichen wollte. Aber was wusste
ich schon? Ich vertraute ihnen, schließlich wollte ich auch
nicht nur auf meine sexuelle Orientierung reduziert werden. Das passierte schon mein ganzes Leben lang, und darauf hatte ich wirklich keine Lust mehr. Alles, was ich wollte,
war, ich selbst zu sein und dafür geschätzt zu werden. Ich
war mehr als meine Sexualität, und das wollte ich ein für
alle Mal beweisen.

Von nun an sprach ich in Interviews nie von potentiellen
Traummännern, sondern immer von Menschen, in die ich
mich hoffentlich mal verlieben würde, oder ich umging die
Frage. Ist es nicht komisch? Ich sehnte mich mein Leben
lang nach Ruhm, um endlich sein zu können, wer ich war,
und nun fand ich mich in ein und derselben Leugnungssi-
tuation wie damals in der Schule wieder. Wie prägend eine
Schlagzeile sein kann, stellte ich fest, als ich in einem Interview die übliche Ich-möchte-mich-in-einen-Menschen-ver-
lieben-Antwort formulierte. Scheinbar bedeutete das für
den Journalisten, dass ich asexuell sei, denn das war seine
Überschrift: »Riccardo Simonetti (27): ›Ich bin asexuell.‹«
Ich war geschockt. Nicht nur, dass der Mann mich locker
fünf Jahre älter machte, er war auch im Begriff, mir mein

zukünftiges Liebesleben zu versauen. Und das gerade jetzt, als ich endlich wusste, was ich wollte. Das gefiel mir ganz und gar nicht, würde aber wohl oder übel von nun an dazugehören, wenn ich nicht bereit war, die Wahrheit zu sagen – also schwieg ich.

Ich hielt mich, was das Sprechen über meine eigene Sexualität anging, zurück, aber nicht, was das Thema an sich betraf. Die Homophobie der Gesellschaft war etwas, das mir immerzu Steine in den Weg legte, und das wollte ich ändern. Nicht nur für mich, sondern auch für alle anderen Menschen, die ähnliche Erfahrungen verbuchen mussten. Ich nutzte meinen Blog sowie jede andere Plattform, um darauf hinzuweisen. Außerdem vergrößerte sich die Anzahl queerer Menschen in meinem Bekanntenkreis und ich erfuhr viel darüber, was mir half, mit meiner Sexualität ins Reine zu kommen. Je mehr ich lernte, desto glaubhafter konnte ich auch mein Wissen vermitteln. An meine Follower*innen, aber auch an meine Freund*innen und natürlich meine Mama, die sehr interessiert an dem Umfeld war, in dem ich mich bewegte.

DIE REALITÄT, IN DER ICH LEBE

Homophobie gab es in meinem Leben immer noch genug. Als ich eines Abends die U-Bahn nehmen wollte, um nach Hause zu fahren, kamen zwei Männer zu mir, die mich fragten, ob ich schwul wäre. Mein altes Ich hätte natürlich Nein gesagt, um mich in eine möglichst sichere Situation zu manövrieren, aber mein neues stolzes Ich sagte Ja. »Ja, ich bin schwul, hast du ein Problem damit? Ich nämlich überhaupt nicht«, antwortete ich. Ich war es so leid, mich ständig eingeschüchtert zu fühlen. Als Schuljunge auf dem Land hätte ich mir das vielleicht gefallen lassen, aber jetzt doch nicht mehr. Ich war in eine Stadt gezogen, in der Hoffnung, nach all den Jahren ich selbst sein zu dürfen, und das sollte ich mir jetzt auf einmal nehmen lassen? Nie wieder würde ich so etwas hinnehmen, und wenn ich für meine Wahrheit gleich die Quittung bekommen würde, dann wäre es eben so. Das wäre es mir wert gewesen, denn ich wollte am liebsten die ganze Welt wissen lassen, dass ich zu mir stand, komme, was wolle.

Wie sich herausstellte, hatte er ein Problem damit. Er nannte mich so ziemlich alles, was man einen schwulen Mann nennen konnte, und beschrieb mir bis ins Detail, wie er mich am liebsten töten würde. Ich hatte das Gefühl, in einem Film zu sein, so surreal hörte es sich an. Es war als würde ich neben mir stehen mit einer Tüte Popcorn und dabei zusehen, wie dem Hauptdarsteller – mir – gleich etwas zustoßen würde. Aber es passierte nichts. Gerade als er an der Stelle angekommen war, an der beschrieb, wie er mich häuten oder lebendig begraben würde, kam meine U-Bahn. Ich stieg sofort ein und hoffte, er würde in eine andere Richtung fahren, was er dann auch tat. Erlebnisse wie diese sind es, die es mir bis heute unmöglich machen, ein öffentliches Verkehrsmittel zu benutzen. Nie mehr will ich mich auch nur ansatzweise in so eine Situation begeben.

Wenn mir so etwas passierte, haderte ich immer damit, es meiner Mutter zu erzählen. Natürlich wollte ich es, schließlich war sie der einzige Mensch, der mich in so einem verletzlichen Moment aufbauen konnte, aber ich fragte mich auch, wie viel Kummer ich ihr noch bereiten könnte. Wann ist es genug? Wann würde es ihr zu viel werden? Welche Mutter muss sich schon anhören, dass ihrem Kind, nur weil es so ist, wie es ist, in der U-Bahn angedroht wird, gehäutet zu werden? Das würde ihr das Herz brechen, und das wollte ich nicht. Zum einen weil ich sie davor schützen wollte, zum anderen weil ich Angst davor hatte, sie würde mich zurück nach Hause holen. Ich war auf ihre Unterstützung angewiesen. Würde sie beschließen, es wäre mit München vorbei, dann wäre es das auch gewesen. Das konnte ich nicht riskieren. Meine augenblickliche Situation war nicht schön, aber sie war immer noch besser, als ein Leben zu führen, in dem ich gar keine Chance gehabt hätte, glücklich zu werden. Also musste ich das Risiko eingehen. Ich entschied, es ihr nicht zu sagen, und fiel damit in alte Muster zurück, indem ich ihr Dinge verheimlichte, weil ich mich vor ihrer Reaktion fürchtete. Das gefiel mir nicht, aber es hätte mir auch nicht gefallen, meine Mutter traurig zu sehen.

BERLIN CALLING

Nach zwei Jahren in München und mit dem Gefühl, dort einen Fußabdruck hinterlassen zu haben, zog ich nach Berlin. Auch wenn ich mittlerweile 21 Jahre alt war, fühlte ich mich immer noch wie ein kleiner Junge vom Land, als ich in die Hauptstadt ging. Und das war ich auch. Mein Freund*innenkreis in Berlin bestand aus drei Menschen, die mich unter ihre Fittiche nahmen: Bonnie, Strify und Joseph. In dieser Zeit begriff ich, dass schwul zu sein nicht nur in Ordnung ist, sondern etwas wirklich Wundervolles. Ich verspürte zum ersten Mal eine richtige Zugehörigkeit zu der LGBTQIA*-Community und war stolz darauf.

Ich hatte immer schon das Glück, die besten Freund*innen zu finden, in jeder Stadt der Welt. Aber wirklich jemanden zu treffen, der*die Ähnliches erlebt hat wie ich, war mir bis zu diesem Zeitpunkt nicht vergönnt. Doch das änderte sich, als Strify mein bester Freund wurde. Er stand bereits in der Öffentlichkeit, seit er ein Teenager war, tourte mit seiner Band *Cinema Bizarre* als Vorgruppe von Lady Gaga durch die Welt und hatte ein ähnlich regenbogenfarbenes Licht über dem Kopf schweben wie ich. Was mich mit Strify jedoch verbindet, ist die Tatsache, dass wir beide lernen mussten, unser Selbstwertgefühl unabhängig von der Meinung anderer zu entwickeln. Das ist zwar etwas, das ich allen nur ans Herz legen kann, aber natürlich muss es nicht jede*r in so frühen Jahren entwickeln wie wir. Ebenfalls aus einer deutschen Kleinstadt, polarisierte er schon früh mit Make-up und einer ganz eigenen Definition von

Männlichkeit und Weiblichkeit. Als wir uns kennenlernten, weil unsere Freundin Bonnie uns ursprünglich verkuppeln wollte, machte es sofort Klick, und wir waren beste Freunde. Jemandem zu begegnen, der*die Vergleichbares durch-gemacht hat wie man selber, ist der Inbegriff von Com-munity. Das Leid, das dich belastet, wird nicht ungesche-hen gemacht, aber es fühlt sich einfach anders an, wenn du weißt, dass du verstanden wirst. Es ist wie ein sicherer Ort, wo man keine Angst davor haben muss, falsch zu sein oder etwas verkehrt zu machen. Man hat Verständnis fürei-nander und teilt die schlechten, aber auch die unglaublich guten Dinge des Lebens miteinander.

Dass zwei schwule Männer mit einer Affinität für Make-up viel gemeinsam haben und oft über Homophobie dis-kutieren, ist nachvollziehbar. In Bonnie sah ich aber zum ersten Mal, dass jemand, der*die heterosexuell ist, genauso leidenschaftlich für diese Community brennt wie man sel-ber. Es berührt sie genauso wie uns, wenn ihr eine homo-phobe Situation geschildert wird. LGBTQIA*-Aktivismus wird hauptsächlich von Menschen betrieben, die selbst queer sind. Die Unterstützung von Allies, also Menschen, die sich als starke Unterstützer*innen der Community ver-stehen, ist es aber, die einen großen Unterschied macht. Sie sind es, die eine Brücke zu der Gesellschaftsgruppe bilden, in der Homophobie verwurzelt ist. Man kann homophobe Strukturen nicht verändern, ohne die Bereitschaft von hete-rosexuellen Menschen. Das ist ein bisschen wie mit Rassis-mus. Um den zu bekämpfen, müssen vor allem weiße Men-schen ihr Verhalten hinterfragen. Leider ist es gerade in der

Öffentlichkeit immer noch eine Seltenheit, dass Menschen, die nicht schwul, lesbisch, bi, trans* oder Ähnliches sind, sich für das Thema einsetzen. Das Engagement kommt immer aus den eigenen Reihen, und ich hoffe, dass sich das in Zukunft ändern wird. Jede*r profitiert von einer Gesellschaft, die nicht diskriminiert und Menschen Raum zur persönlichen Entfaltung gibt. Wir leben in einem Land, das uns so viele Privilegien gegeben hat, jetzt ist es unsere Verantwortung, diese auch zu nutzen. Es gibt immer noch 71 Länder auf der Welt, in denen homosexuell zu sein verboten ist. Die Menschen dort brauchen jeden Support, den sie bekommen können. Unsere Nachbarländer Polen und Ungarn betreiben eine extrem homophobe Politik, die die Menschenrechte von queeren Personen immens bedroht. Darüber muss gesprochen werden. Je mehr Menschen aufgeklärt werden, desto größer wird der Druck auf die bestehenden Strukturen. Wenn uns das *Black Lives Matter Movement* eines gelehrt hat, dann, dass es sich lohnt, seine Stimme zu erheben. Nicht nur einmal im Jahr, sondern immer dann, wenn einem Alltagsdiskriminierung begegnet.

Berlin ist nicht nur Hauptstadt der Bundesrepublik Deutschland, sondern vor allem auch eine queere Instanz mit Geschichte. Schon in den 20er-Jahren war die Metropole dafür bekannt, ein Lust-Spielplatz zu sein, der Menschen aus der ganzen Welt dazu inspirierte, sich auszuleben. Daran hat sich bis heute nicht viel geändert. Berlin ist sexy, und das weiß es auch.

Ich zog im Herbst 2014 dorthin und fühlte mich von der ersten Sekunde an wohl. Man hat das Gefühl, in Berlin ist alles möglich, und du bekommst regelrecht Lust darauf, über dich hinauszuwachsen. Für alle Individualist*innen in Deutschland scheint es die richtige Stadt zu sein, also war dies genau der Ort, an dem ich sein sollte. Mein Leben dort war von Anfang an sehr bunt. Ich hatte fast ausschließlich schwule Freunde, was für mich eine ganz neue Erfahrung war. Bisher ließ ich nur Frauen nah an mich heran und fand selten einen Draht zu Männern, auch zu schwulen nicht. In Berlin änderte sich das sehr schnell, und ein aufregender Tag jagte den nächsten. Bis heute glaube ich daran, dass Berlin eine der wenigen Städte auf dieser Welt ist, in der du selbst entscheiden kannst, was du möchtest. Es wird dir nichts vorgegeben, du kannst selbst entscheiden.

Mein Traum von Berlin als utopisches Sammelbecken diverser Lebensstile zerbrach jedoch relativ schnell. Strify und ich sind ein auffälliges Duo. Ich habe in diesem Buch oft von einem Licht über meinem Kopf gesprochen, das – ohne dass ich es wollte – Aufmerksamkeit erzeugte. Das konnte ein Segen sein, aber die Präsenz war eben auch dann da, wenn man vielleicht mal lieber unsichtbar sein wollte. Strify geht es ähnlich, und zusammen waren wir wohl das Äquivalent zu einer CSD-Parade. Überall, wo wir auftauchten, gab es eine Szene. Menschen überhäuften uns mit Komplimenten für unsere Haare, unser Make-up und unser Auftreten. Es war wundervoll, aber nicht unsere Absicht. Wir waren einfach wir selbst und hatten Spaß daran. Dafür gelobt zu werden ist Balsam für jede*n, aber vor allem für zwei Menschen, die ihr Leben lang vermittelt bekommen haben, sich verstecken zu sollen. In Berlin musste sich keiner von uns beiden kleinmachen. Es war genug Platz für alle da, so sollte man zumindest meinen.

An einem Nachmittag im Herbst wollten wir ins Kino am Alexanderplatz gehen. Ich trug eine Leoparden-Jacke aus Kunstfell und Strify einen violetten Blazer. Wir sahen aus wie ein 8oer-Jahre-Pop-Duo à la Dieter Bohlen und Thomas Anders. Modern Talking, wenn man so will. Bevor wir ins Kino gingen, wollten wir Geld abheben und gingen zu Sparkasse. Auf dem Weg dorthin begegneten wir einer Gruppe Jugendlicher, die uns logischerweise bemerkte. Sofort wurden wir mit allen möglichen homophoben Begriffen konfrontiert. Ehe ich mich versehen konnte, zog einer von ihnen mich an den Haaren, und die Situation drohte zu eskalieren. Auch wenn dieser Moment alte Wunden aufriss, so fühlte ich mich trotzdem sicher. Es war Nachmittag, hell, und um uns herum waren viele Menschen. Das konnte nicht unbemerkt bleiben. Tat es auch nicht. Doch statt Hilfe anzubieten oder Beistand zu leisten, hielten Passant*innen an und stellten sich auf die Seite der Teenager, die uns beschimpften. »Endlich bekommen die Schwulen mal, was sie verdienen«, hörte ich einen erwachsenen Mann sagen, der sich zu den Jungs in den Kreis gesellte. Ich war geschockt und konnte nicht glauben, dass mir so etwas in Berlin passierte. Ich fühlte mich wieder wie in meiner Kleinstadt und wusste überhaupt nicht, wie ich diese Situation handhaben sollte. Ich hatte meine Mutter gerade am Telefon, die ich hastig wegdrückte, aus Angst, sie würde sich Sorgen machen, wenn sie hörte, was um uns herum los war. Schlimmeres konnten wir nur verhindern, weil Strify mich am Arm packte und in die Sparkasse zog, die wir über den Hintereingang verließen. Wir rannten ins Kino und hofften einfach, dass wir ihnen entwischt waren.

Dieses Mal entschloss ich mich im Nachhinein, meine Mama nicht mehr auszuschließen, denn es würde sich nicht ändern. Überall, wo ich hinging, passierten mir solche Dinge. Und sie passierten nicht nur mir, sondern auch meinen Freund*innen. Sie für mich zu behalten, um meine Mutter zu beschützen, würde mir das Gefühl geben, ihr eine Welt vorzuspielen, die nicht mehr existiert. Wie in *Good Bye, Lenin!*. Das war die Realität, in der ich lebte. Dafür angefeindet zu werden, wie ich auftrat und wer ich war, gehörte einfach zu meinem Alltag dazu. Wollte ich, dass die Beziehung zwischen uns weiterhin etwas Besonderes bleibt, musste ich anfangen, sie wieder eine Mutter sein zu lassen – und das bedeutete, Schutz bei ihr zu suchen. Ich konnte es nicht alleine handeln, und ich wusste, dass ich ihr zutrauen durfte, damit umzugehen. Sie war nicht mehr nur die Tochter ihrer Eltern, sondern mittlerweile auch lange genug meine Mutter, um zu wissen, wie man in solchen Situationen reagieren musste. Darauf vertraute ich einfach, und sie enttäuschte mich nicht. Sie tat das, was Mütter in solchen Momenten tun sollten. Sie baute mich auf, gab mir das Gefühl, richtig zu sein, und tröstete mich. Natürlich bot sie mir auch an, nach Hause zu kommen, aber sowohl sie als auch ich wussten, dass dies erst einmal keine Option war, denn dort würden sich die Dinge ja auch nicht ändern.

Konfrontationen wie diese waren kein Einzelfall. Strify und ich hatten mehr als einmal erlebt, wie wir durch die Straßen marschierten und Menschen uns alle möglichen Beleidigungen hinterherriefen. Ich war wieder an einem Punkt angekommen, an dem ich das Haus nicht ohne Kopfhörer verlassen wollte. Wir wurden mit Zigaretten beworfen. Ein Freund von uns wurde nach einer Party in unserem Lieblingsclub *SchwuZ* mit einer Flasche verletzt. Als die Polizei kam, war die erste Frage des Beamten, ob er es denn vielleicht provoziert hätte, indem er ein Kleid getragen oder einen Jungen geküsst hätte.

Es lief so vieles falsch, und ich fing zum ersten Mal an, Homophobie mit anderen Augen zu sehen. Schwul zu sein war nicht unbedingt ein Problem für die Leute, wenn man auftrat wie ein Hetero. *Straight Acting* beschreibt die Bemühung von homosexuellen Männern, sich möglichst heteronormativ zu geben. Der Homosexuelle war so lange als der schrille (wir alle hassen dieses Wort im Übrigen!) Paradiesvogel gebrandmarkt, dass viele sich nach nichts mehr sehnten als nach Normalität. Unauffällig sein. Unaufgeregt und vor allem auch – unsichtbar. War man diese Art von schwulem Mann, schien es keine Probleme zu geben. Man ist in der Mitte der Gesellschaft angekommen. Entspricht man diesem Bild jedoch nicht, entfaltet sich Homophobie und Frauenfeindlichkeit in all ihrer Hässlichkeit. Selbst wenn unser Freund ein Kleid getragen oder einen anderen Mann geküsst hätte, nichts davon wäre auch nur im entferntesten Sinne falsch gewesen. Man muss verstehen, dass Homophobie erst dann erfolgreich besiegt sein wird, wenn jede

Form des Queerseins beschützt wird. Niemand muss alles mögen, und wenn manche Menschen sich mit bestimmten Klischees nicht identifizieren können, mag das ihr gutes Recht sein. Es dürfen einem*einer jedoch keine weiteren Steine in den Weg gelegt werden oder – wie in seinem Fall – Glasflaschen.

Das Schöne an Berlin ist jedoch, dass auf jedes solcher Erlebnisse mindestens fünf wundervolle Erfahrungen folgten. Ich lernte viele Trans-Frauen kennen, die mir dabei halfen, mein Verständnis von Gender-Identität neu zu definieren. Zum ersten Mal fühlte ich mich frei genug, mich zu trauen, meine eigenen Regeln zu machen. Ich besuchte nie eine Universität, außer vielleicht um selbst Vorträge zu halten, aber diese Zeit war mein persönliches Studium. Ich lernte mich selbst kennen. Und was ich über mich erfuhr, gefiel mir.

Trotzdem war ich noch nicht offiziell geoutet. Wie frei bist du wirklich, wenn du nicht überall voll und ganz du selbst sein kannst? Ein wichtiger Schritt in meinem Coming-out-Prozess war es, meine eigenen Erfahrungen öffentlich zu machen. Ich kann nicht von einer Gesellschaft Toleranz erwarten und selbst nichts dazu beitragen. Schwul zu sein wurde mir immerzu als etwas Negatives vermittelt, und ich brauchte viele Jahre, um mich selbst vom Gegenteil zu überzeugen. Ändern musst du jedoch nicht dich, sondern die Menschen, die behaupten, deine Sexualität wäre etwas, das du verstecken solltest. Deshalb wollte ich auch einen Manager, der verstehen konnte, warum mir das wichtig ist, und ich bin dankbar, in Tobi, der für mich heute wie ein Elternteil ist, jemanden gefunden zu haben, der das tut. Selbst schwul, verstand er, warum es mir so viel bedeutete, meine Identität zu leben.

ANNA SIMONETTI

DIE KUNST, LOSZULASSEN

Viel gesagt habe ich sicher nicht, als Riccardo mich anrief, um mir von seiner ersten Nacht mit einem Mann zu erzählen. Es war zwar nicht so, dass ich aus allen Wolken fiel, schließlich war es ja nur noch eine Frage der Zeit, bis er jemanden kennenlernen würde, der ihm gefiel. Aber für mich war es trotzdem ungewohntes Terrain. Er war so aufgeregt und wollte es unbedingt mit jemandem teilen. Ich hörte einfach zu, und ich glaube, das war es auch, was er sich von mir wünschte. Dass er in diesem Augenblick zuerst an mich dachte, fand ich schön, denn er wusste nun, dass er mir vollkommen vertrauen und nichts vor mir verheimlichen musste. Dennoch war ich erleichtert, dass er nicht allzu sehr ins Detail ging, denn damit hätte ich nicht wirklich umzugehen gewusst. Nicht weil es um schwulen Sex ging, sondern weil ich diese Dinge mit meinen Kindern generell nie so direkt besprechen würde. Damit ganz offen umzugehen habe ich selbst nie gelernt, Sexualität war etwas, über das in meinem Elternhaus nie gesprochen wurde. Noch immer tue ich mich schwer, einen lockeren Umgang damit zu finden. Darüber zu reden, das ist mir bis heute fremd und auch ein Stück weit unangenehm.

Obwohl es eigentlich ein Ereignis war, über das ich mich hätte freuen sollen, merkte ich aber auch, wie dadurch Ängste hochkamen. Genau benennen konnte ich sie nicht, aber ich machte mir Gedanken, dass er gerade in so einem intimen Moment an jemanden geraten könnte, der es nicht gut mit ihm meint. Die Furcht, dass ihm etwas Böses zustoßen könnte, er Opfer von Gewalttaten werden könnte, steckte tief in mir, und sie tut es bis heute. Erlebnisse wie der angezündete Parka gehörten zwar längst der Vergangenheit an und waren am Ende glimpflich ausgegangen, aber sie wirkten nach. Sie hinterließen auch in mir Narben, die immer wieder aufbrachen, wenn ich mitbekam, dass jemand ablehnend oder aggressiv auf Riccardo reagierte.

Seit den Angriffen im Schulbus und auf der Geburtstagsparty lebte er in einem ständigen Gefühl der Unsicherheit. Was kommt als Nächstes? Würde er nochmal heil davonkommen? Er hat seine Sorgen auch oft direkt ausgesprochen: »Irgendwann passiert wieder etwas, Mama, ich spüre das.« Wenn er so etwas sagte, dann landeten wir wieder bei der Endlos-Diskussion, die wir eigentlich nicht mehr führen wollten und die uns kein Stück weiterbrachte. Denn wenn ich Angst haben musste, dass sie ihn angreifen würden, dann bat ich ihn doch wieder darum, sich weniger auffällig anzuziehen. »Nein, das will ich aber nicht!«, war natürlich die Antwort. Sich zu verstecken war für ihn keine Option. Denn es hätte sich nach einem Schuldeingeständnis angefühlt: *Es liegt an mir, wenn die anderen aggressiv auf mich reagieren.* Aber das stimmte natürlich nicht. Dass er in Menschen so etwas auslöste, hatte so viel mehr mit ihnen zu tun als mit ihm!

Durch die negativen Erlebnisse war der Gedanke, dass er ausziehen würde, umso beängstigender für mich. Meine Tochter lebte seit Jahren in Italien, und ich blieb alleine zurück. Oft kam er am Wochenende heim, aber es wurde immer seltener, weil er häufig zu tun hatte oder in München etwas unternehmen wollte. Vorher hatte ich immer alle alltäglichen Sachen für ihn erledigt, weil er mir so unbeholfen vorkam in praktischen oder bürokratischen Dingen. Ich glaube nicht, dass er sich selbst ein Rührei oder ein paar Nudeln hätte machen können, ohne dabei in Lebensgefahr zu geraten. Eine Waschmaschine so einzustellen, dass seine Kleidung in ihrer ursprünglichen Größe wieder herauskäme? Das konnte ich mir kaum vorstellen. Er ist oft sehr tollpatschig und mit seinen Gedanken ganz woanders, ihm passieren die unmöglichsten Sachen. Wenn er zuhause an seiner Pole-Dance-Stange probt, dann reißt er auf jeden Fall den Kleiderständer um, der danebensteht, dauernd geht etwas zu Bruch. Ob er allein im echten Leben bestehen würde, ohne mich, daran hatte ich anfangs so meine Zweifel.

Aber es half nichts. Nachdem wir uns so eng zusammengekämpft hatten, musste ich lernen, ihn wieder loszulassen. Dass er auszog, war auch deshalb so schwierig für mich, weil ich das Gefühl hatte, ihn nicht mehr beschützen zu können. Ich wusste, es war an der Zeit, dass er seinen eigenen Weg geht, aber ich malte mir auch die bedrohlichsten Situationen aus, in die er geraten könnte. Es hat seine Vor- und Nachteile, wenn man so präsent im Raum steht wie Riccardo – und das ist ihm auch sehr bewusst. Denn dadurch gerät er oft in unangenehme Situationen. Als er nach München zog, war ich deshalb manchmal fast ein bisschen erleichtert, dass ihm anfangs die finanziellen Möglichkeiten fehlten, abends ständig auszugehen. Als er noch kaum etwas verdient hat, da habe ich die Miete für ihn übernommen, aber er musste sich ja auch jeden Tag etwas zu essen kaufen. Manchmal rief er mich schon in der Monatsmitte an und sagte: »Mama, ich habe leider nichts mehr.« Das waren für uns beide schwierige Zeiten.

Aber in seiner Zeit in München hatte ich zumindest das Gefühl, jederzeit zu ihm fahren zu können, wenn er meine Hilfe brauchte. Doch bis nach Berlin waren es 700 Kilometer, dieser Gedanke erfüllte mich mit großer Unruhe: Wie konnte ich weiter so für ihn da sein, wie ich es mir gewünscht hätte und wie er es immer eingefordert hatte? Das war sehr schlimm für mich – auch weil es anfangs eine Reise ins Ungewisse war: Er hatte keinen Job, keine Perspektive, sagte nur: »Wir werden sehen, was sich ergibt!« Damit konnte ich nicht umgehen, ich hätte ihn so gern gut aufgehoben gewusst. Dabei hätte ich zu dem Zeitpunkt längst wissen müssen, dass ich mir zumindest keine Sorgen machen muss, was die berufliche Zukunft meines Sohnes betraf, er sprudelte vor Ideen, und er war selbstbewusst genug, alles zu erreichen, was er wollte. Sorgen habe also nur ich mir gemacht, Riccardo jedoch hat immer an sich geglaubt und in dem Bewusstsein gelebt, nur eine Durststrecke bewältigen zu müssen, bevor er endlich von allen als der funkelnde Stern wahrgenommen wird, der er in seinem Inneren längst war.

EIN GEFÜHL VON ZUHAUSE

Als ich meinen Sohn in seinem ersten eigenen Zuhause in Berlin besuchte, wurden meine schlimmsten Ängste erstmal bestätigt. Es war eine Ladenwohnung in Prenzlauer Berg, ebenerdig und gut einsehbar. Mit großer Fensterfront, die zwar mit einer Sichtschutzfolie beklebt war, aber einem dennoch das Gefühl vermittelte, die Passant*innen stünden direkt neben seinem Bett. Die Wohnung war eigentlich nicht mehr als ein großer Kleiderschrank mit einem Platz zum Schlafen, es gab keine Küche, nur ein kleines Bad. Auch ihm selbst war es unheimlich dort, wenn nachts die Betrunkenen vor seiner Tür herumliefen. Zu der Zeit hat er schon viel Social Media gemacht, und sein Blog wurde immer populärer, deshalb habe ich mir oft Gedanken gemacht, dass ihm irgendjemand nachstellt oder bei ihm einsteigt – und war sehr erleichtert, als er schließlich etwas fand, das in einem höheren Stockwerk liegt. Das hat mich deutlich besser schlafen lassen. Und ihn natürlich auch.

Als ich dann zum ersten Mal seine Berliner Freund*innen kennengelernt habe und erfahren durfte, was für feine Menschen das sind, alle so liebesbedürftige, sensible, Harmonie suchende Personen, da wusste ich ihn gut aufgehoben und konnte meine Sorgen ein Stück weit loslassen. In den Gesprächen mit seinen schwulen Freunden haben sie mir von den Erfahrungen erzählt, die sie in ihren eigenen Familien machen mussten. Einige von ihnen wurden seit ihrem Coming-out daheim nicht mehr akzeptiert, mit eisiger Kälte bestraft oder sogar rausgeschmissen. Auch von ihnen weiß ich, wie tief die Wunden sind, die sie aus ihrer Kindheit davongetragen haben – vor allem durch die Ablehnung der Eltern. Diese Gespräche beginnen jedes Mal damit, dass sie sagen, sie hätten es sich auch gewünscht, so mit ihrer Mutter reden zu können. Viele haben in ihrer Familie viel durchgemacht und sind sehr traurig darüber, dass sie nicht ansatzweise so eine Beziehung haben wie Riccardo und ich. Natürlich sind auch welche darunter, die ein tolles, offenes Verhältnis zu den Eltern haben, aber es ist eben nicht die Regel. Einer seiner engsten Freunde ist an Weihnachten schon seit Jahren allein, weil er zuhause nicht mehr willkommen ist. Das finde ich sehr traurig, und ich habe ihm auch schon angeboten, an den Feiertagen zu uns zu kommen. Manche schaffen es selbst nach Jahrzehnten nicht, ihren Eltern die Wahrheit zu sagen, auch wenn sie sogar schon mit ihrem Partner zusammenleben. Riccardo und mich zusammen zu sehen macht sie einerseits hoffnungsvoll, aber es schmerzt sie auch, weil sie es sich so sehr wünschen würden, von den Eltern mit offenen Armen empfangen zu werden.

Die Hoffnung, dass er je wieder nach Bad Reichenhall zurückkehren würde, hatte ich nie. Klar, ich hätte ihn wahnsinnig gern in meiner Nähe gehabt, aber ich wusste auch, dass es ein egoistischer Wunsch war. Denn jedes Mal, wenn ich durch den Ort spaziere, der so idyllisch daliegt, umgeben von den Chiemgauer und Berchtesgadener Alpen, dann spüre ich, dass er sich immer fremd fühlen würde. Hier, zwischen Alpenverein und zünftigen bayerischen Wirtschaften, wäre es schwierig für ihn, wirklich seinen Platz zu finden. Er selbst hat immer wieder gesagt, er könne sich ein Leben in

Bad Reichenhall nicht mehr vorstellen. Und auch ich habe ihn an diesem Ort nicht mehr gesehen – auch wenn er hier seine ersten Schritte gemacht, Fahrradfahren gelernt und sehr glückliche Momente erlebt hat. Aber auch dort, wo die Wurzeln liegen, kann man sich deplatziert vorkommen, nicht zugehörig fühlen. Er hat hier so viel Gegenwind bekommen, es fehlten Weltoffenheit und Toleranz, es war mir vollkommen bewusst, dass es keine Zukunft für ihn in Oberbayern geben würde. Was hätte er auch hier machen sollen? Eine echte Perspektive gab es für ihn nicht. Höchstens eine Karriere im Journalismus wäre in Frage gekommen, aber über andere schreiben, das wollte er auf Dauer nicht. Nein, es war ihm viel wichtiger, dass die anderen über ihn schreiben!

Wenn er mich heute in Bad Reichenhall besucht und wir durch die Stadt laufen, vorbei am *Café Reber* mit seinen Mozartkugeln, an dem nostalgischen Programmkino und dem Spielzeugladen, in dem er früher von seinen Barbies träumte, dann sieht man Welten aufeinanderprallen. Es ist beeindruckend, wie sehr er hier auffällt! Die Leute bleiben wirklich stehen und drehen sich immer wieder nach ihm um, so als hätten sie eine Halluzination oder eine Begegnung der dritten Art. Es ärgert mich zwar, aber für mich ist es auch ein Stück weit eine Bestätigung, dass es richtig war, Riccardo seinen eigenen Weg gehen zu lassen. In Berlin ist Individualität nichts Besonderes, da kann er sich frei bewegen. Dass er dort ein Zuhause gefunden hat, macht mich froh – auch wenn ich ihn nicht mehr jeden Tag sehen kann.

HAND IN HAND FÜR MEHR
SICHTBARKEIT

Rick hat lange Zeit daran gezweifelt, ob er jemals einen festen Freund haben wird, weil er so lange solo war. Und ich habe dann immer gesagt »Du wirst schon den Richtigen finden.« Als er mir schließlich in Berlin seinen Steven vorstellte, war ich so gespannt wie jede Mutter, wenn ihr Kind zum ersten Mal jemanden wirklich in sein Herz und in sein Leben lässt. Ich war sehr neugierig auf ihn, aber ich habe mich voll auf Rick verlassen und dachte: Wenn er sich jemanden aussucht und meint, dass es etwas Ernstes ist, dann wird es auch passen. Er ist kein Mensch, der Kompromisse eingeht, entweder es harmoniert auf allen Ebenen oder eben nicht. Ich war mir sicher, dass es ein netter, intelligenter Mann sein würde, wenn er mit ihm sein Leben teilen möchte. Darauf, dass er mir schon den richtigen Schwiegersohn ins Haus bringt, konnte ich mich bei ihm also fest verlassen. Die beiden dann miteinander zu erleben war für mich keinen Moment seltsam oder ungewohnt, es hatte gleich so eine Selbstverständlichkeit. Dieses Glück zu spüren, das die beiden miteinander teilen, war für mich wunderschön. Da Stevens Familie in den USA lebt und Weihnachten vor der Tür stand, habe ich ihn auch gleich eingeladen, mit uns gemeinsam zu feiern. Ich habe ihn sofort in mein Herz geschlossen.

Bei unseren Spaziergängen durch das verschneite Bad Reichenhall, da waren sie für viele die Feiertagssensation schlechthin, die Leute haben sich ständig nach den beiden umgedreht. Dass zwei Männer händchenhaltend durch die

Stadt bummeln, das sieht man hier nicht jeden Tag – vielleicht sogar nie. Für mich war das ein wunderbares, stolzes Gefühl, aller Welt zeigen zu können, dass mein Sohn seine Liebe offen leben darf – gerade an diesem Ort. Und da sich immer noch so viele homosexuelle Paare nicht trauen, in der Öffentlichkeit Zärtlichkeiten auszutauschen, hat er sich immer geschworen, dem Thema mehr Sichtbarkeit zu verleihen, wenn er mal einen Partner an seiner Seite hat.

Dass die beiden während ihres ersten gemeinsamen Bayern-Urlaubs immer mal getrennte Wege gingen, hatte also ganz andere Gründe. Steven ist ein echter Naturbursche, zu wandern und draußen zu sein ist für ihn das Größte. Rick habe ich hier früher allerdings kein einziges Mal mit Bergschuhen und Trekking-Stöcken gesehen. Zu meiner Überraschung hat er die kleinen Wanderungen mit Steven aber sogar mitgemacht, nur bei den achtstündigen Bergtouren war er dann doch raus – und hat sich lieber in der Zeit mit mir die Nägel gemacht.

Als die beiden abreisen mussten, war ich richtig wehmütig, so wie ich es jedes Mal bin, wenn ich Rick am Bahnsteig verabschiede. Aber das Gefühl, jemanden so eng an seiner Seite zu wissen, der nur das Beste für ihn will, das beruhigt mich sehr. Das Schönste an diesen gemeinsamen Tagen war für mich, meinen Sohn so gut aufgehoben zu sehen. Ich habe mir in der Vergangenheit oft Gedanken darüber gemacht, wie es wohl sein könnte, wenn ich eines Tages nicht mehr da sein werde, um ihm die Liebe und das Verständnis zu geben, das er braucht, um sein Leben so zu leben, wie er möchte. Die beiden zusammen zu erleben hat mir gezeigt, dass es einen anderen Menschen geben kann, der es genauso schafft, ihn so zu unterstützen und zu lieben wie ich.

Wenn man sich wünscht, dass eine enge Verbindung zu den Kindern bestehen bleibt, auch wenn sie erwachsen sind, muss man sie ziehen lassen und ihnen die Chance geben, ihre eigenen Erfahrungen zu machen. Denn dann kommen sie ganz von alleine zu dir zurück. Zwar nicht unbedingt räumlich, aber dafür emotional. Auch meine Tochter ist sehr anhänglich geworden, seit sie wieder in Italien lebt. Das war früher nicht so, aber je seltener wir uns sehen, desto mehr sucht sie meine Nähe. Inzwischen ist sie fast noch schlimmer als ihr Bruder, bei jedem Wehwehchen klingelt das Telefon – und ich genieße das! Riccardo schickt mir manchmal einen Blumenstrauß, einfach so, um mir zu zeigen, dass er an mich denkt. Und wir schreiben uns bis heute Zettel mit kleinen Botschaften, wenn wir Zeit miteinander verbracht haben und eine*r von uns wieder wegfahren muss. Wir verstecken sie dann in der Nachttisch-Schublade, zwischen den Socken oder im Badezimmer unter einer Cremedose – eben da, wo der*die andere sie nicht sofort entdeckt und sich später darüber freut. Wenn er gerade aufgebrochen ist, dann kann ich mir sicher sein, dass ich ganz bald etwas finde. Wir schreiben uns in diesen Nachrichten, wie gern wir uns haben und dass wir einander vermissen. Dieses kleine Ritual ist uns wichtig, denn so können wir dem*der anderen die Dinge sagen, die wir am Bahnsteig oft nicht herausbringen, ohne dass uns die Tränen kommen. Wir tun uns eben schwer mit dem Verabschieden und hören dann nicht mehr

auf, uns zu drücken: »Pass auf dich auf beim Fensterput-
zen!«, sagt er mir jedes Mal. Ich habe einen kleinen Putz-
fimmel, und da hat er große Angst, dass ich aus dem Fenster fallen könnte. So ist das eben mit uns: Die Verlustängste
schwingen immer mit, aber vielleicht ist das auch ganz normal, wenn man sich liebt. Wenn er mich – wie jeden Abend –
anruft und ich weiß, er ist sicher zuhause, bin ich erleichtert.
Das ist unsere Verabredung, damit ich ruhig schlafen kann.

Wenn ich zurückblicke auf die Zeit, in Riccardo noch klein
war, dann kann ich sagen: Heute bin ich auf kaum etwas so
stolz in meinem Leben wie darauf, dass ich mich aus dem
engen Familienkonstrukt befreien konnte, in dem ich gefangen war. Ich bin gegangen und habe von vorn angefangen,
damit meine Kinder und ich frei leben können. Und wenn ich
nun erlebe, wie selbstbestimmt sie ihren Weg gehen, dann
erfüllt mich das mit großer Zufriedenheit, weil ich denke:
Alle Anstrengungen haben sich so sehr gelohnt!

Bis heute wohne ich in der Altbau-Wohnung im ersten
Stock, in die ich nach der Trennung mit Alessia und Ric-
cardo gezogen bin. Vor Kurzem habe ich mir sogar ein klei-
nes Apartment mit Terrasse und Garten gekauft, fast in
Sichtweite. Ich dachte, so eine Immobilie sei vernünftig als
Absicherung im Alter. Aber einen Tag bevor ich die alte Woh-
nung hätte kündigen sollen, wurde mir klar: Ich kann mein
Zuhause nicht verlassen. Diese vier Wände bedeuten mir so
viel, weil ich damit zum ersten Mal in meinem Leben etwas
Eigenes hatte, mein kleines Reich für mich und meine Kinder.
Es war eine rein emotionale Entscheidung, die Eigentums-
wohnung zu vermieten und dort zu bleiben, wo ich mich

noch immer so angekommen fühle, wie ich es an keinem anderen Ort je getan habe.

Aber ich weiß auch, was dieses Zuhause Riccardo bedeutete und noch immer bedeutet. Vielleicht tue ich mich auch deshalb so schwer damit, es aufzugeben. In seinem Zimmer habe ich mir inzwischen eine Büroecke eingerichtet, aber dennoch ist dieser Raum sein Teenie-Reich geblieben: Das komplette Inventar von früher ist noch da. Sein Hochbett. Seine Kleiderstange, an der noch eine seiner Pailletten-Jacken hängt. Die massiven Holzschränke voller ordentlich gestapelter Skinny-Hosen, Holzfäller-Hemden und Blazer in allen Farben und Ausführungen. Seine Barbies sitzen perfekt gestylt im Regal, seine *Charmed*-Videokassetten stapeln sich eine Etage tiefer. Gleich daneben die Berufsratgeber, die ich ihm gekauft hatte, weil ich dachte, der Junge braucht doch eine ordentliche Ausbildung! Dieses Refugium war immer wichtig für ihn, wie eine Höhle, ein Rückzugsort, seine eigene, geschützte Welt. Hier war er vor Anfeindungen sicher, konnte alles Negative ausblenden und sich auf den Applaus im Ohr konzentrieren, so als würde er auf einer unsichtbaren Bühne stehen – auch wenn er zu dem Zeitpunkt noch für diesen Traum belächelt wurde. Ich bin froh, dass er sich hier immer geborgen fühlte. Trotzdem will ich nicht für immer und alle Zeiten ein Riccardo-Museum einrichten. Ich habe schon sehr viel aufgeräumt und würde noch großzügiger ausmisten, nur tut es mir eben so leid, wenn es ihm leidtut. Ich kann mich gut von diesen Dingen lösen, doch es fällt mir schwer, weil ich weiß, wie sehr er daran hängt.

RICCARDO SIMONETTI

ZEIGT EUCH!

Die Medien und die Modebranche waren für mich lange das Zuhause, nach dem ich mich immer gesehnt hatte. Hier ist alles möglich, und jede*r ist willkommen, dachte ich, als ich anfing, selbst eine mediale Person zu werden. Medien sind aber nicht nur ein Ort der Information und Kreativität, sondern vor allem ein Business, das Geld bringen muss, um weiter zu existieren. Das beste und informativste Magazin kann sich nicht lange halten, wenn es nicht gekauft wird. Also bringt die beste Botschaft nichts, wenn sie nicht gehört wird.

Als ich 21 Jahre alt war, saß ich im Büro eines TV-Senders. Ich hatte einen Termin mit dem Chef, der dabei war, neue Projekte zu entwickeln, und überlegte, ob er mich besetzen würde. Ich hatte bereits ein paar kleinere Projekte im Fernsehen gemacht und stand auf der Bühne, seit ich vier Jahre alt war. Damals also schon seit 17 Jahren. Wir unterhielten uns lange über das, was ich vorhatte, und er fragte mich, was meine Träume sind und wo ich mich selber einmal sehen würde. Ich erzählte ihm von meiner Liebe für *Wetten, dass..?* und der Faszination für Thomas Gottschalk. Ich hatte selber einmal das Vergnügen, ihn zu interviewen, und hatte mich riesig darüber gefreut, das im Alter von 16 Jahren schon tun zu dürfen. Thomas war jemand, der die ganze Familie unterhalten konnte und dabei gerne auch mal outfittechnisch aus dem Rahmen fiel. Damit konnte ich mich sehr gut identifizieren. Der Sender-Chef hörte mir zu und lächelte. Er ließ mich aussprechen und holte im Anschluss zu einer langen Antwort aus, die im Grunde nur ein Nein war für das Format, das er für mich im Sinn hatte. Er sagte zu mir, ich hätte alles, was nötig ist, um Karriere zu machen, und dass mir das sicher auch gelingen würde. Aber jemand wie Thomas Gottschalk würde ich niemals werden, weil ein Familien-Unterhalter nicht schwul sein könne.

Hatte er recht? Konnte ich als schwuler Mann nur andere Schwule unterhalten? Würden sich vielleicht auch nur Homosexuelle mit mir identifizieren? Wer schon mal einen Blick in eine Schwulenbar geworfen hat, sieht dort vor allem sehr viele Stereotype, die aber oft sehr maskulin auftreten. Ich fühlte mich gar nicht so sehr als Identifikationsfigur für Schwule. Nach diesem Gespräch war ich geknickt. Nicht weil es ein Nein bedeutete, sondern weil ich zwar dort angekommen war, wo ich immer hinwollte, aber es fühlte sich ganz anders an als in meiner Vorstellung. Wenn ich mich an dieses Gefühl erinnere, muss ich an das Bild eines Berges denken. Es war, als wäre ich ewig lang hinaufgeklettert, und nachdem ich jeden Stein aus dem Weg geräumt hatte und endlich am Gipfel angekommen war, durfte ich feststellen, dass es nur ein Felsvorsprung war. Der Berg, der sich also hinter der Spitze befand, war einfach nochmal doppelt so hoch. Und jedes Mal wenn ich glaubte, ihn erreicht zu haben, wiederholte sich das Ganze. Immer und immer wieder. Es würde wohl nie einfacher werden, also war es vielleicht an der Zeit, den Thomas-Gottschalk-Ambitionen Lebewohl zu sagen.

Wenn mein Traum keinen Platz hat, dann muss die Gesellschaft sich ändern! Ich konnte nicht länger so weitermachen. Alle, die mich sahen, wussten, ich war schwul. Ich wusste es, und ich liebte es, warum sollte ich also etwas, das doch einen größeren Teil meiner Identität ausmacht, als ich früher einmal geglaubt hatte, verstecken müssen?

Es war nicht lange nach meinem Umzug nach Berlin, als es schließlich zu meinem medialen Coming-out kam, stilecht in *BUNTE*, dem größten People-Magazin Europas. Anders als bei anderen meiner Kollegen war das für die Menschen logischerweise keine Überraschung. Ich tat ja nie so, als wäre ich hetero, und das wollte ich auch gar nicht. Warum dann also ein öffentliches Coming-out? Wirft einen das nicht in die Dynamik zurück, in der Homos sich erklären müssen, Heteros aber nicht? Vielleicht war das so, aber ich brauchte das. Ich wollte ein für alle Mal klarstellen, in welchem Team ich spielte. Farbe bekennen und Flagge zeigen, weil ich begriff, wie unsichtbar Schwule in den Medien doch sind. Sichtbarkeit ist das A und O, wenn man Menschen an bestimmte Themengebiete heranbringen möchte. Erst wenn immer und immer wieder die Konfrontation damit stattfindet, wird es normal. Außerdem dachte ich an den Jungen zurück, der ich war und der keinerlei Identifikationsfiguren gehabt hatte. Ihm war ich es doch schuldig, dass ich nicht nur dazu stehen konnte, schwul zu sein, sondern auch, antihomophob zu werden. Ja, auch schwule Männer können homophob sein, aber dazu kommen wir später!

Mein Coming-out stand also nun in der Zeitung. Genau davor hatte ich als Teenager am meisten Angst gehabt – und es fühlte sich wundervoll an. Es war meine Entscheidung, und ich konnte einen Teil dazu beitragen, Menschen mit diesem Thema zu erreichen, die vielleicht sonst nie über so etwas nachdenken mussten.

Wann habt ihr euch das letzte Mal über Homophobie Gedanken gemacht? Die Wahrheit ist nämlich: Wenn man selbst niemanden in seinem Leben hat, der*die nicht heterosexuell ist, dann steht es selten auf der täglichen Agenda. Wir sind gesellschaftlich aber keinen Schritt weitergekommen, wenn wir nur Rücksicht auf LGBTQIA*-Menschen nehmen, solange diese im selben Raum sind. Verlassen diese ihn, schlägt die Sprache oftmals um, und man nimmt es nicht mehr so ernst. In der heutigen Zeit reicht diese Form der Toleranz aber nicht. Wir müssen antihomophob sein, um langfristig etwas verändern zu können. Genauso wie man antirassistisch, antisexistisch und antibodyshaming sein muss. Und das Schöne dabei ist: Es ist überhaupt nicht schwer. Es ist einfach nur unsere Gewohnheit, die uns vielleicht dabei im Weg steht. Hat man aber erst einmal verstanden, dass alle Menschen von dieser Art von Gesellschaft profitieren, geht es ganz leicht.

Man sollte meinen, dieses Interview hätte nichts für mich verändert, denn ich trat ja auch vorher nicht unbedingt heteronormativ auf. Das hat es aber, denn ich war nicht nur schwul, sondern auch politisch schwul. Es ist das eine, offensichtlich vom anderen Ufer zu sein, aber das andere, auf die Missstände dieser Community hinzuweisen. Nicht jede*r möchte nämlich gern den gesellschaftlichen Spiegel vorgehalten bekommen. Kurz darauf wurde ich von einer Sendung gefeuert, in der es überhaupt nicht um das Thema ging. Es war eine Unterhaltungsshow, und der Sender teilte mir mit, dass eine Marktforschung ergeben hätte, »Randgruppen« würden beim Publikum nicht gut ankommen. Als Konsequenz sollten sie nicht länger vor der Kamera zu sehen sein. Also auch ich nicht. Das war ein ziemlicher Rückschlag, ließ mich aber keine Sekunde lang an mir zweifeln. Im Gegenteil. Je mehr Gegenwind es gab und je mehr Menschen sich an meiner neu gewonnenen Selbstbestimmtheit störten, desto mehr begriff ich, wie wichtig es ist, aktiv zu werden und Sichtbarkeit zu schaffen.

Der Sender bekam im Übrigen seine Quittung: Niemand guckte das Programm mehr, weil es ohne Randgruppen (ich kann nicht glauben, dass ich das gerade wirklich so schreibe) einfach langweilig war. Als man mich bat, den Job doch zu machen, sagte ich »Ja«. Ich dachte lange darüber nach, denn Lust hatte ich darauf überhaupt keine. Aber ich wollte diesen Menschen etwas beweisen, und so entschied ich mich, doch vor die Kamera zu treten. Die Episode mit mir hatte die besten Einschaltquoten von allen, und von nun an wurden sogenannte »Randgruppen« auch wieder regelmäßig besetzt.

Wir alle neigen dazu, uns in Komfortzonen einzurichten, vor allem wenn wir anders sind und uns oft schutzlos gefühlt haben. Wirklich etwas verändern kann man aber nur, wenn man diese verlässt und Menschen in die Konversation miteinschließt, die noch nicht so denken wie man selbst – ob sie es hören wollen oder nicht. Bleibt man in seiner Blase und kritisiert Dinge, bekommen die, die das Problem sind, gar nichts davon mit.

Ein Grund, warum ich das Fernsehen liebe, ist die Möglichkeit, sich einem Publikum zu zeigen, das nicht nur aus Fans besteht. Im Internet spreche ich meistens zu Menschen, die ähnlich denken wie ich. Viele von ihnen sind jung, aufgeklärt und sehr engagiert. Im TV ist das oft anders. Man kann nicht kontrollieren, wer gerade zuguckt, und manchmal sind es auch Leute, die dich richtig doof finden werden, einzig und alleine aus dem Grund, dass du du selbst bist. Jedes Mal wenn ich im Fernsehen über Aufklärung oder Homophobie spreche, finden sich danach die widerlichsten Nachrichten auf meinen Social-Media-Accounts. Die Leute fühlen sich so oft angegriffen, wenn man öffentlich ein Plädoyer für mehr Toleranz hält, weil sie fürchten, man würde ihnen etwas von ihrer Freiheit wegnehmen. Aber das Schöne an Freiheit ist, dass diese sich nur vergrößert, wenn man sie teilt.

All das hat aber einen Aufklärungseffekt und ist es dementsprechend wert, durchgemacht zu werden. Die Menschen, die mir die schlimmsten Dinge unter meine Fotos schreiben, machen dies ja im Glauben, sie wären absolut im Recht mit ihrer homophoben und menschenfeindlichen Haltung. Diese Leute sind wahrscheinlich in einem Umfeld unterwegs, in dem jede*r genau wie sie denkt oder sich zumindest nicht traut, ihnen die Stirn zu bieten. Natürlich werden solche Kommentare auch von meiner Community wahrgenommen. Es entsteht dann eine Diskussion, die dem*der Hater*in zwar nicht immer unbedingt beibringt, toleranter zu sein, aber zumindest wird klar und deutlich gesagt, dass sein*ihr Verhalten nicht von allen für richtig befunden wird. Die Person hört das nicht nur von mir, sondern vor allem von einer ganzen Horde Menschen, die dadurch die scheinbare Anonymität des Internets in Frage stellen. Ich finde das sehr wichtig und teile auch aktiv solche Nachrichten. Nicht weil ich Mitleid brauche oder Zuspruch, sondern weil ich allen Menschen etwas damit zeigen möchte: Das ist der Preis, den man bezahlen muss, wenn man anders ist! Immer noch. Und daran scheint sich auch nichts zu ändern, wenn man plötzlich in einer gesellschaftlich akzeptierten Position, wie der des TV-Stars, ist. Jede*r soll sehen, dass ich mit denselben Dingen zu kämpfen habe wie andere auch, wenn sie ihre eigenen Ideale ausleben wollen. Nicht jeder queere Mensch kann das nachvollziehen, aber diejenigen, die sich alleine fühlen in der scheinbar aussichtslosen Situation, in der sie sich augenblicklich befinden, schon. Es trifft mich, wenn ich daran denke, wie Menschen mein Profil besuchen, weil sie ein bisschen mehr sie selbst sein und sich etwas Mut abgucken wollen, durch negative Kommentare eingeschüchtert werden. Nicht alle haben eine Fanbase, die für sie in die Bresche springt. Nicht jede*r hat das Privileg, nicht mehr U-Bahn fahren zu müssen. Was ist mit denen? Lesen diese Menschen die Nachrichten, die ich bekomme, fürchten sie sich davor, dies könne das einzige Feedback sein, das sie erreichen wird. Ich finde es daher wichtig zu zeigen, dass nicht alle so denken, sich viele dagegen aussprechen und eben antihomophob agieren.

Mittlerweile bin ich kompromisslos schwul. Wenn Kund*innen möchten, dass ich weniger homosexuell auftrete, mache ich es nicht. Das ist natürlich eine ebenfalls privilegierte Position, in der ich mich befinde, aber es ist auch wichtig, ihr gerecht zu werden. Ich denke heute nicht mehr darüber nach, ob das, was ich darstelle, für irgendjemanden zu schwul oder Ähnliches sein könnte. Ich liebe es, schwul zu sein, und man kann von nichts zu viel sein, was man selbst an sich mag. Man kann auch nicht zu großzügig, zu freundlich oder zu empathisch sein. Auch wenn einem*einer oft das Gegenteil vermittelt wird, ist es doch schlichtweg unmöglich.

Als das Interview in *BUNTE* veröffentlicht wurde, war ich noch nicht ganz so furchtlos. Ich dachte schon darüber nach, wie es wohl in meinem privaten Umfeld aufgenommen werden würde. Ich hatte zwar mit meiner Mama ein offenes Verhältnis, aber sonst hatte ich mit noch niemandem aus meiner Familie darüber gesprochen. Weder mit meinen Tanten noch meiner Schwester oder meiner Großmutter. Wie würden die reagieren? Vor allem weil ja zu diesem Zeitpunkt niemand da war, den ich ihnen hätte vorstellen können. Wäre da ein Partner gewesen, eine richtige Persönlichkeit, wäre das vielleicht weniger kompliziert – aber so? Auch wenn ich nicht genau wusste, was passieren würde, beschloss ich das Risiko einzugehen. Wenn jemand ein Problem damit haben würde, müsste ich der Wahrheit ins Auge blicken und mich emotional von solchen Menschen lösen, auch wenn es Verwandte sind. Ich habe keinen Platz in meinem Leben für jemanden, der*die nicht mein Bestes im Sinn hat. Und wer mit meinem Schwulsein nicht zurechtkäme, hatte das nicht. Familie ist ein Privileg, das man sich verdienen muss. Es reicht nicht, einfach nur verwandt zu sein, man muss etwas dafür tun, um ein gutes Verhältnis zueinander aufrechtzuerhalten. Meine Mutter und ich haben uns gegenseitig bewiesen, dass wir bereit sind, an dieser Beziehung zu arbeiten. Konnte der Rest es auch?

Nachdem das Interview erschienen war, bekam ich eine lange Nachricht von meiner Schwester, die in Italien lebte. Wir hatten immer ein gutes Verhältnis und waren füreinander da, aber da sie den Großteil meines Lebens in einem anderen Land wohnte, wurde über bestimmte Dinge nicht gesprochen. Meine Sexualität zum Beispiel. Als sie mir schrieb, dass sie sich wünschte, ich hätte sie früher daran teilhaben lassen, und dass sie mich liebte und immer für mich da sein würde, begriff ich, wie egoistisch meine Entscheidung war. Egoistisch ist nicht immer verkehrt: Ich war vorher einfach noch nicht so weit und brauchte die Zeit, um selbstbewusst mit dem Thema umzugehen. Aber mir wurde auch bewusst, dass ich ihr somit gar nicht die Möglichkeit gegeben hatte, an meiner Seite zu sein. In solchen Momenten ist es, glaube ich, von besonderer Bedeutung, ein urteilsfreies Klima zu schaffen. Sie verurteilte mich keineswegs und ich sie auch nicht. Der Inbegriff von Verständnis. Und dafür war ich sehr dankbar.

Der Rest meiner Familie redete einfach nicht darüber. Ich bin mir sicher, dass sie es alle mitbekommen haben, so etwas macht ja schnell die Runde, aber ich wurde darauf nicht angesprochen. Es veränderte sich auch nichts. Niemand behandelte mich anders, und es war okay für mich, wenn das so blieb. Ich hatte das Gefühl, an einen Punkt gekommen zu sein, an dem die Leute mich endlich für das sahen, was ich war. Riccardo. Und jede*r hatte sich daran gewöhnt, dass Riccardo eben so ist, wie er ist.

Meine Großmutter lebte bis vor Kurzem in Italien und guckte kaum deutsches Fernsehen. Ich hatte am allermeisten Angst davor, dass sie es rausfinden könnte. Denn ich fürchtete, sie hätte etwas sagen können, das mich verletzte. Ich liebe meine Oma, und ich möchte nicht sauer auf sie sein. Daher wollte ich uns beide davor beschützen, sie in eine Situation zu bringen, in der sie das Verhältnis durch eine unreflektierte Aussage hätte zerstören können. So funktioniert Liebe aber nicht. Wenn man jemanden liebt, muss man Vertrauen haben und ist es der Person schuldig, sich in all seinen Farben zu zeigen. Tut man es nicht, kann man vielleicht den ein oder anderen Konflikt vermeiden, aber man hat auch nie die Gewissheit, wirklich geliebt zu werden. Wie das mal sein wird, wenn meine Oma und ich wieder zusammen an einem Tisch sitzen werden, ich vielleicht sogar zusammen mit Steven, das kann ich noch nicht sagen. Aber ich weiß jetzt auf jeden Fall, dass ich es nicht verstecken möchte, um eine Illusion aufrechtzuerhalten. Das wäre ihr gegenüber nicht fair und mir gegenüber auch nicht.

Ich wünsche mir von den Medien mehr Inklusion in jedem Bereich. Ich wünsche mir, dass Menschen, die mutig genug sind, ihr authentisches Selbst nach außen zu tragen, dieselben Chancen bekommen wie alle anderen auch. Ich werde alles mir Mögliche tun, um mich dafür einzusetzen, aber alleine kann ich es nicht schaffen. Wir alle müssen den Medien zeigen, dass das der richtige Weg ist. Wir sollten Magazine auch dann unterstützen, wenn sie eine schwarze Frau oder einen queeren Mann auf dem Cover haben, und nicht nur, wenn die junge, dünne Blondine uns entgegenlächelt. Medien haben lange genug ein bestimmtes Image systematisch zum Ideal der Gesellschaft erklärt, und so müssen sie jetzt auch mit derselben Radikalität Platz für andere machen. Das bedeutet nicht, dass junge, blonde Frauen nicht mehr gebucht werden sollen, sondern nur, dass man sich auch mal traut, die Gesellschaft abzubilden, wie sie ist – nämlich bunt, divers und wunderschön.

ANNA SIMONETTI

ANEINANDER WACHSEN

Als Eltern sieht man sich vor allem in der Rolle derjenigen, die dem eigenen Kind etwas beibringen möchten. Wir wollen Vorbild sein, möchten Orientierung geben. Aber auch von unseren Kindern können wir unendlich viel lernen. Weil sie uns fordern, uns unsere Grenzen erkennen lassen, uns Dinge bewusst machen, die in uns arbeiten, uns vor Augen halten, was wirklich wichtig ist im Leben. Und besonders wenn sich die Beziehung als herausfordernd erweist, so liegt darin doch immer auch die Chance, an ihr zu wachsen. Dann werden wir belohnt für die Anstrengungen, die wir gemeistert haben. Wenn man mittendrin steckt in den Schwierigkeiten, dann ist es unmöglich, das zu erkennen. Aber heute, nachdem die Wogen geglättet sind und die großen Krisen hinter uns liegen, da kann ich auch dankbar sein für das, was ich dadurch lernen konnte.

Wie sehr ich mich persönlich durch meinen Sohn weiterentwickelt habe, das hätte ich nie für möglich gehalten. Ich bin gemeinsam mit ihm erwachsen geworden und habe mich – auch wenn das vielleicht komisch klingen mag – von ihm mitziehen lassen. Und bin zu der Mama geworden, die ich immer sein wollte.

Ob meine Mutter Francesca im Alter von 84 Jahren noch bereit wäre, von ihrer katholisch-konservativen Prägung abzurücken und sich für Neues zu öffnen, da war ich mir allerdings nicht so sicher. Wie würde sie es aufnehmen, dass ihr Enkel Männer liebt? Tatsächlich sprachen wir nie mit ihr über dieses Thema. Wir wussten nicht, ob wir sie damit konfrontieren sollten und wie sie damit zurechtkommen würde. Sie lebte auch weit weg in Italien, und wir sahen uns meist nur einmal im Jahr. Da sind wir dann den einfachsten Weg gegangen und haben es ihr erstmal verschwiegen. Riccardo hatte große Angst, dass er von ihr nicht mehr so geliebt wird, wenn sie die Wahrheit erfährt. Denn wir konnten einfach nicht einschätzen, welchen Platz Homosexualität in ihrem Wertegerüst haben würde – wenn sie überhaupt darin vorkam. Aber als sie mich einmal darauf ansprach, warum so ein attraktiver, junger Mann denn keine Freundin habe, da platzte es aus mir heraus: »Ich glaube nicht, dass er jemals eine haben wird. Merkst du das denn gar nicht, dass er schwul ist?« Ich wartete mit klopfendem Herzen auf irgendeine Reaktion, einen Kommentar, eine Frage, ein Kopfschütteln, aber es kam: nichts. Sie ist gar nicht darauf eingegangen, so als hätte sie meine Worte nicht gehört. Und redete dann einfach über etwas anderes. So wie sie aufgewachsen ist, mag es zu viel verlangt gewesen sein, eine konkrete Stellungnahme zu erwarten, aber ich wertete ihr Schweigen so, dass sie es auf ihre Weise wohl trotzdem angenommen hatte – irgendwie. Manchmal entscheidet man sich auch dafür, nichts zu sagen, weil einem*einer die richtigen Worte fehlen. Doch sie hat kein einziges Mal etwas Negatives oder

Abwertendes über ihn gesagt, aber auch nicht weiter nach der Freundin gefragt. Womöglich hat sie selbst schon irgendwie gespürt, dass er nie der Junge war, den ich mir zurechtgeträumt hatte. Und wer weiß, vielleicht ist durch meinen Vater ihr Männerbild sowieso ins Wanken geraten, denn er erfüllte nach außen vielleicht alle Kriterien, wie ein gestandener Mann angeblich so sein sollte, aber er hat sie auch respektlos behandelt und sehr unglücklich gemacht. Wenn man feststellt, dass die Dinge ganz anders sind, als sie scheinen, wenn die Fassade bröckelt, dann beginnt man vieles zu hinterfragen, an das man sein Leben lang geglaubt hat. Das kann auch eine neue Weichheit und Offenheit hervorbringen – und ich könnte mir vorstellen, dass das bei meiner Mutter passiert ist, auch wenn sie es nicht klar zu formulieren vermag.

Vor Kurzem haben meine Schwester und ich Francesca aus Italien nach Bad Reichenhall geholt, eine kleine Wohnung für sie gemietet, damit sie im Alter in unserer Nähe ist und wir sie mehr unterstützen können. Als wir uns endlich mal wieder gegenübersaßen und in die Augen schauen konnten, habe ich das Thema doch noch einmal angesprochen und ihr erklärt, dass es mit einer festen Freundin bei Riccardo definitiv nie etwas werden würde. Zu der Zeit hatte er gerade seine Beziehung zu seinem Freund Steven öffentlich gemacht, und ich wollte meine Mama darauf vorbereiten, dass er sie vielleicht bald gemeinsam mit einem Mann besuchen kommen würde, der nicht einfach bloß sein Kumpel ist. »Ich bin doch nicht blöd, das ist mir schon klar!«, sagte sie auf einmal, so als sei das vollkommen selbstverständlich und nicht nötig, es überhaupt zu erwähnen. »Er ist mein Enkel, und das macht für mich keinen Unterschied«, war ihre Antwort. Punkt. Sie hat es super aufgenommen, ganz cool. Sie liebt ihn so, wie sie es immer getan hat. Und auch wenn ihr das Thema Schwulsein noch fremd sein mag, so ist er dadurch für sie kein anderer geworden. Da sie vorher nie drüber gesprochen hatte, gab es da immer eine Unsicherheit. Zu erfahren, dass sie es akzeptiert hat, war eine große Erleichterung – vor allem für Riccardo.

Ich bin sehr froh, dass Francescas Herz für ihn so offen ist wie eh und je. Meine Mama und er hatten immer eine besondere Verbindung. Wenn ich die zwei zusammen sehe, dann denke ich oft: Seine verrückte Seite, die hat er von ihr, meine Mutter ist für jeden Spaß zu haben. Einmal war sie bei einem Werbedreh an der Amalfiküste dabei, bei dem sie und ich ganz unerwartet in die Aufnahmen mit eingebunden wurden, was ursprünglich gar nicht geplant war. Wir sollten an einem Tisch vor einer Traumkulisse Pasta essen. Ich fühlte mich ein bisschen befangen und unsicher, da ich mich eigentlich lieber im Hintergrund halte, aber meine Mama war in ihrem Element. Sie hatte gleich die spontane Idee, ihrem Enkel fürs Foto die Spaghetti ins Gesicht zu schmieren. Das ist typisch für sie, sie liebt es, Quatsch zu machen und ein bisschen rumzuspinnen. Das Team fand den Vorschlag natürlich super und freute sich. Ich war wirklich geschockt, mit welcher Leidenschaft sie die klebrigen Nudeln in Riccardos Gesicht verteilt hat – mit Tomatensauce natürlich! So ist meine Mutter. Und auf diese Weise an seinem Leben teilzunehmen ist eben ihre Art, Verständnis und Akzeptanz zu zeigen.

Riccardo war immer so viel mutiger als ich. Meine Eltern haben mich als Kind nie darin bestärkt, ich selbst zu sein, darum fehlte mir lange die Kraft, mich durchzusetzen und für meine Interessen einzustehen. Während ich ein halbes Leben dazu brauchte, es zu lernen, hat er schon als Teenager zu sich und zu einem Weg gefunden, der sich für ihn richtig anfühlte. Mein Sohn hat mir in dieser Hinsicht sehr viel beigebracht und unbewusst auch mein Selbstbewusstsein wachsen lassen – besonders durch die Teenagerzeit, die so problematisch für uns beide war. Wenn ein Kind homosexuell ist, dann ist es für beide ein Prozess, mit der Sache umgehen zu lernen. Weil man so festgefahren ist in seiner eigenen Erziehung, sich so schwer freimachen kann von gesellschaftlichen Konventionen. Niemand möchte in dem Gefühl durch die Welt gehen, überall anzuecken: nicht als Kind, aber auch nicht als Elternteil. Da musste ich oft über meinen Schatten springen. Heute macht es für mich keinen Unterschied mehr, was mein Kind für sexuelle Neigungen hat. An diesen Punkt zu kommen war manchmal ein Kampf, doch bei diesem gab es keine*n Verlierer*in. Als er endlich ausgefochten war, fühlte es sich an wie ein später Befreiungsschlag, denn erst durch meinen Sohn konnte ich mich aus diesem engen Korsett aus konservativen Vorstellungen und Erwartungen lösen, in dem ich so lange gelebt und in dem ich mich oft gefangen gefühlt hatte.

Mit meinem Wunsch, ihn in eine Richtung zu lenken, mit der er selbst – so stellte ich es mir jedenfalls vor – leichter durchs Leben kommen würde, habe ich mir selbst im Wege gestanden. Und Riccardo es nur schwerer gemacht, sich zu sich selbst zu bekennen. Da er mir immer alles recht machen wollte, brachte ihn das in einen inneren Konflikt. Ich musste erst einmal begreifen, dass die sexuelle Identität nicht irgendwelchen äußerlichen Einflüssen unterliegt – sondern ein Mensch eben damit auf die Welt kommt. Sich selbst einzugestehen, dass man daran sowieso nichts lenken kann, weil es gar nicht in der Hand der Eltern liegt, habe ich als entlastend empfunden. Und verstanden, dass es gar keinen Anlass gibt, daran überhaupt etwas ändern zu wollen – außer eben man misst den eigenen Selbstwert daran, in allem der Norm zu entsprechen. Ich bin heute unendlich froh, dass ich ihm sein Anderssein gelassen habe, sonst hätten wir uns sicher voneinander entfernt.

EIN NEUER BLICKWINKEL

Wirklich tolerant zu sein und nicht nur zu glauben, man sei es, hat mir Riccardo beigebracht. Nicht erst seit Portugal weiß ich, dass er es gar nicht mag, wenn andere Leute beurteilt werden, egal, ob positiv oder negativ. Wenn ich eine unbedachte Bemerkung mache, dann sagt er immer: »Hör auf, dir da etwas zusammenzureimen, du weißt gar nicht, wie der Mensch ist.« Dadurch, dass er mich immer wieder darauf aufmerksam machte und mich dafür sensibilisierte, hat er meine ganze Einstellung und Lebensweise geändert. Ich habe Akzeptanz gelernt, ohne Wenn und Aber, nicht nur was ihn betrifft, sondern allen Menschen gegenüber. Es reicht eben nicht, nur seinen schwulen Sohn anzunehmen, es gehört viel mehr dazu. Oft ist man sich gar nicht bewusst, wie man andere treffen kann mit Dingen, die man einfach so dahinsagt. Er war immer sehr sensibel in der Beziehung und hat mir oft vor Augen geführt, wie anmaßend es ist, sich ein Urteil über Menschen zu bilden, die man nicht kennt. Man muss sich erstmal darüber bewusst werden, wie diskriminierend manche Bemerkungen sind, die wir als völlig harmlos empfinden.

Mich immer wieder in ihn hineinzuversetzen hat meinen Horizont erweitert, mich dazu gebracht, jede Person in meiner Nähe anders wahrzunehmen, nicht kritisch, sondern unvoreingenommener, respektvoller, intensiver. In Portugal habe ich begonnen, die Dinge mit seinen Augen zu betrachten – ganz bewusst, wie ein fester Vorsatz, zukünftig etwas anders machen zu wollen. Während Rick oft viel mehr in die Tiefe geht, habe ich die Dinge vorher sehr oberflächlich betrachtet, mich nicht allzu sehr damit beschäftigt, was in den Menschen in meiner Umgebung vielleicht vor sich geht. Wenn du aber immer wieder drauf hingewiesen wirst, dass es einfach ein Schmarrn ist, was du da sagst, dir ein Urteil gar nicht zusteht, dann verändert dich das. Er hat mir beigebracht, genau nachzudenken, bevor ich etwas sage. Und dadurch, dass ich andere jetzt anders annehme, fühle ich mich auch in mir selbst viel wohler. Und, ja, sogar als besserer Mensch.

Wenn mir Riccardos Freund*innen sagen, sie hätten sich auch so eine Mutter gewünscht wie mich, dann antworte ich ihnen, dass ich auch erst zu der Person habe werden müssen, die ich heute bin. Ich konnte gar nicht anders, als mich zu verändern, wenn ich meine Beziehung zu meinem Sohn bewahren wollte – auch wenn ich nie die Mutter war, die ihn rausgeschmissen oder nicht mehr mit ihm geredet hätte. Ich habe an mir gearbeitet, und er mit mir. Es ist nie zu spät dazuzulernen – auch wenn die Kinder längst erwachsen sind und ihr eigenes Leben leben.

Riccardo hat mich zum Nachdenken gebracht, dazu, Dinge zu hinterfragen. Meine innerliche Entwicklung ging sogar so weit, dass alle Bereiche meines Lebens betroffen waren. Aus der Kirche bin ich in dieser Phase meines Lebens ausgetreten, obwohl ich gläubig bin. Doch für mich liegt darin kein Widerspruch. Denn der Gott, an den ich glaube, betrachtet Homosexualität nicht als Sünde. Aber die katholische Kirche eben schon, darum wollte ich nicht länger Teil davon sein, das passte einfach nicht mehr zusammen. Es ist noch gar nicht lange her, da habe ich die Stellungnahme des Vatikans auf die Frage gelesen, ob katholische Geistliche gleichgeschlechtliche Paare segnen dürfen. Nein, was nicht »im Dienst der Pläne Gottes« stehe, könne diese Gnade nicht empfangen, so die Antwort, genehmigt von Papst Franziskus. Umso mehr habe ich mich gefreut, als daraufhin viele katholische Geistliche eine Segensfeier für Paare abhielten – egal ob schwul, lesbisch oder hetero, das war für mich ein sehr positives und schönes Signal. Aber solange die Kirchenoberhäupter in Rom nicht von ihrer Meinung abrücken, ergibt es für mich keinen Sinn, eine Einrichtung finanziell zu unterstützen, die gegen uns ist. Die Entscheidung ist mir daher sehr leichtgefallen – ändert aber nichts an meiner festen Überzeugung, dass Gott alle Menschen gleichermaßen liebt und ihm ihre sexuelle Orientierung so egal ist, wie sie der Kirche im Jahr 2021 eigentlich auch sein sollte.

Über meinen Sohn habe ich mich nicht nur auf persönlicher Ebene weiterentwickelt. Ich erfahre von ihm auch viel über Dinge, mit denen ich mich bisher viel zu wenig beschäftigt habe. Und von denen ich selbst das Gefühl habe, dass ich mich spätestens jetzt, als Mama des LGBTQIA*-Sonderbotschafters für das EU-Parlament, ein bisschen besser damit auskennen möchte. Es ist noch nicht lange her, da wusste ich noch nicht einmal, wofür die Abkürzungen überhaupt stehen. Auch den Unterschied zwischen transgender und schwul kannte ich lange gar nicht. Vielleicht habe ich es auch gleichgesetzt. Für mich war es einfach so, dass man als homosexueller Mann eher weiblich durch die Welt geht. Heute weiß ich, dass es alle möglichen Facetten des Schwulseins gibt. Riccardo hat mich immer eingeladen, jede Frage zu stellen, die mir unter den Nägeln brannte, auch wenn sie mir noch so naiv vorkam. Das habe ich auch getan, ihn oft gefragt, was ich in bestimmten Situationen sagen oder wie ich mich verhalten soll, damit sich niemand angegriffen fühlt. Denn nur so lassen sich Vorurteile abbauen, nur so entsteht Verständnis.

Lange konnte ich nur schwer nachvollziehen, weshalb Trans-Personen sich häufig so betont weiblich kleiden, mit kurzen Röcken und hohen Absätzen. »Warum ziehen sie sich so an, wenn sie doch wissen, dass sie damit sofort auffallen und von anderen angegriffen werden?« Er hat mir erklärt, dass sie ihre Weiblichkeit deshalb oft besonders betonen, weil sie die meist lange unterdrücken mussten. Und weil sie – genau wie er – diesen Preis dafür in Kauf nehmen, sie selbst sein zu dürfen und genau das anziehen zu können, wonach sie sich fühlen. Wenn ich heute jemanden, der*die trans* ist, in der Stadt sehe, dann lächle ich dem- oder derjenigen zu, um Verständnis zu suggerieren. Ich möchte den Menschen spüren lassen, dass ich ihn so akzeptiere, wie er ist. Da kann ich nicht aus meiner Haut: In jedem sehe ich ein Problemkind, das vielleicht so sehr gelitten hat wie mein eigenes. Und das tut mir immer gleich von Herzen leid.

Was ich an meinem Sohn so besonders bewundere: Er kennt keinerlei Missgunst, in meinen Augen könnte er nie etwas Schlechtes tun. Er sagt immer: »So wie du es ins Universum wirfst, so kommt es auch zu dir zurück!« Genauso hat er es auch stets praktiziert. Schon sehr früh hat er den spirituellen Ratgeber *The Secret* von Rhonda Byrne für sich entdeckt, der beschreibt, wie jede*r durch seine Gedanken das eigene Leben positiv beeinflussen kann. Die Idee dahinter besteht darin, dass der Weg zu Gesundheit, Liebe, Wohlstand und unseren Lebenswünschen in uns selbst liegt. Die Autorin betrachtet das Individuum als Schöpfer*in seiner Wirklichkeit, die Energie der eigenen Gedanken als Anziehungskraft für Dinge, die uns im Alltag begegnen. Wenn Riccardo Zweifel hat oder Krisen erlebt, dann liest er immer wieder in ihrem Buch. Und auch bei mir liegt inzwischen ein Exemplar auf dem Nachttisch. Wenn ich mir den Lebensweg meines Sohnes ansehe, dann ist das für mich der beste Beweis, wie stark die Kraft unserer eigenen Gedanken ist. Es ist inzwischen ein Ritual zwischen uns geworden, an Silvesterabenden, die wir meist zu zweit verbringen, unsere Wünsche fürs nächste Jahr zu visualisieren und aufzuschreiben. Denn wenn man seine Träume so klar vor sich sieht, dann wird man sie so leicht nicht mehr aus den Augen verlieren und sie auch verwirklichen, wenn man nur fest genug daran glaubt.

Darum freue ich mich bis heute auch wahnsinnig über jeden Zeitungsartikel und jede Fernsehsendung mit Riccardo. Manchmal laufe ich zu dem Kiosk am Reichenhaller Bahnhof, und mich durchströmt jedes Mal ein Glücksgefühl, wenn ich ihn auf einem Magazin-Cover entdecke. Nicht weil er berühmt ist, meinetwegen hätte er auch jeden anderen Weg gehen können, solange es das war, was er wirklich wollte. Aber es versinnbildlicht, dass es sich gelohnt hat, seinen Sehnsüchten zu folgen. Außer ihm selbst hat vielleicht niemand daran geglaubt, dass er seine Vision verwirklichen würde, ein Star zu sein – einfach für das, was er ist. Ich bin unheimlich stolz auf ihn, dass er es durchgezogen und so weit gebracht hat. Es macht mich deshalb so froh, weil es mir zeigt, dass er es entgegen allen Widerständen genau dorthin geschafft hat, wo er sich schon als kleiner Junge immer hinzaubern wollte: an einen Ort, an dem er gesehen wird.

WO BLEIBT DER ZUSAMMENHALT?

Selbst verurteilt zu werden hat viele Leute noch nie davon abgehalten, andere abzuwerten. Es scheint für manche Menschen natürlich zu sein, sich besser zu fühlen, indem sie dafür sorgen, dass andere sich schlechter fühlen. Man muss nicht viel Ahnung von Psychologie haben, um zu verstehen, dass Menschen, die andere runtermachen, oft diejenigen sind, die das geringste Selbstbewusstsein haben. So dürfte es nicht überraschend sein, dass Homosexuelle, die in einer heteronormativen Gesellschaft groß geworden sind, nicht selten Probleme mit ihrem Selbstwertgefühl haben. Das trifft mit Sicherheit nicht auf jedes Individuum zu, und persönliche Beispiele haben mir gezeigt, dass man auch an sich arbeiten kann, um weniger urteilend zu sein. Aber dennoch scheint das Trauma, permanent ausgegrenzt zu werden, tief zu sitzen.

Internalisierte Homophobie ist ein großes Thema in der LGBTQIA*-Community. Viele Menschen, die selbst homosexuell sind, verinnerlichen eine negative Werthaltung gegenüber ihrer eigenen sexuellen Identität. Das kann zur

Folge haben, dass man zwar akzeptiert, wer man ist, und sich auch auslebt, die eigenen Handlungen aber trotzdem homophob geprägt sind. Die Folgen sind vor allem psychische Belastungen, die oft mit selbstzerstörerischem Verhalten einhergehen. Dabei muss die Selbstverletzung gar nicht bewusst wahrgenommen werden, sie kann sich auch einfach darin äußern, einen gesunden Dialog mit sich selbst abzublocken.

Bei schwulen Männern äußert sich internalisierte Homophobie zum Beispiel durch eine gewisse Frauenfeindlichkeit. Dabei geht es gar nicht unbedingt um Frauen an sich, sondern viel mehr um Männer, die einem femininen Stereotyp entsprechen. Schwule Dating-Profile sind voll von Überschriften wie: »Keine weiblichen Männer«, »Keine Asiaten«, »Keine Dicken«. Niemand muss offen für alles sein, aber hat man das Recht, Menschen systematisch auszuschließen und ihnen ein schlechtes Gefühl zu geben? Diskriminiert zu werden ist immer verletzend. Innerhalb der eigenen »Randgruppe« in eine weniger beliebte Kategorie zu fallen ist oft aber etwas, von dem sich die Betroffenen nie erholen. Depressionen sowie Alkohol- und Drogenmissbrauch bei Männern sind in der LGBTQIA*-Community besonders hoch.

Die Schwulen-Szene in Berlin ist vor allem hypermaskulin geprägt. Sicherlich ist auch viel Raum für ein nicht heteronormatives Auftreten geboten, aber bewegt man sich in einem Umfeld, in der Sexualität wie eine Ware behandelt wird, ist Männlichkeit eine Performance. Muskeln, Körperhaare und keine Spur von femininer Energie. Unter performativer Maskulinität versteht man den Versuch, männliche Stereotype zu imitieren, um attraktiver zu wirken. In den seltensten Fällen ist das eine bewusste Entscheidung, es ist vielmehr etwas wie Gruppenzwang. Die Gesellschaft, in der wir leben, hat irgendwann beschlossen, dass Männlichkeit über Weiblichkeit steht. Dieses Konzept zeigt sein sexistisches Gesicht überall im Alltag und macht auch vor der LGBTQIA*-Community nicht Halt.

Als ich nach Berlin zog, war ich ein sehr femininer Junge vom Land. Ich arbeitete als androgynes Model und wurde fast immer als Mädchen gebucht. Ich zierte sogar Magazin-Cover, auf denen ich wie ein Mädchen aussah, und lief Modenschauen in Klamotten, die ursprünglich mal für Frauen designt wurden. Ich fühlte mich wohl dabei, denn ich liebte die weiblichen Wesen in meinem Leben. Meine Mutter, meine Schwester, meine Großmutter. Sie sind es, von denen ich alle meine Werte vermittelt bekommen habe. Ich wusste von dem Konzept Männlichkeit über Weiblichkeit, aber ich selber wollte kein Teil davon sein. Natürlich bemerkte ich, dass Leute mich ernster nahmen, wenn ich männlicher auftrat, aber das war mir nicht wichtig. Ich machte sogar mal ein Experiment für meinen Blog. Ich ging in eine U-Bahn – einmal feminin gekleidet, einmal maskulin. Ich versuchte, zwei verschiedene Stereotype zu verkörpern, und kam mir in beiden authentisch vor. Als ich androgyner auftrat, starrten mich Leute die ganze Zeit über an. Kinder fragten mich, ob ich ein Junge oder ein Mädchen sei, und die eine oder andere Beleidigung war auch dabei. Andererseits bekam ich auch Komplimente dafür. Als ich mit zusammengebundenen Haaren und einem anderen Outfit die U-Bahn betrat, schien sich niemand für mich zu interessieren. Ich wurde nicht beleidigt, aber mir sagte auch keine*r, dass man mochte, wie ich aussah.

KEINE SCHUBLADE PASST

Als ich anfing, mich für schwules Dating zu interessieren, war ich mir nicht bewusst, dass dieses Schubladendenken hier auch ein riesiges Thema werden würde. Als femininer Junge fiel ich auf Online-Plattformen durch alle Raster. Niemand suchte wirklich danach. Änderte ich mein Profilbild und zeigte mich von einer härteren, maskulinen Seite, schien ich wieder in die Fantasie-Vorstellung irgendwelcher Menschen reinzurutschen. Ich entsprach plötzlich einem vertrauten Bild und konnte einer Kategorie zugeordnet werden, in die viele passten. Als androgyner Junge konnte ich das nicht. Man bekommt ganz natürlich beigebracht: Je männlicher du bist, desto begehrter. Und wir alle wollen begehrt werden. Ich tat mich schwer mit dieser Dynamik, denn ich wollte niemandem etwas vormachen.

Egal, wie maskulin ich mich auf meinem Profil geben würde, ich konnte ja nicht ändern, wie ich in Wirklichkeit wirkte, und ich wusste mittlerweile ganz gut einzuschätzen, was Menschen über mich dachten. Alles, was ich wollte, war, ein Leben ohne Labels zu führen, fernab von Stereotypen, die mich bisher nur daran erinnerten, was ich nicht sein konnte. Und plötzlich zwang mich eine Dating-Platt-

RICCARDO SIMONETTI

form dazu, mich zu katalogisieren. War ich ein »Twink«, ein »Otter« oder ein »Bär«? Diese Begriffe stammen aus der amerikanischen Subkultur der 60er-Jahre, als Homosexualität in den USA noch unter Strafe stand. Schwule Männer werden nach ihrem Äußeren, im Speziellen nach Körperbau und -behaarung in bestimmte Schubladen einsortiert. Mit »Twink« sind schlanke, jüngere Typen gemeint, denn die Bezeichnung stammt wahrscheinlich von »Twinkies«, kleinen Fertigkuchen mit Cremefüllung. Mit »Bär« wird ein kräftiger Mann mit viel Körperbehaarung beschrieben, mit »Otter« ein behaarter, athletischer. Ich schien nicht wirklich in eine dieser Kategorien zu fallen.

Eines Nachmittags – ich wohnte gerade bei Strify – verließ ich seine Wohnung, um mich mit einem Mann zu treffen, den ich auf der schwulen Dating-Plattform *Grindr* kennengelernt hatte. Wir verabredeten uns auf einen Spaziergang im Park. Als ich ihn auf einer Bank sitzen sah und ihm zuwinkte, schien er mich gar nicht zu erkennen. »Oh, ich dachte eigentlich, ich wäre mit einem Skater-Boy verabredet«, staunte er, als er begriff, dass ich es war, dem er geschrieben hatte. Wir unterhielten uns ein bisschen, und er machte mir schnell klar, dass das Date für ihn keinen Sinn haben würde, denn ich wäre ihm zu feminin. So weit war das ja nichts Neues, was ich aber interessant fand, war, dass ich ihn viel femininer wahrnahm als mich. Okay, ja, ich hatte lange Haare und einen androgynen Körperbau, aber das war es auch schon. Er war älter als ich, ziemlich muskulös und hatte einen Vollbart und eine Glatze. Er hatte tätowierte Arme und sah ziemlich gut aus, wenn man

278

das mal so sagen kann. Er trug ein enges blaues T-Shirt, das am Kragen verriet, dass er eine behaarte Brust hatte. Klassisch schwul. Obwohl er dem Bild des starken, kernigen Mannes entsprach, wirkte irgendetwas nicht authentisch an ihm, und nein, das sage ich nicht nur, weil er mir einen Korb gegeben hatte. Wenn er mit mir sprach, hatte er eine total hohe, fast schon mädchenhafte Stimme, sobald aber jemand an uns vorbeiging, den er zu kennen schien, wurde sie ganz tief, und er brummte fast schon vor sich hin. Er war es, der feminin war. Mich störte das nicht, aber es schien ihm gar nicht bewusst zu sein.

Hatten wir den Dating-Moment erst einmal zur Seite geschoben, entwickelte sich eigentlich ein interessantes Gespräch daraus. Ich fragte ihn, warum ihm mein androgynes Auftreten nicht gefiel, wenn er doch selbst so feminin wäre. Er war total überrascht und fühlte sich ertappt, was gar nicht meine Absicht war. Ich ließ ihn wissen, dass ich kein Problem damit hätte und es für mich auch total okay wäre, wenn wir nicht als Date miteinander sprechen würden, sondern einfach nur als zwei Menschen. Er erzählte mir, dass er selbst mal ein sehr androgyner Junge war und sich sehr exzentrisch kleidete. Er war damals in einer Beziehung, und als diese in die Brüche ging, hatte sich die Schwulen-Szene verändert. Es gab plötzlich das Internet, und man musste nicht mehr ausgehen, um jemanden kennenzulernen, sondern konnte sich einfach über das Smartphone verabreden. Er hatte Angst, nicht mehr dazuzugehören, und so wurde er zu einer Schublade, die gut ankam. Nach seiner Trennung verbrachte er viel Zeit im Fitnessstudio, wo er zum ersten Mal sah, wie Männer miteinander umgingen. Er erzählte mir, dass er ihr Verhalten imitierte und so wirken wollte wie sie. In unserer Unterhaltung bemerkte ich, dass er stolz auf das war, was er erzählte. Sein Verhalten war total performativ, aber das schien ihn nicht zu beschäftigen, er war glücklich über seine Anpassungsfähigkeit. Mich würde das völlig fertigmachen, wenn ich feststellen würde, dass ich mich selbst verleugnete, nur um anderen zu gefallen. Das war vollkommen entgegen meinen Prinzipien. Ich versuchte, ihn nicht zu verurteilen, denn vielleicht war er jetzt glücklicher, als er es vorher war, und wenn dem so ist, dann hatte es sich für ihn ja gelohnt. Für mich war das jedoch keine Option. Als wir uns verabschiedeten, gab er zu, dass er vielleicht ein bisschen oberflächlich gewesen war, und sagte, dieses Gespräch hätte ihm aber sehr gefallen. Er machte auch noch einmal klar, dass er keinerlei Interesse daran hätte, mich zu daten (als hätte ich es vergessen!), aber dass es schön wäre, wenn wir uns wiedersehen würden.

Das ist eine Erfahrung, die ich seitdem immer wieder gemacht habe. Solche Männer fühlten sich in meiner Gegenwart wohl. Sie kamen sich reflektiert und witzig vor, waren es aber nicht. Ich war es. Und dadurch, dass ich so war, mochten sie die Version von sich in meiner Gegenwart: *Ich habe keinerlei Interesse daran, dich kennenzulernen, aber ich hätte dich trotzdem gerne in meinem Leben.* Aber was hatte ich davon? Ich wollte nicht immer nur der Entertainer oder der Typ für tiefgründige Gespräche sein. Ich hatte auch Bedürfnisse, und scheinbar war es eine weitaus schwierigere Aufgabe, diese zu stillen, wenn ich nicht in eine Schublade passte.

ICH BIN VIELE

Eine Dragqueen meinte mal zu mir: »Der Unterschied zwischen mir und dir ist die Tatsache, dass man mir die Perücke runterziehen kann und ich dann ein ganz gewöhnlicher Mann bin. Bei dir geht das aber nicht.« Es war eine Zwickmühle. Mein Auftreten und meine Persönlichkeit brachten mir zwar alles, wovon ich im Leben immer geträumt hatte. Leute liebten mich für die Person, die ich war. Ich wurde für viele sogar zu einem Vorbild und endlich wertgeschätzt, aber genau das, was mich zu diesem Menschen machte, führte dazu, dass ich in der Schwulen-Szene – die ja eigentlich ein *Safe Space* sein sollte – am allermeisten daran zweifelte, richtig zu sein, wie ich war.

In dieser Zeit sprach ich sehr oft mit meiner Mama darüber. Ich hatte Angst davor, dass mich außer ihr niemand jemals lieben würde. Ich wusste nicht genau, wie ich damit umgehen sollte, ständig nur als Unterhalter gesehen zu werden. Ich las einmal über Marilyn Monroe, dass sie privat nur Schwarz trug, sodass Leute sich auf ihr Gesicht konzentrieren würden – und versuchte das auch. Ich begann, wenn ich nicht bei der Arbeit war, unauffälliger aufzutreten. Nicht weil ich verheimlichen wollte, wer ich war, sondern weil ich hoffte, mein Gegenüber würde auch mal mich sehen. Und nicht nur die Entertainment-Ausgabe von mir.

Doch ich ließ es schnell wieder bleiben. Denn ich hatte nie das Gefühl, eine Kunstfigur zu sein. Dasselbe Outfit, mit dem ich durch eine Fernseh-Show führte, trug ich am nächsten Tag bei meinen Freund*innen zuhause. Es gab nur einen Riccardo, und ich hatte nicht vor, so zu werden wie der Mann im Park.

Über die Jahre wurde mir aber auch klar, dass es von niemand von uns nur eine Version gibt. Und natürlich lernte ich diese Lektion – wie so vieles im Leben – von meiner Mutter. Meine Mama war zu mir die sanfteste Person, die man sich nur vorstellen könnte. Sie küsste mich, sagte mir, wie sehr sie mich liebte, und drückte mich ununterbrochen, wenn wir zusammen waren. In ihrem Job als Geschäftsführerin zweier Schuhgeschäfte jedoch war sie eher hart, weil sie das sein musste. Ich begriff, dass es nichts damit zu tun hatte, sich selbst zu verleugnen, und stellte fest, dass eine Persönlichkeit verschiedene Schattierungen haben konnte. Und ich musste noch herausfinden, wann es an der Zeit war, der jeweiligen Facette die nötige Aufmerksamkeit zu schenken.

Egal, wie berühmt oder erfolgreich ich wurde, die Schwulen-Szene schaffte es, meinem Selbstbewusstsein immer wieder einen Dämpfer zu geben. Als ich anfing, für ein Projekt mit meinem Personal Trainer Erik zu arbeiten, veränderte sich mein Körper. Ich entwuchs meiner Rolle als androgynes Model, trotzdem war ich immer noch ich. Ich liebte Make-up und trug dieselben Outfits, aber ich hatte nun Muskeln. Als mein Bartwuchs stärker wurde, hatte ich anfangs das Gefühl, die Person zu betrügen, die ich war.

Während ich mit meinem neuen, muskulösen Körper und einem Vollbart plötzlich mehr Aufmerksamkeit von schwulen Männern in meinem Privatleben bekam, störten meine Fans sich an dem plötzlich erwachseneren Riccardo. Ich versuchte dabei nie, einem Ideal nachzujagen, es fühlte sich einfach nur natürlich an. Als ich Brusthaare bekam, entschloss ich mich, diese nicht wegzurasieren – und schon war die nächste Welle an Kommentaren da. Fängt man früh an, in der Öffentlichkeit zu stehen, ist es für viele Menschen oft schwierig zu verstehen, dass man sich verändert. Ich war kein Teenager mehr und wollte mich auch nicht zwingen, wie einer auszusehen.

Es dauerte eine ganze Weile, bis ich damit umgehen konnte, und auch heute schreiben mir Menschen immer noch, dass sie mich ohne Bart und Brusthaar besser fanden. Jede*r fühlt sich eingeladen, dich zu bewerten, es ist gar nicht so einfach, sich in Erinnerung zu rufen, dass man nicht dazu da ist, es allen recht zu machen. Ich träumte früher davon, berühmt zu sein, um ich selbst sein zu können. Jetzt war es sehr wichtig, nicht damit aufzuhören. Ist man so sehr daran gewöhnt, sein Selbstbewusstsein auf dem Applaus anderer Leute aufzubauen, fällt man schnell in ein depressives Loch, wenn man feststellt, dass die neueste Lebensveränderung nicht so sehr zelebriert wird wie die davor. Man muss wieder lernen, seine Entscheidungen unabhängig von der Meinung anderer zu treffen. Alles andere macht eine*n nämlich nicht glücklich.

Ich wünsche mir von der LGBTQIA*-Community genau dasselbe wie vom Rest der Gesellschaft – Inklusion. Gerade

innerhalb einer »Randgruppe« ist Zusammenhalt lebens-
notwendig, und wir alle sollten einander mit mehr Respekt
behandeln.

ANNA SIMONETTI

MAMA IN VOLLZEIT

Als ich morgens beim Duschen einen Knoten in meiner Brust ertastete, hatte ich sofort eine Ahnung, dass es ein bösartiger Tumor sein könnte. Und sie bewahrheitete sich auch. Nach der Diagnose war für mich klar, dass ich es nur sehr wenigen Menschen erzählen würde. Ich wollte es mit mir allein ausmachen und verhindern, in mitleidige Gesichter zu gucken. So etwas zieht mich zu sehr runter, das konnte ich in der Situation gar nicht brauchen. Ich hatte nicht vor zu sterben, diesen Gedanken ließ ich nicht zu, in keinem einzigen Moment. Alessia lebte in Italien, Riccardo schon in München. Und darüber war ich in dieser Situation sogar froh. Ich wusste, wie schwierig es für sie gewesen wäre, damit zurechtzukommen, und wollte die beiden nicht belasten. Ihre Verzweiflung hätte sich sicher auf mich übertragen, sie so beklemmt zu sehen, das hätte ich nicht aushalten können. Und Rick hätte es vermutlich völlig fertiggemacht. Er fühlte sich so hilflos, dass ich es ihm gegenüber meist verharmlost habe, wie ernst es war. Aber indem ich ihm immer wieder sagte, es würde alles gut werden, habe ich auch mir selbst geholfen. Es war wie eine Selbstbekräftigung, um den Mut nicht zu verlieren und weiter an das zu glauben, was ich meinen Kindern vermittelte: Ich würde wieder gesund werden! Meine Mutter war in der Zeit nach der Operation bei mir, aber auch das war mir eigentlich nicht recht, denn ich wollte nicht, dass jemand sich Sorgen um mich machte. Ich sehnte mich nach Normalität und Struktur. Sechs Wochen nach dem Eingriff bin ich schon wieder arbeiten gegangen und nach Feierabend in die Uni-Klinik Salzburg zur Bestrahlung gefahren. Alle haben gesagt: »Wie kannst du das machen?« Aber ich brauchte das, ich wollte mich nicht abkapseln und als Todkranke fühlen.

Für Riccardo war es vielleicht sogar härter als für mich, denn er hatte furchtbare Angst um mich, konnte es kaum ertragen, dass ich so schwer krank war. Auch weil er das Gefühl hatte, mir nicht helfen zu können, begann er, sich für die Initiative DKMS LIFE zu engagieren, die es sich zur Aufgabe gemacht hat, krebskranken Menschen Hoffnung und Lebensmut zu schenken, sie während ihrer Therapie zu unterstützen und ihren Heilungsprozess positiv zu beeinflussen. Dafür hat er Kosmetikseminare begleitet, in denen die Patient*innen lernen konnten, Make-up-technisch mit den Folgen einer Chemotherapie umzugehen, wenn die Haut verletzlicher ist oder keine Wimpern und Augenbrauen mehr da sind. Es war ihm wichtig, andere in meiner Situation zu unterstützen, da ich seine Hilfe in dieser Zeit einfach nicht annehmen konnte.

Sobald ich vollständig gesund war, gab ich gleich wieder Vollgas. Ich konnte nicht aus meiner Haut – obwohl ich spürte, dass es mir gutgetan hätte, mal zur Ruhe zu kommen, neue Kraft zu schöpfen und mich um mich selbst zu kümmern. Damals hatte ich noch den Job als Filialleitung von zwei Schuhgeschäften, der sehr kräftezehrend war. Und mit dem ich mich immer weniger wohl gefühlt habe. Mir wurde klar, dass ich eigentlich nur meine Vorgesetzten vertrat, ihre Auffassungen davon, was die Leute leisten sollten. Wenn mir etwas gesagt wurde, dann habe ich das genau so weitergegeben – unreflektiert. Und wurde als die Person wahrgenommen, die total dahinтersteht. Da habe ich oft den Ärger von den Angestellten abbekommen. Sie beschwerten sich nicht bei meinem Chef, sondern es kam auf mich zurück, obwohl ich auch nur ausführende Kraft war. Doch eigentlich waren es ja gar nicht meine Vorstellungen. Je mehr ich mich veränderte und die Dinge anders wahrnahm, desto schwerer tat ich mich, die Anweisungen von oben beim Personal durchzusetzen. Weil ich das einfach gar nicht war, es fühlte sich nicht mehr richtig an.

Ein immenser Druck lag auf mir, und ich habe oft vor Erschöpfung geweint, wenn Riccardo und ich telefonierten. Das konnte er gar nicht ertragen. Nach meiner Krebserkrankung hat er mich immer wieder gedrängt, weniger zu arbeiten – und oft gesagt: »Sobald es geht, kündigst du!« Er war auch oft traurig, dass ich wegen meines Jobs in Momenten, die ihm so viel bedeuteten, nicht dabei war. Zur Präsentation seines ersten Buches konnte ich nicht kommen, weil eine Inventur im Laden stattfand, bei einer wichtigen Preisverleihung war Kindertag in einer der Filialen. Der letzte Samstag vor Weihnachten. Verkaufsoffener Sonntag. Sale. Irgendetwas war immer. Ich bin sehr pflichtbewusst, und für mich war jedes Mal klar, dass ich nicht fehlen durfte. Riccardo wünschte sich sehr, dass ich einmal mehr Zeit für ihn haben würde.

Als er zu mir sagte: »So, Mama, es ist so weit, ich verdiene so gut, dass ich dich einstellen kann«, das war ein großartiger Moment. Er hat mir ermöglicht, zu kündigen und Vollzeit-Mama zu sein. Nach 15 Jahren zu gehen fiel mir leicht. Es war für einen Großteil meines Lebens mein Job, es waren gute Jahre, und ich habe nicht schlecht verdient, aber mir wurde klar, dass es nicht nur um Geld ging, sondern ich auch so viel reicher an anderen Dingen sein würde, wenn ich diesen Weg mit Riccardo gehen würde.

Heute kümmere ich mich um Bankgeschäfte, erledige bürokratische und administrative Aufgaben und arbeite eng mit dem Rest von Riccardos Team zusammen – seinem Management oder seiner Buchhaltung. Ich kümmere mich um die Dinge, mit denen er am liebsten überhaupt nichts zu tun haben oder mit denen er nicht konfrontiert werden möchte. Und wenn er mich braucht, dann komme ich. Alle zwei Monate bin ich für ein paar Wochen bei ihm in Berlin. Und wenn wir uns nicht sehen, dann telefonieren wir mehrmals am Tag. Rick kriegt immer gleich Panik, wenn er mich nicht sofort erreicht, dann schreibt er verzweifelte Nachrichten: »Was ist los? Mama, ist etwas passiert?« Ich bin da inzwischen entspannter, aber ich kann ja auch einfach auf Instagram gucken, was er macht.

Als er mit 19 von zuhause auszog, da war es schon manchmal hart für mich, alles allein zu finanzieren, und auch er musste sehr sparsam leben. Damals hat er schon zu mir gesagt: »Mama, irgendwann bekommst du alles doppelt und dreifach zurück!« Und als der Tag kam, da hat er sein Versprechen tatsächlich gehalten. Klar, wenn jemand etwas haben möchte, verspricht er*sie dir natürlich alles, aber er hat es auch wirklich in die Tat umgesetzt, mich nicht auf der Strecke gelassen. Er hat es in jungen Jahren das erste Mal ausgesprochen, und es war nicht nur so dahingesagt. Als er es sich leisten konnte, hat er es sofort eingelöst. Es zeigt mir auch, wie innig wir miteinander sind. Riccardo hat mir ermöglicht, dieses tolle Leben zu führen, das ich heute habe. Es ist ein großes Geschenk, das er mir da gemacht hat, und ich genieße jeden Tag. Aber mein Leben ist eben noch nicht vorbei, und ich möchte so vieles erleben und auch noch nicht die Hände in den Schoß legen.

Es war schon immer mein Wunsch, bei dem gemeinnützigen Verein *Die Tafel* mitzumachen, der überschüssige Lebensmittel sammelt und sie an Menschen in Not verteilt. Aber ich hatte samstags, wenn bei uns im Ort die Essensrationen ausgegeben werden, leider nie frei. Jetzt habe ich endlich die Zeit dafür, bei dieser Initiative mitzumachen, und es gibt mir wahnsinnig viel, den Bedürftigen den Alltag ein kleines bisschen leichter zu machen.

Aber ich finde es natürlich auch schön und aufregend, Teil von Riccardos bunter Welt zu sein, auch für mich ist das ein spannender, neuer Abschnitt. Der Ruhm jedoch gehört nur ihm, er hat alles ganz allein geschafft. Wenn ich mich in seinem Umfeld bewege, macht es mir immer wieder bewusst, dass ich von meinem Wesen her das Gegenteil von meinem Sohn bin. Woher er seine Bühnen-Affinität hat? Ich weiß es wirklich nicht, aber von mir auf keinen Fall. Mir reicht es an Berühmtheit, dass mich bei uns im Ort jede*r kennt, weil ich so lange in der Eisdiele bedient habe. Sogar als meine Tochter per Kaiserschnitt geholt wurde, sprach mich im Operationssaal einer der Pfleger an, der mir vollkommen unbe-

kannt vorkam, und sagte: »Mensch, du bist doch die Anna!«
Das fand ich in dieser Situation ganz furchtbar. So geht es
mir in Bad Reichenhall dauernd, da bin ich wahrscheinlich
sogar noch bekannter als mein Sohn. Dabei halte ich mich
eigentlich viel lieber im Hintergrund. Sich permanent dieser
öffentlichen Beurteilung zu stellen, dafür wäre ich nicht stark
genug. Die Welt hinter den Kulissen fasziniert mich ohnehin viel mehr, die Fotograf*innen kennenzulernen, zu erleben, was in der Maske passiert und wie viel Arbeit hinter so
einem Shooting steckt. Natürlich ist es auch schön für mich,
berühmte Persönlichkeiten zu treffen, einmal war er in der
Sendung *Kölner Treff* eingeladen, da durfte ich ihn begleiten,
und er hat mir Mary Roos, Jochen Schropp, Conchita Wurst
und die Moderatorin Bettina Böttinger vorgestellt. Bei der
Fashion Week in Berlin konnte ich auch einmal dabei sein, da
hat Riccardo mich mit Michael Michalsky und Lena Gercke
bekannt gemacht, das war natürlich schon toll.

Riccardo braucht mich als Mama und ich ihn als Sohn, da
ist dieses feste Band zwischen uns, das immer da war und
nie abreißen wird. Heute habe ich zum ersten Mal in meinem Leben das Gefühl, ihm endlich wirklich gerecht zu werden und mich so um ihn zu kümmern, wie er es als Kind
verdient hätte, die Zeit nachzuholen, die ich früher oft nicht
hatte. Es ist befreiend, nicht mehr dauernd funktionieren
zu müssen, nur die Interessen anderer zu vertreten, etwas,
das ich mir immer gewünscht habe. Er hat mir dadurch das
Gefühl von vollkommener Selbstverwirklichung gegeben.

Wenn Schwierigkeiten da sind, die man zusammen bewältigen muss, dann schweißt das zusammen. Manchmal werde

ich darauf angesprochen, dass ich mich mehr um meinen Sohn kümmern würde als um meine Tochter. Dann kriege ich oft ein schlechtes Gewissen. Die Wahrheit ist aber: Riccardo braucht mich mehr. Ich liebe meine beiden Kinder gleichermaßen, aber es hat eine andere Intensität, wenn man gemeinsam so viele Höhen und Tiefen erlebt. Mit Alessia ist es problemlos, da läuft diese Beziehung so dahin, mit Riccardo war ich oft gefordert, wir haben uns immer wieder zusammengekämpft. Die Liebe zwischen meiner Tochter und mir mag weniger stürmisch sein, aber sie ist deswegen nicht weniger stark. Beide sind mir unendlich wertvoll.

Als Rick zum LGBTQIA*-Sonderbotschafter des Europäischen Parlaments ernannt wurde, da erschien im *Reichenhaller Tagblatt* ein Artikel über ihn, den haben natürlich alle in der Stadt gelesen und mich darauf angesprochen, als ich in der Einkaufsstraße unterwegs war. Wenn es mal wieder eine prominente Berichterstattung gibt, dann weiß ich immer schon vorher, was folgt. Leute kommen auf mich zu und erzählen mir, sie hätten über ihn in der Zeitung gelesen oder ihn im Fernsehen gesehen. Er sei ja so klug und wortgewandt, heißt es dann – so als merkten sie erst jetzt, dass er kein Kasper ist, der sich komisch anzieht. Und als wäre sein Erfolg die Erlaubnis, das, was man vorher belächelt oder abgelehnt hat, doch auf einmal gut zu finden. Dabei war er nie ein anderer als der, der er heute ist. Dass ich einen so tollen Sohn hätte, der so berühmt ist und auf den ich stolz sein kann, erzählen sie mir dann. Ich höre mir alles in Ruhe an und freue mich jedes Mal, wenn ich ihnen diesen einen Satz sagen kann, bevor ich weiter meiner Wege gehe. Er lautet: »Das war ich schon immer.«

An meinen geliebten Sohn,

ich liebe Dich über alles. Du bist der beste Sohn, den sich eine Mutter nur wünschen kann.

Du bist für mich der warmherzigste, einfühlsamste, liebste Mensch der Welt.

Ich bin so dankbar, für jedes Jahr, jeden Monat, jede Stunde, jede Minute mit Dir.

Nur durch Deine immense Liebe und unermüdliche Tatkraft bin ich der Mensch, der ich heute bin.

Danke, dass ich teilhaben durfte an Deinem schwierigen Weg durchs Leben, auch wenn ich es Dir viel leichter gewünscht hätte.

Danke, dass Du mir so vieles verständlich gemacht hast und Du dabei so viel Verständnis für mich hattest.

Danke, dass Du mir jeden Tag zeigst, wie lieb Du mich hast, so fällt es mir auch leicht, Dir zu zeigen, wie lieb ich Dich habe.

Danke, dass Du immer für mich da bist, auch wenn Dein Alltag eigentlich keine Zeit dafür lässt.

Danke, dass Du mein Sohn bist und mich so mächtig stolz machst, Deine Mama zu sein.

Danke Dir für mein neues Leben!

Es macht mich unglaublich glücklich zu sehen, wie viele Menschen Du durch Deine positive und einzigartige Persönlichkeit erreichst. Du hast nicht nur mich zu einem besseren Menschen gemacht, sondern machst die ganze Welt besser.

Ich liebe Dich so, wie Du bist, bedingungslos, egal, was die Zukunft für uns bereithält, für immer.

Denk immer daran ... bis zum Mond und NIE wieder zurück.

Deine Mama

WO STEHEN WIR HEUTE?

Auch wenn das Verhältnis zwischen meiner Mama und mir heute besser ist denn je, sind die Probleme, die ich in diesem Buch beschrieben habe, nach wie vor Teil meines Lebens. Es ist schwierig, sich von alten Gewohnheiten und Mustern zu lösen, wenn diese lange Macht über dich hatten. Noch heute spüre ich den Drang, in allem der Beste zu sein, weil irgendetwas in mir drin versucht, einen Fehler zu überdecken, der gar nicht da ist. Suche ich mir ein Hobby, wird das meistens sofort exzessiv betrieben. Ich war nie besonders sportlich, im Gegenteil, ich habe es gehasst. Als ich anfing, Sport zu machen, schlug das sofort ins nächste Extrem um, und ich trainiere seitdem sieben Tage in der Woche. Eine Balance zu finden zwischen dem, was gut für mich ist, und dem, was aus Unsicherheit passiert, ist nach wie vor eine Herausforderung.

Wenn ich das Gefühl habe, ihr nicht gewachsen zu sein, gehe ich zu meinem Therapeuten. Das hilft mir, viele traumatische Momente aus meiner Vergangenheit aufzuarbeiten, sodass ich heute darüber reden kann. Ich habe dadurch auch gelernt, wie wichtig es ist, mit den Menschen darüber zu sprechen, die dich verletzt haben, wenn du diese weiterhin in deinem Leben haben möchtest. Meine Mama und ich haben uns sehr intensiv damit auseinandergesetzt, und es macht mich stolz, wenn sie sagt, dass sie mit dem Wissen von heute Dinge früher anders gehandhabt hätte. Als Kinder sind wir so sehr darauf angewiesen, alles von unseren Eltern zu lernen, aber vielleicht ist es auch unsere Aufgabe, ihnen etwas beizubringen.

Ich bin mit mir selbst im Reinen und empfinde es nicht mehr als Schwäche, anders zu sein. Ich habe es in diesem Buch schon öfter geschrieben, aber ich kann es nicht oft genug wiederholen: Schwul zu sein ist das Beste, was mir passieren konnte. Die Menschen, die ich dadurch in mein Leben gelassen habe, sind das größte Geschenk für mich, und ich bin unendlich dankbar dafür, dass ich heute alle Bereiche meines Lebens mit meiner Mama teilen kann. Ich muss mich nicht mehr davor fürchten, ihr mein wahres Gesicht zu zeigen, und finde es wunderschön, sie in mein Leben einzubeziehen. Ich brauche meine Mama immer noch, und ich finde, sie ist ein wunderbares Vorbild für andere Eltern. Nicht weil sie von Anfang an immer perfekt in jeder Situation reagiert hat, aber weil sie dazugelernt hat. Heute ist sie die Mutter, die sich jedes Kind, das in irgendeiner Form anders ist, nur wünschen könnte. Sie ist stolz auf mich, aber auch auf sich, weil sie dazu beigetragen hat, mich zu der Person zu machen, die ich bin. Sie ist der Beweis, dass man aus Liebe zu seinem Kind gesellschaftliche Normen überwinden kann, und das ist ein ganz besonderes Geschenk, das ich für immer schätzen werde.

Ich wurde vor Kurzem mal gefragt, ob ich nochmal schwul auf die Welt kommen würde, wenn ich die Wahl hätte, und darauf gibt es nur eine einzige Antwort: JA! Schwul zu sein definiert zwar nicht alleine, wer ich als Mensch bin, aber es hat viel damit zu tun, dass ich mich in jungen Jahren mit mir selbst beschäftigen musste. Je früher man akzeptiert, wer man ist, desto länger kann man das Leben führen, das man möchte. Und das ist wundervoll. All die Probleme und die schwierigen Phasen haben dazu beigetragen, wie ich heute als Mensch sein möchte, und darauf würde ich niemals verzichten wollen.

An meine liebe Mama,

ich weiß gar nicht, wo ich anfangen soll, danke zu sagen. Ich muss Dir für so vieles danken. Danke dafür, dass Du mir auch erlaubt hast, Dir etwas beizubringen, obwohl ich das Kind war und Du die Erwachsene warst. Danke, dass Du mich liebst, wie ich bin. Ohne Bedingungen. Danke, dass Du immer da warst und es bis heute bist. Ich fühle mich jeden Tag sicher, weil ich weiß, dass Du da bist, um mich aufzufangen und mich zu lieben.

Es macht mich so stolz und glücklich, unsere besondere Beziehung der Welt zu zeigen.

Wenn ich sehe, für wie viele meiner Freund*innen Du eine Ersatz-Mama geworden bist, weil sie nicht das Glück haben, so eine liebevolle Mama wie Dich zu haben, macht es mich glücklich.

Ich könnte mir kein besseres, schöneres und stärkeres Vorbild als Dich wünschen, und ich freue mich darauf, all das Schöne mit Dir zu genießen, was die Zukunft für uns bereithält.

Ich liebe Dich über alles,
Dein Sohn

Riccardo

WAS ICH NOCH LOSWERDEN MÖCHTE

Jede*r profitiert von einer toleranten Gesellschaft, in der Anderssein nicht als etwas Negatives behandelt wird, vor dem die Leute Angst haben. Dieses Thema geht jede*n etwas an und sollte deshalb auch von uns allen gemeinsam vorangetrieben werden. Spätestens, wenn wir älter werden und aus der Mitte der Gesellschaft verschwinden, wird jeder von uns merken, wie es ist, plötzlich in eine Schublade gesteckt zu werden. Und dann wird man dankbar sein, wenn man in einem Umfeld lebt, zu dem man sich weiterhin zugehörig fühlen kann, weil es genug Platz für alle gibt.

Die Idee zu diesem Buch ist nach einer Therapie-Stunde entstanden. Das, was ich dabei über mich selbst gelernt hatte, war augenöffnend. All meine Probleme hatten den Ursprung, dass ich das Gefühl hatte, Liebe nur mit Bedingungen zu kennen. Das Härteste daran war, mir einzugestehen, dass meine Mutter, die ich über alles liebe, einen Teil dazu beigetragen hat. Die vielen gemeinsamen Gespräche, die wir daraufhin geführt haben, schadeten unserem Verhältnis aber keinesfalls. Im Gegenteil. Dadurch ist ein

Verständnis füreinander entstanden, das mir beigebracht hat, meine Mutter auch als Tochter ihrer Eltern zu sehen. Das war alles sehr aufwühlend, aber auch unglaublich bereichernd.

Ich bin meiner Mama sehr dankbar dafür, dass sie sich dazu bereit erklärt hat, mit mir zusammen dieses Buch zu schreiben, und wir hoffen, dass es anderen Eltern und ihren Kindern helfen wird, sich einander zu öffnen. Es geht in diesem Buch logischerweise oft um die Frage der sexuellen Orientierung, aber ich wünsche mir, dass auch Menschen sich damit identifizieren können, die das Gefühl haben, aus einem anderen Grund anders zu sein. Nicht der Norm zu entsprechen ist keine Schwäche, es ist etwas Wunderschönes, das hoffentlich auch irgendwann von der ganzen Welt als solches wahrgenommen wird. Es wäre schön, wenn dieses Buch Menschen dazu inspirieren könnte, stolz auf sich zu sein und auf das, was sie ausmacht.

Ein gutes Verhältnis zu den Eltern wird dir nicht jedes Problem im Leben ersparen, aber zu wissen, dass an dich geglaubt wird, kann helfen, schon mal so einiges wiedergutzumachen. Träume zu haben, die größer waren als die Sorgen, die mich im Augenblick beschäftigten, hat mich gerettet. Deshalb möchte ich jede*n ermutigen, an sich selbst und die eigenen Träume zu glauben, selbst wenn das bedeutet, sich auch nur in einer schwierigen Phase abzulenken.

An alle, die dieses Buch gelesen haben, um ihren Kindern näherzukommen: Danke.

Der Wille allein, sich um ein gutes Verhältnis zu bemühen, ist viel wert. Ich hoffe, durch das genaue Schildern meiner Gefühle konnte ich einen kleinen Einblick gewähren, wie sich bestimmte Situationen für ein Kind anfühlen, das permanent vermittelt bekommt, nicht gut zu sein, wie es ist.

An alle, die dieses Buch gelesen haben, um ihren Eltern näherzukommen: Danke.

Zu verstehen, dass Eltern auch nur Menschen sind, ist eine der wichtigsten Lektionen in meinem Leben gewesen. Ich habe durch die Gespräche, die meine Mutter und ich hierzu geführt haben, so viel Verständnis bekommen, und vielleicht hilft es auch euch weiter.

An alle, die dieses Buch gelesen haben, um zu lernen, wie man sich outen kann:

Hierfür gibt es keine Antwort. Das ist etwas, das jede*r für sich entscheiden muss. Du ganz alleine wirst wissen, wann der richtige Zeitpunkt dafür ist und ob du diese Erkenntnis über dich mit der Welt teilen möchtest. Es ist okay, Kraft zu sammeln, bis du dir sicher genug bist. Es ist auch okay, Dinge auszuprobieren, von denen du noch gar nicht sicher weißt, ob sie zu dir passen. Niemand muss Angst davor haben, sich selbst kennenzulernen, denn das ist etwas Großartiges. Je eher man weiß, wer man ist, desto mehr hat man von seinem Glück. Es ist völlig in Ordnung, Labels und Schubladen nicht zu mögen, und genauso, sich mit ihnen sicher zu fühlen. Du alleine bestimmst die Regeln, die dich glücklich machen.

Dieses Buch wurde nicht geschrieben, um Schuldzuweisungen zu betreiben oder zu verurteilen. Falls sich irgendjemand nicht richtig repräsentiert gefühlt hat, vor allem aus der LGBTQIA*-Community, das war nicht unsere Absicht.

WORTERKLÄRUNGEN

Binäres Gender-System

Unsere westliche Gesellschaft geht überwiegend davon aus, dass Geschlecht ein binäres System sei. Binär steht für »zweiteilig« und reduziert auf zwei Geschlechter: männlich und weiblich. Sämtliche anderen Geschlechter werden als Abweichung von der Norm betrachtet.

Intersexualität

Auch Intergeschlechtlichkeit bezeichnet biologische Besonderheiten bei der Geschlechtsdifferenzierung eines Menschen. Das heißt, Inter*-Menschen weisen Merkmale des weiblichen und des männlichen Geschlechts auf. Das betrifft zum Beispiel die Geschlechtsorgane, die Hormonproduktion oder den Chromosomensatz, die Figur, Haarverteilung oder Muskelmasse.

LGBTQIA*-Community

Ein aus dem Englischen übernommenes Kürzel für Lesbian, Gay, Bisexual, Transgender, Queer, Intersexual, Asexual, und das Sternchen steht für alle weiteren, nicht heteronormativen Gender-Identitäten.

Queer

Dinge, Handlungen oder Personen, die durch den Ausdruck einer sexuellen oder geschlechtlichen Identität von der gesellschaftlichen Heteronormativität abweichen.

Toxische Maskulinität

Nicht die Männlichkeit an sich ist toxisch, sondern eine in unserer Gesellschaft vorherrschende Vorstellung davon. Männer sollen keine Schwäche zeigen, sie sollen hart sein, aggressiv, nicht zärtlich oder liebevoll, schon gar nicht miteinander. Männlichkeit muss immer wieder bewiesen werden, zum Beispiel durch die Einordnung in eine Hierarchie oder Mutproben. Sie richtet sich nach außen, in Form von sexualisierter Gewalt gegen andere, vor allem Frauen und Queers, und Gewalt gegen Menschen aller Geschlechter.

Trans*

Abkürzung für Transgender. Damit bezeichnet man Personen, deren Geschlechtsidentität nicht oder nicht vollständig mit dem nach der Geburt anhand der äußeren Geschlechtsmerkmale eingetragenen Geschlecht übereinstimmt oder die eine binäre Zuordnung ablehnen.

RICCARDOS GOLDENE LISTE

Diese queeren Bücher und Filme haben mir sehr dabei geholfen, mich selbst besser kennenzulernen. Ich empfehle sie gern meinem Umfeld, um viele der in diesem Buch besprochenen Themen besser einordnen zu können:

Alan Downs: *The Velvet Rage: Overcoming the Pain of Growing Up Gay in a Straight Man's World* (Da Capo Lifelong Books, 2012).

Matthew Todd: *The Straight Jacket: Overcoming Society's Legacy of Gay Shame* (Black Swan, 2018).

Luis Alegre: *Lob der Homosexualität* (C. H. Beck, 2019).

Johannes Kram: *Ich hab ja nichts gegen Schwule, aber ...: Die schrecklich nette Homophobie in der Mitte* (Querverlag, 2018).

Joseph Wolfgang Ohlert: *Gender as a Spectrum* (JWO_studio, 2016).

Riccardo Simonetti: *Raffi und sein pinkes Tutu* (Community Editions, 2019).

Pose (Netflix, 2019).

Disclosure: Hollywoods Bild von Transgender (Netflix, 2020).

The Death and Life of Marsha P. Johnson (Netflix, 2017).

Unsere Leseempfehlung

250 Seiten

Zu jung, um Dinge wirklich zu verändern? Die Britin Amika George zeigt, dass das nicht stimmen muss. Entsetzt darüber, wie viele Mädchen oft mehrere Tage nicht zur Schule gehen, weil sie sich keine Menstruationsprodukte leisten können, startete sie die Kampagne »#FreePeriods« und sagte der Periodenarmut den Kampf an. In ihrem Aktivismus-Handbuch beschreibt die Studentin wie erfolgreicher, gewaltfreier Protest gelingt und gibt praktische Tipps, unter anderem für die passende Social-Media-Nutzung oder das Organisieren von Demonstrationen.